भारत का संविधान

संक्षिप्त परिचय

अ अक्षर
प्रतियोगी पुस्तकें

भारत का संविधान

संक्षिप्त परिचय

डॉ. सुभाष काश्यप

राजकमल प्रकाशन

ISBN : 978-93-90971-48-0

मूल्य : ₹175

पहला संस्करण : 2022

अक्षर
प्रतियोगी पुस्तकें

प्रकाशक
राजकमल प्रकाशन प्रा.लि.
1-बी, नेताजी सुभाष मार्ग, दरियागंज
नई दिल्ली-110 002

शाखाएँ
अशोक राजपथ, साइंस कॉलेज के सामने, पटना-800 006
पहली मंजिल, दरबारी बिल्डिंग, महात्मा गांधी मार्ग, प्रयागराज-211 001
36 ए, शेक्सपियर सरणी, कोलकाता-700 017
वेबसाइट : www.rajkamalprakashan.com
ई-मेल : info@rajkamalprakashan.com

मुद्रक
बी.के. ऑफसेट
नवीन शाहदरा, दिल्ली-110 032

BHARAT KA SAMVIDHAN : Sankshipt Parichay
by Dr. Subhash Kashyap

आमुख

गत 65 वर्षों से मैं 'भारत का संविधान' विषय पर बराबर, अच्छा-बुरा बहुत कुछ लिखता बोलता रहा हूँ। जब राजकमल के बन्धुवर श्री अशोक महेश्वरी ने संविधान पर एक और संक्षिप्त पुस्तक लिखने का आग्रह किया तो मेरा संकोच स्वाभाविक था—नया क्या लिखा जा सकता था?

मेरा सदा से मानना रहा है कि लोकतंत्र में हर नागरिक को अपने देश के संविधान को जानना चाहिए और समझना चाहिए कि हम किस प्रकार शासित हो रहे हैं। हमारे संविधान के मूल कर्तव्य सम्बन्धी भाग के अनुसार हर नागरिक का सबसे पहला कर्तव्य है संविधान का पालन करना। परन्तु उसका पालन करने के लिए संविधान को जानना ज़रूरी है। दुर्भाग्यवश हमारे देश में आज भी भयंकर संवैधानिक निरक्षरता है। ऐसी स्थिति में संविधान के बारे में जानकारी के प्रचार-प्रसार के लिए जो भी किया जा सके देश हित में होगा। इसी भावना के साथ मैं सरल और सुगम शब्दों में लिखी गई यह संक्षिप्त पुस्तिका प्रस्तुत कर रहा हूँ। प्रयत्न है कि हमें हमारे संविधान का कुछ संक्षिप्त परिचय मिले। ऐतिहासिक पृष्ठभूमि और संविधान निर्माण तथा संविधान की आत्मा से सम्बन्धित अध्याय अपेक्षाकृत लम्बे लगेंगे किन्तु यह जानबूझकर और विशेष उद्देश्य से किया गया है।

यह काम समय से पूरा करने में मुझे हमारी प्यारी बिटिया जुही (डॉ. स्वाति) का भारी सहयोग मिला। उसके बिना यह काम पूरा होना असम्भव था।

आशा है राजकमल का यह प्रयास संविधान को घर-घर और जन-जन तक ले जाने की दिशा में एक और महत्त्वपूर्ण योगदान सिद्ध होगा। जो पाठक भारत के संविधान के बारे में

गहन जानकारी में रुचि रखते हों वे राष्ट्रीय पुस्तक न्यास का 'हमारा संविधान' अथवा Universal/Lexis/Nexis द्वारा प्रकाशित *Constitutional Law of India* (3 Vols) देख सकते हैं।

पुस्तक को अधिक उपयोगी बनाने के लिए सभी आलोचनाओं एवं सुझावों का स्वागत होगा।

26 जनवरी, 2021 **—सुभाष काश्यप**

क्रम

1 संविधान : क्या, क्यों, कैसे 11
2 संविधान की कहानी 14
3 संविधान की आत्मा 49
4 राज्य क्षेत्र और नागरिकता 75
5 मूल अधिकार, निदेशक तत्त्व और मूल कर्तव्य 83
6 संघ की कार्यपालिका, विधायिका, न्यायपालिका 100
7 राज्य कार्यपालिका और विधायिका 127
8 संघ एवं राज्यों के बीच सम्बन्ध 133
9 पंचायती राज 138
10 आपात की उद्घोषणा 147
11 निर्वाचन 157
12 संविधान में संशोधन 164
13 भारत के संविधान की विशेषताएँ 174

आइए, इस देश में ऐसी परिस्थितियाँ उत्पन्न करने का संकल्प करें—

जब प्रत्येक व्यक्ति स्वतंत्र होगा और उसे अपनी प्रतिभा के, पूरे विश्वास के तथा अपनी पूरी सामर्थ्य तक ऊँचा उठने के साधन उपलब्ध होंगे।

जब गरीबी और गन्दगी, अज्ञान और बीमारी दूर हो गई होगी, जब ऊँच और नीच के बीच, गरीब और अमीर के बीच भेद मिट गया होगा।

जब न केवल धर्म के विश्वास, प्रतिपादन और व्यवहार की पूरी स्वतंत्रता होगी, बल्कि धर्म ऐसी संयोजन शक्ति बन जाएगा जो अशान्ति और विच्छेद-विभाजन और अलगाव पैदा करने के बजाय मनुष्य को मनुष्य के साथ जोड़े।

जब छुआछूत को हम एक बुरे सपने में आए संकट की तरह भूल जाएँगे।

जब मनुष्य द्वारा मनुष्य के शोषण का अन्त हो जाएगा और भारत की आदिमजातियों को तथा उन सबको जो पिछड़े हुए हैं सबों की बराबरी में लाने के लिए विशेष सुविधाओं का आयोजन किया जाएगा।

जब इस देश में न केवल करोड़ों भारतीयों का पेट भरने के लिए अन्न प्राप्त होने लगेगा, बल्कि एक बार फिर दूध की नदियाँ बहने लगेंगी।

जब देश के नर-नारी खेतों और कारखानों में हँसते-हँसते काम किया करेंगे।

जब हर झोंपड़े और पल्ली में घरेलू बन्धुओं का मधुर संगीत गूँजता होगा और साथ-साथ युवतियाँ अपने मीठे स्वर में अलापती होंगी।

जब सूरज और चन्द्रमा इस देश के सुखी घरों और हँसते हुए चेहरों पर चमकेंगे।

15 अगस्त, 1947

—राजेन्द्र प्रसाद

1

संविधान
क्या, क्यों, कैसे

देश का संविधान उसकी आधारभूत विधि अथवा बुनियादी कानून होता है और सभी विधियों की वैधता को संविधान की कसौटी पर जाँचा जाता है। संविधान देश के मूल राजनीतिक ढाँचे की रूपरेखा निर्धारित करता है तथा राज्य व्यवस्था के मूल सिद्धान्त निरूपित करता है। यदि हम जानना चाहते हैं कि कोई देश किस प्रकार शासित होता है अथवा उसकी सरकार किस प्रकार चलती है और उसके नागरिकों के क्या अधिकार और दायित्व हैं, तो हमें उसके संविधान और उसके कार्यान्वयन को समझना होगा।

संविधान राज्य व्यवस्था के तीन प्रमुख अंगों—कार्यपालिका, विधायिका और न्यायपालिका की स्थापना करता है। उनकी शक्तियों और अधिकार-क्षेत्रों को परिभाषित करता है। उनके दायित्वों और परस्पर सम्बन्धों तथा जनता के साथ उनके सम्बन्धों की व्याख्या करता है।

लोकतंत्र में सिद्धान्ततः सम्प्रभुता का वास जनता में होता है। देश के नागरिक स्वयं अपने स्वामी होते हैं। किन्तु किसी अव्यवस्थित और असंगठित जनसमूह के लिए सम्प्रभु शक्तियों का सार्थक उपयोग सम्भव नहीं। जनता को एक ऐसी संस्था, एक ऐसा साधन चाहिए जिसके माध्यम से वह अपनी सम्प्रभुता की शक्तियों और स्वेच्छा को अभिव्यक्ति दे सके। प्राचीन यूनान के नगर, राज्यों तथा भारत के ग्राम गणराज्यों में सारे नागरिक गण एकत्र होकर राज्य के महत्त्वपूर्ण मामलों पर निर्णय लेते थे। यह प्रत्यक्ष लोकतंत्र था। किन्तु आज के अधिकांश राज्यों के विशाल आकार, जनसंख्या और बढ़ती हुई प्रशासनिक जटिलताओं के सन्दर्भ में ऐसा प्रत्यक्ष लोकतंत्र अब सम्भव नहीं रहा।

आजकल के लोकतंत्र प्रायः सभी प्रतिनिधिक हैं। जनता मतदान द्वारा यह निर्णय करती है कि वह अपने ऊपर किसके द्वारा तथा किस प्रकार से शासन करे। जनता अपनी सम्प्रभुता का सबसे पहला और महत्त्वपूर्ण प्रयोग तब करती

है जब वह अपने आप को एक संविधान प्रदान करती है, यह निर्णय करती है कि किस राजनीतिक व्यवस्था के द्वारा उसकी आवश्यकता और आकांक्षाओं की पूर्ति हो सकती है।

किसी भी देश का संविधान उसके संविधान निर्माताओं की दिव्यदृष्टि तथा उनके आदर्शों और मूल्यों का प्रतिबिम्ब होता है। वह उस पीढ़ी के विशिष्ट सामाजिक, राजनीतिक और आर्थिक चिन्तन, आशाओं, अपेक्षाओं एवं आस्थाओं पर आधारित होता है। जब कोई राष्ट्र विदेशी शासन से मुक्ति पाता है अथवा जब कोई क्रान्ति होती है या कोई नया सम्प्रभुता प्राप्त राष्ट्र जन्म लेता है तो लोग अपने लिए एक नए संविधान का निर्माण करते हैं तथा उसके द्वारा शासन तंत्र में विभिन्न सत्ता केन्द्रों की शक्तियों का सीमांकन करते हैं। संविधान अन्य बातों के अलावा संघीय और राज्यों के स्तर पर विभिन्न अंगों के बीच शक्तियों और अधिकार-क्षेत्रों का निरूपण और शक्तियों का वितरण और परिसीमन भी करता है।

संविधान को एक जड़ प्रलेख मात्र मान लेना भारी भूल होगी। संविधान केवल वह नहीं है जो उसके पाठ में लिखा है। संविधान उस पुस्तक का नाम मात्र नहीं है जिसमें उसके प्रावधान दिए हुए हैं। संविधान तो एक सजीव, सतत गतिशील प्रक्रिया है। वह निरन्तर बनता-बदलता, पनपता-पल्लवित होता रहता है, विधायिका से पारित संवैधानिक संशोधनों एवं विविध अधिनियमों के द्वारा, न्यायपालिका के समय-समय पर दिए गए निर्वाचनों के द्वारा तथा कार्य की शासन-शैली और प्रक्रियाओं के द्वारा है। संविधान के शब्दों को अर्थ मिलता है उसके कार्यकरण के द्वारा, कैसी परिपाटियाँ, परम्पराएँ और प्रथाएँ जन्म लेती हैं और कौन लोग, कैसे लोग, किस प्रकार संविधान को अमल में लाते हैं, इसी पर संविधान की श्रेष्ठता और सार्थकता निर्भर है। हमारे उच्चतम न्यायालय ने भी कहा है कि संविधान ज़िन्दा चीज़ है और उसके किसी भी अनुच्छेद का निर्वचन करते समय उसके इतिहास का ध्यान रखना होगा और देखना होगा कि किस उद्देश्य से और किस लक्ष्य अथवा परिणाम की प्राप्ति के लिए उसकी संरचना की गई।

14-15 अगस्त, 1947 की आधी रात को, हमारा देश आज़ाद हुआ। अब हम अपने आप यह तय कर सकते थे कि हमारी सरकार कैसी हो, कैसे चुनी जाए और देश का शासन कैसे चले। हमारे देश का एक लिखित संविधान है। यह हमारे लम्बे स्वाधीनता-संघर्ष की उपज है। इसे हमने अपनी संविधानसभा में 1946-1949 के बीच बनाया। यह संविधान 26 जनवरी, 1950 को लागू हुआ। इसी दिन से हम एक लोकतंत्रात्मक गणराज्य बन गए अर्थात, ऐसा राज्य जिसमें जनता के अपने चुने हुए प्रतिनिधियों का राज हो।

पंचायतों से लेकर पार्लियामेंट अथवा संसद तक और पंचायत अध्यक्ष से लेकर राष्ट्रपति तक सभी संविधान से बँधे हैं। संविधान के अनुसार ही देश का सारा शासन तंत्र चलता है। इसलिए प्रत्येक भारतवासी के लिए ज़रूरी है कि वह अपने संविधान के बारे में जाने। यह क्या है, क्यों है, कैसे चलता है। इसके अनुसार हमें क्या अधिकार मिलते हैं। हमारे क्या कर्तव्य बनते हैं। हर संविधान की सफलता उसे चलानेवाले लोगों के आचरण पर निर्भर होती है। लोकतंत्र में संविधान को सही प्रकार चलाने की ज़िम्मेदारी हर नागरिक की होती है।

2

संविधान की कहानी

ऐतिहासिक पृष्ठभूमि

किसी भी देश के संविधान का प्रासाद अतीत की नींव पर खड़ा होता है और उसके भविष्य की आधारशिला बनता है। भारत के संविधान की एक बड़ी रोचक और प्रेरणादायी कहानी है। हमारे संविधान का क्रमिक विकास हुआ। उसकी पृष्ठभूमि में सदियों का गौरवमय इतिहास है। कहानी लगभग 4-5 हज़ार वर्ष पूर्व प्रारम्भ होती है। भारत में शासनतंत्र और संविधान के प्रथम सूत्र मिलते हैं 'वेद', 'पुराण', 'स्मृति', 'महाभारत', 'रामायण' बौद्ध और जैन साहित्य में, कौटिल्य के 'अर्थशास्त्र' में तथा शुक्राचार्य के 'नीतिसार' जैसे ग्रंथों में। कहा जाता है कि ब्रिटिश शासन ने पहली बार भारत को एकता के सूत्र में बाँधा, उसे एक इकाई बनाया और एकता की भावना दी। किन्तु, वस्तुत: भारतीय एकता की चेतना और संकल्पना उतनी ही पुरानी है जितना विश्व का इतिहास। इस एकता के प्रथम स्वर प्रस्फुटित हुए संसार के प्राचीनतम साहित्य ऋग्वेद के रचयिता ऋषियों की वाणी में। इसमें सन्देह नहीं कि प्राचीन काल में समूचे भारत की राजनीतिक एकता स्थापित करने के प्रयास प्राय: असफल रहे और भारतीय एकता की चेतना प्रधानत: भौगोलिक और सांस्कृतिक ही रही। किन्तु जैसा 'हिन्दुस्तान की कहानी' में पंडित नेहरू ने लिखा है : यह ख्याल कि अंग्रेज़ों ने पहले-पहल हिन्दुस्तान में अमन कायम किया, एक बड़ा ही अनोखा और धोखे का ख्याल है। यहाँ यह भी स्मरण रखना चाहिए कि जिस राष्ट्रीय एकता अथवा राष्ट्रवाद के अर्थों में आज राजनीतिक एकता की बात की जाती है, वह संसार में सर्वत्र एक नितान्त आधुनिक संकल्पना है। यूरोप में भी राष्ट्र के आधार पर राज्यों का गठन कोई पुरानी बात नहीं। ऐसी स्थिति में विदेशी आक्रान्ताओं के शासन से, अर्थात लगभग एक हज़ार वर्ष और उससे भी अधिक पहले, भारत में राजनीतिक एकता के अभाव की बात करना भ्रामक और निरर्थक है।

लोकतंत्र भी भारत के लिए कोई नई बात नहीं। प्राचीन भारत में राजतंत्र के साथ-साथ गणराज्य की भी एक लम्बी परम्परा थी। संसार के सबसे पुराने गणराज्य

भारत में ही जन्मे और पनपे। महाभारत में गणराज्य शब्द उस राज्य के अर्थ में प्रयुक्त हुआ है जिसमें शासन सभा के द्वारा संचालित होता हो। प्राचीन साहित्य में हमें कितनी ही जनपद सभाओं और समितियों के विशद प्रक्रिया-सम्बन्धी नियम मिलते हैं। 'महाभारत', कौटिल्य के 'अर्थशास्त्र' और बौद्ध साहित्य में गण-शासन के उत्थान-पतन तथा क्रिया-विधि का सविस्तार विवेचन किया गया है। प्राचीन राजतंत्र में भी राजा की शक्तियाँ निरंकुश नहीं, नियंत्रित होती थीं। उसे स्वामी नहीं प्रजा का सेवक माना जाता था। निर्वाचन के द्वारा भी राजा बनाए जाते तथा और ऐसे भी उदाहरण मिलते हैं जब राजाओं को अपने कर्तव्य से विमुख होने के अपराध में पदच्युत कर दिया जाता था। राज्याभिषेक के समय राजा को सौगन्ध लेनी होती थी कि "यदि मैं अपनी प्रजा को सताऊँ तो ईश्वर मुझे जीवन और सन्तान से वंचित कर दे।" वह प्रण करता था कि वह भरसक अपनी प्रजा की सेवा तथा प्रजा के हित को प्राथमिकता देगा, अपने निजी सुख को नहीं, वास्तविक सुख उसकी प्रजा के सुख में है। जो राजा स्वयं को अच्छा लगे वह अच्छा नहीं; अच्छा वही है जो प्रजा को अच्छा लगे। जनहित के कार्य राजा के अवकाश की प्रतीक्षा नहीं कर सकते, उसे उनके लिए हर समय तैयार रहना चाहिए। अगर राजा अन्याय करें, तो प्रजा को यह अधिकार है कि उसे हटाकर दूसरे व्यक्ति को गद्दी पर बैठा दे।

'संसद' भी पुराने संस्कृत साहित्य का शब्द है। प्राचीन काल में राजा को परामर्श देनेवाली सभा को संसद कहते थे। तब राजा में इतना साहस और शक्ति नहीं होती थी कि वह अपनी संसद द्वारा दिए गए परामर्श को ठुकरा कर अन्यथा आचरण कर सके। बौद्ध भिक्षु-संघ भी बहुत कुछ संसद की तरह थे। मार्किबस ऑफ जेटलैंड के शब्दों में—

> "यह जानकर आश्चर्य होता है कि भारत में दो हज़ार वर्ष या इससे भी अधिक समय पहले बौद्धों की सभाओं के संसदीय प्रक्रिया-सम्बन्धी नियम कितने अधिक विकसित और परिपक्व थे। इन नियमों में बैठने के क्रम, संकल्प, प्रस्ताव, गणपूर्ति, सचेतक, मतगणना, मतपत्र द्वारा मतदान, अविश्वास प्रस्ताव आदि से सम्बन्धित नियम थे।"

मौर्य काल में पाटलिपुत्र में जनता द्वारा चुने हुए नगरपालिका का विवरण मिलता है। इस नगरपालिका के 30 सदस्य होते थे जो पाँच-पाँच सदस्यों की 6 समितियों में बँटे हुए थे। प्रत्येक समिति को कुछ विशेष विभाग सुपुर्द थे। नगरपालिका का कार्यक्षेत्र बहुत कुछ आज की नगरपालिकाओं से मिलता-जुलता था। सफाई, पानी, सार्वजनिक इमारतें, बाग-बगीचों की देखभाल, जीवन-मरण का लेखा आदि काम नगरपालिका को ही करने होते थे। लोकतांत्रिक संस्थाएँ हमारे देश में किसी-न-किसी रूप में कम या ज़्यादा बराबर ही चलती रही हैं। ग्राम पंचायत तो हमारे

जन-जीवन का अभिन्न अंग ही रही हैं। तुर्क और अफगान हमलों से पहले 10वीं सदी में लिखी गई शुक्राचार्य की पुस्तक 'नीतिसार' के लेखानुसार गाँव की पंचायत एक निर्वाचित प्रतिनिधि सभा होती थी, जिसे न्याय और व्यवस्था, दोनों ही अंगों में व्यापक अधिकार प्राप्त थे। सरकार को कर का उसका प्राप्य अंश देती थी। कहीं-कहीं कई ग्राम-पंचायतों के ऊपर एक बड़ी पंचायत भी होती थी जो उन पर निगरानी और नियंत्रण रखती थी। कुछ पुराने शिलालेख यह भी बताते हैं कि ग्राम पंचायतों के सदस्य किस प्रकार निर्वाचित किए जाते थे, सदस्य बनने के लिए आवश्यक गुण क्या थे, तथा किस प्रकार वार्षिक निर्वाचनों के द्वारा समितियाँ बनाई जाती थीं। निर्वाचन में भाग लेने का महिलाओं को भी पूरा अधिकार था। अच्छा आचरण न करने पर अथवा सार्वजनिक धन का ठीक-ठीक हिसाब ना दे पाने पर कोई भी सदस्य पदच्युत किया जा सकता था। सार्वजनिक पदों पर किसी भी सदस्य का कोई निकट सम्बन्धी नियुक्त नहीं किया जाता था। राजाज्ञा के बिना कोई सिपाही गाँव में नहीं घुस सकता था। अगर किसी पदाधिकारी के विरुद्ध बहुत शिकायतें हों तो शुक्रनीति के अनुसार राजा को चाहिए कि उस पदाधिकारी को निकाल दे, क्योंकि 'पद से कोई उन्मत्त नहीं हो जाता?' और राजा का तो कर्तव्य है कि जनता के बहुमत के अनुरूप काम करे। 'लोकमत राजा की तुलना में ज़्यादा मजबूत होता है, जिस तरह कि बहुत से तारों की बटी हुई रस्सी शेर को भी खींच लेती है।' मध्ययुग में आकर हमारी लोकतंत्रात्मक संस्थाओं का विकास अवरुद्ध हो गया। इसके बाद सैकड़ों वर्षों तक हम आपसी लड़ाइयों और विदेशी शासन की गुलामी में जकड़े रहे। शासक बदलते रहे, सेनाओं के बीच युद्ध होते रहे, सेनाएँ हारती-जीतती रहीं, किन्तु इन सबके बीच भी राष्ट्र का जीवन और आम लोगों का रहन-सहन लगभग ज्यों-का-त्यों चलता रहा; देश के एक कोने से दूसरे कोने तक, सिन्ध और राजस्थान से असम तक और कश्मीर से कन्याकुमारी तक इस देश की पुरानी सभ्यता तथा परम्परा का सिलसिला अटूट बना रहा; सामाजिक एवं सांस्कृतिक जीवन की मूल धारा अवरुद्ध नहीं हो सकी। और जब 1946 और 1949 के बीच स्वाधीन भारत का संविधान बनाने के लिए भारतवासी अपनी संविधानसभा में एकत्रित हुए, तो उनके पीछे एक गौरवमयी महान सभ्यता और स्वाधीनता की लड़ाई का लम्बा इतिहास था, लम्बी कहानी थी, और उनके सामने थी उससे भी अधिक महान और गौरवपूर्ण भविष्य का निर्माण करने की आकांक्षा। यह स्वाभाविक था कि संविधानसभा ने भारत के संविधान के द्वारा गत हज़ारों वर्षों की संस्कृति में पनपे सामाजिक-सांस्कृतिक आदर्शों-आस्थाओं को तथा वर्तमान राजनीतिक-आर्थिक जीवन की अनेक आशाओं-आकांक्षाओं को वाणी देने का प्रयास किया। संवैधानिक व्यवस्था और संरचना की दृष्टि से भी ऐसा नहीं था कि संविधानसभा अथवा उसकी प्रारूप समिति ने देश के लिए एक नया संविधान

बनाकर तैयार कर दिया हो। यह संविधान तो स्वाधीनता-संघर्षों और सार्वजनिक सुधारों की लम्बी कहानी के बीच बराबर बनता रहा था।

संवैधानिक विकास

26 जनवरी, 1950 को देश को एक पूर्ण प्रभुता-सम्पन्न लोकतांत्रिक गणराज्य घोषित किया गया। इसी दिन की याद में हर वर्ष 26 जनवरी को हम बड़ी धूमधाम से गणतंत्र दिवस की खुशियाँ मनाते हैं, उत्सव करते हैं। यही वह दिन है जब हमने अपने देश में अपना संविधान स्वयं अपने ऊपर लागू किया। पर, यह मंगल मुहूर्त यों ही नहीं आ गया। इसकी कीमत स्वाधीनता संग्राम के सैनिकों ने बार-बार अपने लहू और त्याग से चुकाई। 1857 का व्यापक सिपाही विद्रोह अंग्रेज़ी राज के विरुद्ध भारतीयों का प्रथम स्वाधीनता संग्राम था। इस विद्रोह को निर्दयता से कुचल दिया गया पर देश तो जग गया था। इसके बाद समय-समय पर अंग्रेज़ी शासकों ने शासन व्यवस्था में कुछ सुधार किए और शासन के कार्य में थोड़ा-थोड़ा भारतीयों का भी सहयोग लेना आरम्भ किया। किन्तु सुधारों की गति बहुत धीमी थी और राष्ट्रवाद की भावना बहुत तेज़ी से बढ़ रही थी। इस समय उपनिवेशों में बसे भारतीयों तथा अन्य काले लोगों के साथ गोरे लोग जो अमानवीय व्यवहार कर रहे थे उसके प्रति भी देश में भारी रोष था। शीघ्र ही कांग्रेस ब्रिटिश शासन के विरुद्ध सक्रिय विरोध का माध्यम बन गई और देश भर में लोकमान्य तिलक का यह नारा गूँज उठा—'स्वतंत्रता हमारा जन्मसिद्ध अधिकार है और हम उसे लेकर रहेंगे।' इस नारे में देश की स्वाधीनता ही नहीं, उसके भावी संविधान का भी बीज था। एक ओर विदेशी बहिष्कार और स्वदेशी आन्दोलनों ने तो दूसरी ओर उग्र क्रान्तिकारियों ने देश में नई जागृति पैदा की और स्वाधीनता-संग्राम को नई शक्ति दी। क्रान्तिकारियों ने देश के अन्दर ही नहीं, बल्कि देश के बाहर भी, अन्य देशों की भूमि से भारत को स्वाधीनता की लड़ाई में सक्रिय योगदान दिया।

अंग्रेज़ी राज के विरुद्ध बढ़ते हुए राष्ट्रीय आन्दोलन की गति और शक्ति को क्षीण करने के लिए ब्रिटिश शासकों ने देश में साम्प्रदायिक झगड़ों का बीज बोया तथा 'फूट डालो, आपस में लड़ाओ और राज करो' की नीति अपनाई। इस नीति पर चलकर आगे 1900 में मार्ले-मिण्टो सुधारों के अन्तर्गत पृथक साम्प्रदायिक निर्वाचनों की व्यवस्था हुई और अन्त में इससे देश के विभाजन की माँग को बल मिला। प्रथम महायुद्ध के बाद राष्ट्रीयता की लहर बहुत ज़ोर पकड़ गई। 1919 के मोण्टफोर्ड सुधारों से जनता में घोर असन्तोष था। इसी समय 'रोलेट एक्ट' नामक काला कानून लागू किया गया। इसने राष्ट्रीय आन्दोलन की माँग को और भड़काया। इन्हीं दिनों महात्मा गांधी भारतीय राजनीति में सक्रिय रूप से कूद पड़े। सरकार की दमन नीति ने उन्हें राजद्रोही बना दिया और उन्होंने 'रोलेट एक्ट' के विरोध में

सत्याग्रह आरम्भ कर दिया। 13 अप्रैल, 1919 को पंजाब में प्रसिद्ध जलियाँवाला बाग कांड हुआ, जहाँ एक्ट के विरोध में हो रही एक शान्तिपूर्ण सभा में बैठे सैकड़ों नर-नारियों और बच्चों को तीन ओर से बन्द अहाते में घेरकर गोलियों से भून दिया गया। इस हत्याकांड से सारे देश में सनसनी फैल गई और 1921 में गांधी जी ने अपना असहयोग आन्दोलन आरम्भ कर दिया। उन्होंने स्वाधीनता आन्दोलन को क्रान्ति का स्वर दिया, अहिंसा का नया हथियार दिया और उसे गाँवों और कस्बों में आम आदमियों तक पहुँचाया।

1928 की नेहरू रिपोर्ट में केवल डोमिनियम स्टेटस की माँग की गई थी, किन्तु 1928 के कोलकाता कांग्रेस ने यह घोषणा की कि यदि एक वर्ष के भीतर अंग्रेजी सरकार ने यह माँग ना मानी तो फिर पूर्ण स्वाधीनता से कम पर सौदा नहीं होगा। अगले वर्ष 21 दिसम्बर, 1929 को रावी नदी के तट पर पंडित जवाहरलाल नेहरू की अध्यक्षता में कांग्रेस ने पूर्ण स्वाधीनता का लक्ष्य बनाया और निर्णय किया कि हर वर्ष 26 जनवरी के दिन को स्वाधीनता दिवस के रूप में मनाया जाए। पहला स्वाधीनता दिवस 26 जनवरी, 1930 को मनाया गया। उसी वर्ष नमक-कर लगानेवाले कानून को तोड़ने के लिए गांधी जी ने प्रसिद्ध दांडी यात्रा की और उसके साथ ही अपने सविनय अवज्ञा आन्दोलन का सूत्रपात किया। इसी बीच देश को 'इंकलाब जिन्दाबाद' और समाजवाद का नारा देनेवाले भगत सिंह और उनके साथी देशभक्त क्रान्तिकारियों को फाँसी पर चढ़ा दिया गया।

1930 और 1932 के बीच भारतीय संवैधानिक स्थिति पर विचार करने के लिए लन्दन में तीन गोलमेज सम्मेलन किए गए। यद्यपि उनका कोई सर्वमान्य नतीजा नहीं निकल सका, फिर भी उनके साथ ब्रिटिश संसद की संयुक्त समिति के प्रतिवेदन के फलस्वरूप 1935 का भारतीय शासन अधिनियम मिला जिसके अन्तर्गत 1937 में प्रान्तीय विधानसभाओं के लिए चुनाव हुआ। अधिकांश राज्यों में कांग्रेस को बहुमत मिला और कांग्रेस की सरकार बनी। 1939 में अंग्रेज़ी सरकार की युद्ध नीति और जनता के प्रतिनिधियों की राय लिए बिना भारत को युद्ध में झोंके जाने के विरोध में सभी कांग्रेसी सरकारों ने इस्तीफा दे दिया। 1940 में गांधी जी ने सीमित व्यक्तिगत सत्याग्रह और 1941 में असफल क्रिप्स मिशन के बाद अगस्त 1942 में गांधी जी और कांग्रेस के चोटी के नेताओं ने देश की जनता के कानों में 'करो या मरो' का मंत्र फूँका तो 'अंग्रेज़ो भारत छोड़ो' के नारे से देश का कोना-कोना गूँज उठा। सरकार का दमन-चक्र चला और आन्दोलन को निर्दयतापूर्वक कुचला गया। पर कुछ ही समय बाद भारत की पूर्व सीमाओं से जब नेताजी सुभाष चन्द्र बोस की आज़ाद हिन्द फौज का कौमी नारा 'जय हिन्द' उठा तो अंग्रेज़ शासकों के पैर उखड़ गए। 1945 में विश्वयुद्ध समाप्त हुआ और अगले ही वर्ष ब्रिटिश सरकार ने निश्चय कर लिया कि अब भारत को और अधिक दिन गुलाम नहीं रखा जा सकता।

मंत्रिमंडल मिशन की योजना के अन्तर्गत विधानसभा समवेत हुई, अन्तरिम सरकार बनी; और फिर माउंटबेटन योजना और 'भारतीय स्वतंत्रता अधिनियम' के अधीन देश का विभाजन और स्वाधीनता का अरुणोदय हुआ।

दिसम्बर 1946 में जो संविधानसभा समवेत हुई तथा जिसने 1949 के अन्तिम महीनों तक काम किया उसकी तथा संविधान निर्माण की आगे की कहानी संक्षेप में कहने का प्रयास किया गया है, तस्वीर को पूरा करने के लिए और कहानी को आज तक ले आने के लिए संविधान में संशोधन पर भी एक अध्याय जोड़ दिया गया है।

संविधान सभा

भारत में जब से स्वतंत्रता आन्दोलन प्रारम्भ हुआ, तब से ही स्वशासन और स्वराज्य की माँग के पीछे यह विचार भी किसी-न-किसी रूप में निहित था कि अपनी संवैधानिक व्यवस्था के निर्माण का भारतीयों को अधिकार होना चाहिए और यह व्यवस्था बाहर की किसी शक्ति द्वारा आरोपित नहीं होनी चाहिए।

ब्रिटिश सरकार ने अपनी 20 अगस्त, 1917 की घोषणा में भारत के प्रति ब्रिटेन की भावी नीति की घोषणा करते हुए वचन दिया था कि ब्रिटिश नीति का अन्तिम लक्ष्य भारत में क्रमश: उत्तरदायी शासन की स्थापना करना है। लेकिन घोषणा में यह भी स्पष्ट कर दिया गया था कि इस दिशा में कब और कितनी प्रगति होगी इसका निर्णय विदेशी सरकार ही करेगी। 1919 के भारतीय शासन अधिनियम की प्रस्तावना में इस घोषणा के शब्दों को ज्यों-का-त्यों दोहराया गया था। भारतीय लोकमत ने ब्रिटिश सरकार की इस नीति का विरोध किया, कांग्रेस तथा कुछ अन्य दलों ने 1919 के अधिनियम में कुछ सुधारों की माँग की। कांग्रेस ने इस अधिनियम को अपर्याप्त, असन्तोषजनक और निराशाजनक बताया और आग्रह किया कि भारत में शीघ्र ही आत्मनिर्णय के सिद्धान्त के आधार पर पूर्ण उत्तरदायी शासन की स्थापना द्वारा भारत का संविधान बनाने के लिए एक संविधानसभा की स्थापना की जाए। इससे पहले दिसम्बर 1918 में दिल्ली में कांग्रेस के अधिवेशन में एक प्रस्ताव के द्वारा यह माँग की गई थी कि आत्मनिर्णय का सिद्धान्त भारत पर लागू किया जाए किन्तु इस सब के बावजूद भारतीयों द्वारा भारत का संविधान बनाए जाने की बात स्पष्ट शब्दों में सबसे पहली बार महात्मा गांधी ने 5 फरवरी, 1922 को कही। यद्यपि उन्होंने संविधानसभा शब्द का प्रयोग नहीं किया फिर भी उनकी बातों में एक ऐसी प्रतिनिधि संस्था का बीज था। गांधी जी ने कहा था—

> "स्वराज्य ब्रिटिश संसद का उपहार नहीं होगा। वह भारत की पूर्ण आत्माभिव्यक्ति की घोषणा होगा। यह सच है कि उसे संसद के एक अधिनियम द्वारा व्यक्त किया जाएगा, पर यह तो भारत के लोगों की घोषित

इच्छा की औपचारिक पुष्टि-मात्र होगी। यह पुष्टि एक सन्धि की होगी जिसमें ब्रिटेन भी एक पक्ष होगा...जब समझौता हो जाएगा तब ब्रिटिश संसद भारत के लोगों की इच्छा की पुष्टि कर देगी। यह इच्छा भी नौकरशाही द्वारा नहीं बल्कि भारतीय जनता के स्वतंत्रतापूर्वक चुने हुए प्रतिनिधियों द्वारा व्यक्त होगी।"

इसी वर्ष श्रीमती एनी बेसेंट के सुझाव पर भी शिमला में केन्द्रीय विधान-मंडल के दोनों सदनों के सदस्यों की एक सभा हुई जिसमें संविधान निर्माण के लिए एक सम्मेलन बुलाने का निश्चय किया गया। 1923 में फिर एक सभा की गई जिसमें केन्द्रीय और प्रान्तीय विधान-मंडलों के सदस्य उपस्थित थे। इस सभा ने संविधान के आवश्यक तत्त्व की एक रूपरेखा तैयार की जिसके अनुसार भारत को अन्य स्वशासित उपनिवेशों (डोमिनियमों) के साथ बराबरी का दर्जा दिया गया था। एक वर्ष बाद फरवरी 1924 में इस सभा ने एक सम्मेलन बुलाया। सम्मेलन के अध्यक्ष थे सर तेज बहादुर सप्रू। सम्मेलन की बैठक हुई अप्रैल 1924 में। बैठक में एक भारतीय कॉमनवेल्थ विधेयक (कॉमनवेल्थ ऑफ इंडिया बिल) का प्रारूप तैयार किया गया। दिसम्बर 1924 में सम्मेलन की बम्बई-बैठक में विधेयक पर विचार हुआ। कुछ संशोधनों के बाद विधेयक जनवरी 1925 में दिल्ली में हुए सर्वदलीय सम्मेलन के सामने रखा गया। यह सर्वदलीय सम्मेलन महात्मा गांधी की अध्यक्षता में हुआ।

आगे और भी विचार विनिमय, संशोधन और परिमार्जन के बाद विधेयक को ब्रिटिश संसद के सामने प्रस्तुत कराने का प्रयास किया गया। विधेयक को श्रमिक दल के एक सदस्य के पास एक पत्रक के साथ भेजा गया। पत्रक पर 43 प्रमुख भारतीय नेताओं के हस्ताक्षर थे। श्रमिक दल ने कुछ संशोधनों के साथ विधेयक को स्वीकार कर लिया। दिसम्बर 1925 में विधायक हाउस ऑफ कॉमंस में पुनर्स्थापित किया गया तथा उसका प्रथम वाचन हो गया। बाद में आम चुनावों में श्रमिक दल की हार के साथ इस विधेयक का भाग्य भी भारत को स्वशासन का अधिकार दिलाने तथा ब्रिटिश शासन के माध्यम से उसका नया संविधान लागू करने का यह एक महत्त्वपूर्ण प्रयास था।

इसी बीच 1924 में केन्द्रीय विधानसभा में स्वराज दल के नेता पंडित मोतीलाल नेहरू ने एक प्रस्ताव प्रस्तुत किया जो आगे चलकर राष्ट्रीय माँग के नाम से विख्यात हुआ। इस प्रस्ताव में कहा गया था—

"यह सभा सपरिषद् गवर्नर-जनरल से संस्तुति करती है कि वे भारत में पूर्ण उत्तरदायी शासन की स्थापना करने के उद्देश्य से भारतीय शासन अधिनियम में संशोधन करने के लिए कार्रवाई करें और इस प्रयोजन के लिए निम्नलिखित उपाय करें—(क) वे जल्दी ही एक प्रतिनिधि गोलमेज

सम्मेलन बुलाएँ जो महत्त्वपूर्ण अल्पसंख्यक वर्गों के अधिकारों और हितों की रक्षा को ध्यान में रखते हुए भारत के लिए एक संविधान की योजना की संस्तुति करें, और (ख) केन्द्रीय विधान-मंडल का भी विघटन करने के बाद यह योजना नवनिर्वाचित भारतीय विधान-मंडल के सामने प्रस्तुत करें और फिर उसे एक संविधि के रूप में लेखबद्ध करने के लिए ब्रिटिश संसद के पास भेज दें।"

प्रस्ताव सरकार की इच्छा के विरुद्ध भारी बहुमत से पास हो गया। प्रस्ताव के पास हो जाने पर सरकार ने 1919 के अधिनियम के कार्यक्रम की जाँच करने तथा वर्तमान कमियों को दूर करने की दृष्टि से आवश्यक संवैधानिक सुधार सुझाने के लिए एलेक्जैंडर मुडीमेन की अध्यक्षता में एक समिति की नियुक्ति की। समिति ने अपनी रिपोर्ट 3 दिसम्बर, 1924 को गवर्नर-जनरल को प्रस्तुत कर दी। समिति के बहुमत के अनुसार वर्तमान संविधान सन्तोषजनक ढंग से चल रहा था। अत: समिति ने प्रशासन में केवल कुछ मामूली परिवर्तन ही सुझाये। किन्तु समिति के कुछ सदस्यों के अनुसार, जिनमें तेज बहादुर सप्रू और मोहम्मद अली जिन्ना भी थे, व्यवस्था में मूलभूत कमियाँ थीं और संविधान में आमूल परिवर्तन किए बिना कुछ सुधार सम्भव नहीं था। जब समिति की रिपोर्ट पर बहस हुई तो 8 सितम्बर, 1925 को विधानसभा ने एक संशोधन प्रस्ताव पास किया जिसमें पिछले वर्ष की राष्ट्रीय माँग को अधिक विस्तृत रूप में दोहराया गया था। 'राष्ट्रीय माँग' सम्बन्धी प्रस्तावों का ऐतिहासिक महत्त्व है क्योंकि उनके द्वारा पहली केन्द्रीय विधानसभा ने इस माँग का समर्थन किया कि भारत का भावी संविधान, संविधानसभा द्वारा बनाया जाए। ब्रिटिश सरकार ने नवम्बर 1927 में सर जॉन साइमन की अध्यक्षता में एक भारतीय संघ नीति आयोग (साइमन कमीशन) की स्थापना की और उसे यह पता लगाने का काम सौंपा कि क्या भारतीय उत्तरदायी शासन की दिशा में और अधिक प्रगति करने योग्य हो गए हैं? साइमन आयोग के सातों के सातों सदस्य अंग्रेज़ थे। आयोग में एक भी भारतीय सदस्य ना होने से देश में कड़ी प्रतिक्रिया हुई और इस बात पर भारी क्षोभ प्रकट किया गया कि अपने ही देश का संविधान बनाने के काम में भारतीयों को भाग नहीं लेने दिया जा रहा है। 1927 में हुए कांग्रेस के बम्बई और मद्रास अधिनियम अधिवेशन में एक प्रस्ताव के द्वारा कांग्रेस कार्यकारिणी समिति से केन्द्रीय तथा प्रान्तीय विधान-मंडलों के निर्वाचित सदस्यों तथा विभिन्न दलों के नेताओं के सहयोग से एक स्वराज संविधान बनाने के लिए कहा गया। भारत सचिव का कहना था कि भारतीय स्वयं अपने लिए संविधान बनाने में सर्वथा असमर्थ हैं, क्योंकि साम्प्रदायिक मतभेदों के कारण वे कोई सर्वमान्य संविधान बना ही नहीं सकते थे। इसी चुनौती के उत्तर में तथा कांग्रेस के बम्बई और मद्रास के अधिवेशन में पारित प्रस्तावों के सन्दर्भ में फरवरी

1928 में दिल्ली में एक सर्वदलीय सम्मेलन हुआ। बाद में मई 1928 में मुम्बई में हुई एक बैठक व सम्मेलन में पंडित मोतीलाल नेहरू की अध्यक्षता में भारत के संविधान के सिद्धान्तों का निर्धारण करने के लिए एक समिति नियुक्त की गई। समिति की रिपोर्ट नेहरू रिपोर्ट के नाम से विख्यात हुई। यह भारतीयों द्वारा अपने देश के संविधान निर्माण की पहली चेष्टा थी। कुछ संशोधनों के साथ इस नेहरू रिपोर्ट को सर्वदलीय सम्मेलन ने सिद्धान्ततः स्वीकार कर लिया। नेहरू समिति द्वारा प्रस्तुत संवैधानिक व्यवस्था डोमिनियम स्टेटस तथा संसदीय पद्धति पर उत्तरदायी सरकार के सिद्धान्तों पर आधारित थी। इसमें यह माना गया था की प्रभुता का वास भारत के लोगों में है, कुछ मूल अधिकार दिए गए थे तथा एक संघात्मक व्यवस्था की रूपरेखा सुझाई गई थी जिसके अन्तर्गत अवशिष्ट शक्तियों का वास केन्द्र में होता, केन्द्रीय तथा प्रान्तीय विधानसभाओं के लिए चुनाव सम्मिलित निर्वाचक मंडल के आधार पर होते तथा अल्पसंख्यकों के हेतु कुछ सीमित काल के लिए स्थानों के आरक्षण का प्रावधान होता।

31 अक्टूबर, 1929 को वायसराय लॉर्ड इर्विन ने घोषणा की कि साइमन आयोग की रिपोर्ट प्रकाशित होने के बाद भारत की संवैधानिक समस्या पर विचार करने के लिए एक गोलमेज़ सम्मेलन का आयोजन किया जाएगा जिसमें ब्रिटिश भारत और देशी राज्यों के प्रतिनिधि सम्मिलित होंगे। यह सम्मेलन भारत के भावी संविधान के बारे में विभिन्न वर्गों की अधिकतम सहमति प्राप्त करने का प्रयास करेगा। गोलमेज़ सम्मेलनों के फलस्वरूप ब्रिटिश सरकार ने कुछ विस्तृत सुझाव प्रस्तुत किए जो मार्च 1933 में एक श्वेत-पत्र में प्रकाशित किए गए। ब्रिटिश संसद के दोनों सदनों की एक संयुक्त समिति ने श्वेत-पत्र की योजना का परीक्षण किया और कुछ परिवर्तनों के साथ उन्हें स्वीकार किया। संसद ने यह संशोधित योजना 1935 के भारतीय शासन अधिनियम के रूप में पास की। जहाँ तक भारत के इस दावे का सम्बन्ध था कि उसे अपने संविधान को बनाने का अधिकार मिलना चाहिए, संसदीय संयुक्त समिति ने कहा कि "भारतीयों को संविधान बनाने का अधिकार देना इस समय व्यावहारिक नहीं है।" 1935 के अधिनियम की धारा 110 में यह भी कहा गया था कि भारत के संघीय और प्रान्तीय विधान-मंडलों को स्वतः संविधान में संशोधन करने का अधिकार न होगा।

1934 में स्वराज पार्टी ने आत्मनिर्णय के अधिकार की माँग की और एक प्रस्ताव द्वारा घोषणा की कि आत्मनिर्णय के अधिकार को क्रियान्वित करने का एकमात्र उपाय देश का संविधान बनाने के लिए भारतीयों की एक संविधानसभा बुलाना होगा। कांग्रेस ने भी इस बात का समर्थन किया और कांग्रेस कार्यकारिणी समिति ने जून 1934 में श्वेत-पत्र के सम्बन्ध में एक प्रस्ताव पास किया, जिसमें कहा गया था कि "श्वेत-पत्र का एकमात्र सन्तोषजनक विकल्प यह होगा कि वयस्क

मताधिकार के आधार पर निर्वाचित प्रतिनिधियों की संविधानसभा एक संविधान का निर्णय करे।" भारत की ओर से संविधानसभा की माँग निश्चित रूप से करने का यह पहला अवसर था। इसके बाद यह माँग बार-बार और अधिक आग्रहपूर्वक प्रस्तुत की जाती रही। अप्रैल 1936 के लखनऊ अधिवेशन तथा दिसम्बर 1936 के तेजपुर अधिवेशन में कांग्रेस ने प्रस्ताव पास करके 1935 के अधिनियम को पूरी तरह अस्वीकार कर दिया और कहा कि बाहर की किसी सत्ता को यह अधिकार नहीं है कि वह भारत के लिए राजनीतिक और आर्थिक संगठन का निर्णय करे। प्रस्तावों में यह भी स्पष्ट कर दिया गया था कि कांग्रेस भारत में एक ऐसे सच्चे लोकतंत्रात्मक राज्य की स्थापना करना चाहती है जिसमें राजनीतिक शक्ति समूची जनता को हस्तान्तरित कर दी गई हो और सरकार उसके कारगर नियंत्रण में हो। इस तरह का राज्य केवल ऐसी संविधानसभा द्वारा ही उत्पन्न हो सकता था जो वयस्क मताधिकार द्वारा निर्वाचित की गई हो और जिसे देश के लिए संविधान बनाने का अन्तिम अधिकार हो। फैज़पुर अधिवेशन में अध्यक्ष पद से भाषण करते हुए पंडित नेहरू ने स्पष्ट घोषणा की कि वयस्क मताधिकार द्वारा निर्वाचित संविधानसभा की माँग 'आज की कांग्रेस की नीति का आधार स्तम्भ है।' एक प्रस्ताव द्वारा फैज़पुर अधिवेशन ने निश्चय किया कि 1935 के भारत अधिनियम के अन्तर्गत शीघ्र ही होनेवाले प्रान्तीय विधान-सभाओं के निर्वाचन के बाद केन्द्रीय और प्रान्तीय विधान-मंडलों के कांग्रेसी सदस्यों का एक सम्मेलन किया जाए जो संविधानसभा की माँग पर बल दे। निर्वाचन में निर्णायक सफलता पाने के बाद कांग्रेस की कार्यकारिणी समिति ने दिल्ली में 18 मार्च, 1937 को अपनी बैठक में एक प्रस्ताव द्वारा इस बात पर ज़ोर दिया कि चुनावों के परिणामों से संविधानसभा की माँग की जनता द्वारा पुष्टि को वापस ले लिया जाए तथा राष्ट्रीय स्वतंत्रता के आधार पर भारतीयों को अपनी संविधानसभा में अपना संविधान स्वयं बनाने का अवसर दिया जाए। अगले दो दिन अर्थात 19 और 20 मार्च, 1937 को दिल्ली में केन्द्रीय तथा प्रान्तीय विधान-मंडलों के कांग्रेस सदस्यों का राष्ट्रीय सम्मेलन हुआ जिसमें संविधानसभा की माँग दृढ़तापूर्वक दोहरायी गई। अगस्त-अक्टूबर 1937 के बाद केन्द्रीय विधानसभा में उन सभी प्रान्तों में जहाँ कांग्रेस सरकार थी तथा सिंध में विधानसभाओं ने ऐसे प्रस्ताव पास किए, जिनमें भारत के निमित्त एक नया संविधान बनाने के लिए संविधानसभा की माँग का ज़ोरदार समर्थन किया गया था। फरवरी 1938 में सुभाष चन्द्र बोस की अध्यक्षता में हुए कांग्रेस के हरिपुर अधिवेशन में भी 1935 के अधिनियम की संघीय व्यवस्था की आलोचना की गई तथा राष्ट्रीय स्वतंत्रता के आधार पर संविधानसभा द्वारा बनाए जानेवाले संविधान में विश्वास प्रकट किया गया।

दूसरा विश्वयुद्ध आरम्भ होने पर भारतीय स्वतंत्रता का प्रश्न और उसके साथ ही संविधानसभा का विचार प्रमुख रूप से उभरकर सामने आया। कांग्रेस

ने 14 सितम्बर, 1939 के अपने ऐतिहासिक प्रस्ताव में अपनी संविधानसभा की माँग फिर दोहराई और कहा कि भारतीय लोगों को बिना किसी भारी हस्तक्षेप के संविधानसभा द्वारा अपने संविधान का निर्माण करने का अधिकार प्राप्त होना चाहिए। कांग्रेस की इस माँग का सरकार ने सिर्फ यह उत्तर दिया कि "भारत में ब्रिटिश नीति का अन्तिम उद्देश्य देश में डोमिनियन स्टेटस की स्थापना करना है और युद्ध समाप्त होने पर ब्रिटिश सरकार भारत की विभिन्न जातियों, दलों और हितों के प्रतिनिधियों तथा देशी नरेशों से विचार विनिमय करेगी जिससे कि 1935 के अधिनियम में आवश्यक संशोधन करने के लिए उनकी सहायता और सहयोग प्राप्त किया जा सके।" सरकार का यह उत्तर कांग्रेस को नितान्त सन्तोषजनक लगा और कांग्रेस कार्यकारिणी समिति ने नवम्बर 1939 में एक अन्य प्रस्ताव पास किया जिससे उसने भारत के लिए संविधानसभा की स्थापना पर ज़ोर दिया। इस प्रस्ताव में कहा गया था—

> "समिति फिर यह घोषणा करना चाहती है कि ब्रिटेन की नीति से साम्राज्यवाद का धब्बा दूर करने के लिए और कांग्रेस को आगे सहयोग के लिए प्रेरित करने के हेतु यह बहुत आवश्यक है कि भारतीय स्वतंत्रता को मान्यता मिले और भारत के लोगों का यह अधिकार स्वीकार किया जाए कि वे एक संविधानसभा द्वारा अपने संविधान का निर्माण कर सकते हैं। उसका मत है कि किसी स्वतंत्र देश के संविधान का निर्माण करने के लिए संविधानसभा ही एकमात्र लोकतंत्रात्मक उपाय है। समिति का यह विचार है कि संविधानसभा ही साम्प्रदायिक तथा अन्य कठिनाइयों को सुलझाने का उपयुक्त साधन है।"

19 नवम्बर के 'हरिजन' में 'एक ही रास्ता' शीर्षक के एक लेख में महात्मा गांधी ने भी संविधानसभा की राष्ट्रीय माँग पर विचार किया और इस निष्कर्ष की घोषणा की कि वयस्क मताधिकार के आधार पर निर्वाचित संविधानसभा ही देश की साम्प्रदायिक तथा अन्य समस्याओं को सुलझाने का एकमात्र रास्ता है।

इसी बीच देश के साम्प्रदायिकता समस्या में एक नया मोड़ पैदा हो गया। मुस्लिम लीग कहने लगी कि मुसलमान एक जाति नहीं है बल्कि एक राष्ट्र है; और इसलिए उसे राजनीतिक आत्मनिर्णय का अधिकार प्राप्त है। इतना ही नहीं, मुस्लिम लीग का यह भी दावा था कि उसकी स्वीकृति के बिना देश की संवैधानिक उन्नति नहीं हो सकती। मुस्लिम लीग की सहमति के बिना न तो भारत की संवैधानिक प्रगति के सम्बन्ध में कोई घोषणा की जाएगी और न ब्रिटिश सरकार अथवा संसद कोई संविधान बनाएगी या स्वीकारेगी। कांग्रेस के रामगढ़-अधिवेशन में मार्च 1940 के पास किए गए प्रस्ताव में और बातों के साथ-साथ पूर्ण स्वाधीनता की माँग को दोहराया गया था और भावी संविधान

के आदर्शों का भी उल्लेख किया गया था। प्रस्ताव का अन्तिम अंश कुछ इस प्रकार था—

"कांग्रेस एक बार पुनः यह घोषणा करती है कि भारत की जनता पूर्ण स्वाधीनता से कम कुछ भी स्वीकार नहीं करेगी। भारत की स्वाधीनता साम्राज्यवाद की परिधि में नहीं रह सकती और स्वशासित प्रदेश (डोमिनियन स्टेट्स) अथवा साम्राज्यवादी व्यवस्था के अन्तर्गत दूसरा कोई भी दर्जा भारत पर लागू नहीं हो सकता। वह एक महान राष्ट्र की गरिमा के अनुकूल नहीं और वैसा करने से भारत ब्रिटिश नीति से और उसके आर्थिक संगठन से कई तरह बँध जाएगा। वयस्क मताधिकार के आधार पर निर्वाचित संविधानसभा के माध्यम से स्वयं भारतीय ही अपने लिए अपना संविधान बना सकते हैं और दूसरे देश के साथ भारत के सम्बन्धों के बारे में निर्णय ले सकते हैं। कांग्रेस साम्प्रदायिक सामंजस्य स्थापित करने का भरसक प्रयास करती रही है और करती रहेगी। किन्तु उसका विश्वास है कि संविधानसभा के बिना कोई स्थायी समाधान सम्भव नहीं होगा। संविधानसभा बन जाए तो वह विभिन्न बहुसंख्यक और अल्पसंख्यक मतों के निर्वाचित प्रतिनिधियों की सहमति से और उसके प्रभाव में पंच फैसले के द्वारा अल्पसंख्यकों के अधिकारों की रक्षा की समुचित व्यवस्था कर सकेगी। संविधानसभा के अतिरिक्त दूसरा कोई रास्ता नहीं है। भारत के संविधान का आधार स्वतंत्रता, लोकतंत्र और राष्ट्रीय एकता होगा। देश के विभाजन और राष्ट्र को खंडित करने के प्रयत्नों का कांग्रेस प्रतिवाद करती है। कांग्रेस का लक्ष्य सदैव एक ऐसा संविधान रहा है जिसमें व्यक्ति और समुदाय को पूरी-पूरी स्वतंत्रता और उत्थान का पूरा-पूरा अवसर मिले तथा जिसमें सामाजिक अन्याय का स्थान अधिक न्यायपूर्ण व्यवस्था ले ले।"

ब्रिटिश सरकार ने कांग्रेस की इस माँग को कि भारतीयों को अपना संविधान स्वयं बनाने का अधिकार है, पहली बार अधिकृत, यद्यपि परोक्ष रूप से, 1940 में अगस्त-प्रस्ताव में स्वीकार किया। वायसराय लॉर्ड लिनलिथगो ने 8 अगस्त, 1940 को भारत की संवैधानिक व्यवस्था के बारे में अपने वक्तव्य में कहा—

"भारत में इस बात का प्रबल आग्रह रहा है कि संवैधानिक योजना के निर्माण की ज़िम्मेदारी मुख्यतः भारतीयों को ही होनी चाहिए और यह योजना भारतीय जीवन के सामाजिक, आर्थिक और राजनीतिक संगठन के सन्दर्भ में भारतीयों की संकल्पनाओं पर आधारित होनी चाहिए। सम्राट की सरकार को इस इच्छा से सहानुभूति है और वह इसे पूरी तरह व्यावहारिक रूप से कार्य रूप में परिणत करना चाहती है। इसमें केवल एक ही शर्त है, भारत के ग्रेट ब्रिटेन के साथ दीर्घकालीन सम्बन्धों के फलस्वरूप ग्रेट ब्रिटेन के

ऊपर जो दायित्व आ गए हैं, उनकी उचित रूप से पूर्ति होनी चाहिए। सम्राट की सरकार युद्ध की समाप्ति के बाद यथाशीघ्र एक ऐसी प्रतिनिधि सभा के निर्माण की अनुमति देगी जिसमें भारत के राष्ट्रीय जीवन के प्रमुख तत्त्वों का प्रतिनिधित्व हो और जो नए संविधान का निर्माण कर सकें।"

मार्च 1942 में सर स्टेफर्ड क्रिप्स भारत की संवैधानिक समस्या के समाधान के लिए जो प्रस्ताव लाए थे उसमें युद्ध की समाप्ति के बाद संविधानसभा की स्थापना का विचार स्पष्ट स्वीकार किया गया था। इस संविधानसभा में ब्रिटिश भारत और देशी राज्यों के प्रतिनिधि सम्मिलित होते। योजना में बताया गया था कि संविधानसभा के निर्माण के लिए प्रान्तीय विधान-मंडलों के निम्न सदनों के सारे सदस्य एक निर्वाचक मंडल के रूप में गठित होंगे और आनुपातिक प्रतिनिधित्व के आधार पर संविधानसभा का निर्वाचन करेंगे। संविधानसभा की सदस्य संख्या इस निर्वाचन मंडल की सदस्य संख्या का दशांश होगी। देशी राज्य इस संविधानसभा में अपने प्रतिनिधि अपनी जनसंख्या के अनुपात से नियुक्त करेंगे। ब्रिटिश सरकार संविधानसभा द्वारा तैयार किया गया संविधान तभी स्वीकार करेगी जबकि दो शर्तें पूरी होती हों—(1) यदि ब्रिटिश भारत का कोई प्रान्त नए संविधान को स्वीकार न करना चाहे तो उसे वर्तमान संवैधानिक स्थिति को कायम रखने का अधिकार हो। यदि किसी प्रान्त की विधानसभा साठ प्रतिशत बहुमत से संघ में रहने का निश्चय नहीं करती, तो उसकी संघ में प्रविष्टि का अन्तिम निर्णय जनमत-संग्रह के द्वारा ही होना चाहिए। नए संविधान में सम्मिलित न होनेवाले प्रान्त को ब्रिटिश सरकार नया संविधान देने के लिए तैयार होगी; और (2) ब्रिटिश सरकार तथा संविधानसभा की माँग के बीच एक सन्धि होगी। भारतीयों की संविधानसभा की माँग के सम्बन्ध में किप्स-प्रस्ताव अगस्त-प्रस्ताव से काफी आगे था, क्योंकि इसमें नए संविधान के निर्माण का अधिकार मुख्यतः भारतीयों का नहीं बल्कि पूर्णतया भारतीयों का मान लिया गया था। किन्तु अनेक कारणों से क्रिप्स मिशन असफल रहा। कांग्रेस ने क्रिप्स प्रस्तावों को इसलिए अस्वीकार कर दिया, क्योंकि उनकी स्वीकृति का अर्थ होता भारत में अनगिनत विभाजनों के लिए द्वार खोल देना। दूसरी और मुस्लिम लीग को भी प्रस्ताव मंजूर नहीं थे, क्योंकि उसकी साम्प्रदायिक आधार पर देश के विभाजन की माँग नहीं मानी गई थी।

क्रिप्स प्रस्तावों की असफलता और जापानी सेनाओं के बढ़ते आने के खतरे के परिप्रेक्ष्य में अगस्त 1942 में कांग्रेस ने प्रसिद्ध 'भारत छोड़ो' प्रस्ताव पास किया। इस प्रस्ताव में कांग्रेस ने यह भी घोषणा की थी कि स्वाधीनता के बाद अस्थायी राष्ट्रीय सरकार एक संविधानसभा का आयोजन करेगी जो देश के लिए एक सर्वमान्य संविधान बनाएगी। इस प्रस्ताव के तुरन्त बाद ही कांग्रेस नेता गिरफ्तार कर लिए गए और फिर भारत की संवैधानिक समस्या के समाधान का

मई 1945 में युद्ध की समाप्ति तक अन्य कोई प्रयत्न नहीं किया गया। 1945 में प्रकाशित सप्रू-समिति की रिपोर्ट में भी भारत का संवैधानिक गतिरोध दूर करने के लिए संविधानसभा की स्थापना का सुझाव दिया गया था तथा उसके संगठन की एक योजना भी दी गई थी। द्वितीय महायुद्ध के पश्चात इंग्लैंड में साधारण निर्वाचन हुए और उनके फलस्वरूप वहाँ एटली के नेतृत्व में श्रमिक दल की सरकार बनी। हाउस ऑफ कॉमन्स में बोलते हुए एटली ने कहा—

> "चालीस करोड़ लोगों का देश भारत अपने बेटों को दो बार स्वतंत्रता के नाम पर मर मिटने के लिए भेज चुका है। यदि अब वह अपने भविष्य का स्वयं निर्माण करने की स्वतंत्रता चाहता है तो इसमें अनुचित क्या है?"

इसी बीच भारत में लार्ड लिनलिथगो की जगह जगह लॉर्ड वेवेल वासराय बनकर आ गए। 19 सितम्बर, 1945 को वायसराय लॉर्ड वेवेल ने घोषणा की कि सरकार यथाशीघ्र संविधानसभा बुलाना चाहती है, लेकिन इसके पहले केन्द्रीय और प्रान्तीय विधान-मंडलों के लिए निर्वाचन हो जाने चाहिए जिससे कि भारतीय निर्वाचकों की इच्छा ज्ञात हो सके। तदनुसार, 1945 के अन्त में केन्द्रीय सभा और 1946 की पहली तिमाही में प्रान्तीय विधान-मंडलों के लिए निर्वाचन पूरे हो गए। कांग्रेस ने 8 प्रान्तों में पूर्ण बहुमत प्राप्त किया। उसने मुस्लिम बहुल पश्चिमी सीमा प्रान्त में भी निरपेक्ष बहुमत प्राप्त किया। शेष तीन प्रान्तों—बंगाल, पंजाब और सिन्ध में वह सबसे बड़े राजनीतिक दल के रूप में अवतरित हुए। मुस्लिम लीग ने केन्द्रीय सभा के सभी आरक्षित स्थानों पर विजय प्राप्त की। उसे प्रान्तीय सभाओं के 492 आरक्षित स्थानों में से 428 पर अधिकार प्राप्त हो गया। लेकिन लीग किसी भी प्रान्त में पूर्ण बहुमत न पा सकी।

मंत्रि-मिशन योजना और संविधानसभा की स्थापना

जब भारत में प्रान्तीय विधान-सभाओं के लिए निर्वाचन चल ही रहे थे तभी ब्रिटेन की श्रमिक सरकार ने निश्चय किया कि मंत्रिमंडल स्तर के मंत्रियों का एक विशेष मिशन भारत भेजा जाए जिसमें स्वयं भारत-सचिव लॉर्ड पेथिक लोरेंस, सर स्टेफर्ड और ए.वी. एलेक्जेंडर हों। 24 मार्च, 1946 को तीन सदस्यों का मंत्रि-मिशन नई दिल्ली पहुँचा। मिशन ने 16 मई, 1946 को अपनी योजना प्रकाशित की। इस योजना में भारत के भावी संविधान के निर्माण के सिद्धान्त और प्रक्रिया दोनों का विस्तार से उल्लेख किया गया था। मिशन ने यह स्पष्ट कर दिया कि उसका उद्देश्य तो केवल 'एक ऐसी व्यवस्था का आरम्भ कर देना था जिसके द्वारा भारतीय भारतीयों के लिए संविधान बन सकें।' संविधान निर्माण के प्रस्तावित संगठन के बारे में मिशन का विचार था कि इसका सबसे अधिक सन्तोषजनक उपाय यही होगा कि वयस्क

मताधिकार के आधार पर निर्वाचन हो। पर यदि इस समय ऐसी कार्यवाही की गई तो नए संविधान की रचना में बहुत अधिक देरी हो जाएगी। इसलिए, मिशन के अनुसार एकमात्र व्यावहारिक उपाय यह था कि प्रान्तीय विधानसभा का निर्वाचनकारी संस्थाओं के रूप में उपयोग किया जाए। इस सम्बन्ध में मिशन की सिफारिश थी कि संविधानसभा के प्रान्तों का प्रतिनिधित्व जनसंख्या के आधार पर हो और प्राय: दस लाख व्यक्तियों के ऊपर एक सदस्य निर्वाचित हो।

मंत्रि-मिशन योजना में ब्रिटिश भारत के लिए जो 296 स्थान निर्धारित किए गए थे, उनके लिए निर्वाचन जुलाई-अगस्त 1946 में सम्पन्न हुए। कांग्रेस ने कुल 208 स्थानों पर विजय प्राप्त की। 223 सामान्य और चार मुख्य आयुक्तों के प्रान्तों के लिए आरक्षित स्थानों में से उसे 202 स्थान, 78 मुस्लिम स्थानों में से 2 स्थान और 3 सिक्खों के स्थान प्राप्त हुए। मुस्लिम लीग ने 78 मुस्लिम स्थानों में से 73 स्थानों पर विजय प्राप्त की। उसे अकेले बंगाल में ही 32 स्थान प्राप्त हुए। शेष स्थानों में से 1 कृषक प्रजा-पार्टी, 3 यूनियनिस्ट पार्टी, 1 अनुसूचित जाति संघ, 1 साम्यवादी दल और 8 निर्दलीय उम्मीदवारों ने जीते। कांग्रेस के टिकट पर चुनाव जीतनेवालों में केवल कांग्रेस के सदस्य ही सम्मिलित नहीं थे, बल्कि भारत की विभिन्न अल्पसंख्यक जातियों के सदस्य भी सम्मिलित थे। कांग्रेस ने जिन 208 स्थानों पर विजय पाई उनमें 29 अनुसूचित जातियों के सदस्य, 6 भारतीय ईसाई, 3 आंग्ल-भारतीय, 3 पारसी और 4 कबाइली जातियों के सदस्य जीते।

संविधानसभा के लिए निर्वाचित सदस्यों में भारतीय जन-जीवन के प्रत्येक क्षेत्र की उत्कृष्टम विभूतियाँ सम्मिलित थीं। उनमें भारत के विभिन्न दलों के प्रमुख नेता और अध्यक्ष थे। उदाहरण के लिए, भारतीय राष्ट्रीय कांग्रेस (नेहरू), अखिल भारतीय दलित वर्ग संघ (जगजीवन राम), अखिल भारतीय मुस्लिम लीग (जिन्ना), अखिल भारतीय अनुसूचित जाति संघ (आंबेडकर), अखिल भारतीय महिला सम्मेलन (हंसा मेहता), अखिल भारतीय ज़मींदार संघ (महाराज दरभंगा), अखिल भारतीय हिन्दू महासभा (श्यामप्रसाद मुखर्जी), आंग्ल भारतीय सभा (फ्रैंक एण्टिनी) आदि सारे दलों और संस्थाओं के अध्यक्ष संविधानसभा में विराजमान थे। इनके अतिरिक्त अन्त:कालीन केन्द्रीय सरकार के 12 सदस्य, कांग्रेस के 5 भूतपूर्व अध्यक्ष, कांग्रेस कार्य समिति के 7 भूतपूर्व सदस्य, अखिल भारतीय मुस्लिम लीग की कार्य समिति के 8 सदस्य, प्रान्तीय कांग्रेस समितियों के 11 अध्यक्ष, प्रान्तीय मुस्लिम लीग के दो अध्यक्ष, वायसराय की कार्यकारिणी परिषद् के 4 भूतपूर्व सदस्य, प्रान्तों के 8 मुख्यमंत्री, प्रान्तों के 10 मंत्री, प्रान्तों के 6 भूतपूर्व मुख्यमंत्री और 17 भूतपूर्व मंत्री या गवर्नर की कार्यकारिणी-परिषदों के सदस्य, केन्द्रीय विधान-मंडल के 34 सदस्य, केन्द्रीय विधान-मंडल के 3 भूतपूर्व सदस्य, प्रान्तीय विधान-मंडलों के 155 सदस्य, विधान-मंडलों के 4 भूतपूर्व सदस्य, प्रान्तीय विधान-मंडल के 1 अध्यक्ष और प्रान्तीय

विधानमंडल के एक भूतपूर्व अध्यक्ष भी संविधानसभा के सदस्य थे। संविधानसभा के सदस्यों में प्रसिद्ध वकील, चिकित्सक, शिक्षाविद, (जिनमें उपकुलपति भी थे), उद्योगपति तथा व्यापारी श्रमिकों के प्रतिनिधि, लेखक और पत्रकार आदि सभी थे। इन सदस्यों में देश की गणमान्य महिलाएँ भी थीं, मसलन श्रीमती सरोजिनी नायडू, श्रीमती विजयलक्ष्मी पंडित, राजकुमारी अमृत कौर आदि।

20 नवम्बर, 1946 को वायसराय ने निर्वाचित प्रतिनिधियों को आमंत्रित किया कि वे 9 दिसम्बर, 1946 को संविधानसभा की पहली बैठक में उपस्थित हों। मुस्लिम लीग ने मिशन योजना को पहले तो स्वीकारा लेकिन फिर बाद में वह न केवल उससे पीछे हट गई अपितु उसने असहयोग और सीधी कार्रवाई शुरू कर दी। ब्रिटिश सरकार ने 6 दिसम्बर, 1946 को एक वक्तव्य जारी किया जिसमें उसने प्रान्तों के वर्गीकरण के बारे में मंत्रि-मिशन के पूर्ववर्ती वक्तव्य की पुष्टि की और कहा कि "जिस संविधानसभा में भारतीय जनता के एक बड़े भाग का प्रतिनिधित्व ना हुआ हो, अगर उसने कोई संविधान बनाया तो सम्राट की सरकार उसे देश के किन्हीं अनिच्छुक भागों पर बलपूर्वक लागू करने का विचार नहीं करेगी।" इस वक्तव्य का सुदूरव्यापी परिणाम निकला, इसमें स्पष्ट ध्वनि थी कि ब्रिटिश सरकार किसी-न-किसी रूप में पाकिस्तान की योजना को सफल बनाने में सहयोग देगी।

9 दिसम्बर, 1946 को संविधानसभा का विधिवत उद्घाटन हुआ। यह एक ऐतिहासिक अवसर था। देश का भावी संविधान बनाने के लिए जनता के प्रतिनिधि पहली बार एकत्रित हुए थे। यद्यपि मुस्लिम लीग के प्रतिनिधि संविधानसभा में शामिल नहीं हुए थे, फिर भी वह एक अत्यन्त भव्य सभा थी। उसमें कांग्रेस के प्रमुख नेता तथा अन्य क्षेत्रों के लब्धप्रतिष्ठ व्यक्ति उपस्थित थे। कांग्रेस ने अपने दल से बाहर के अनेक विख्यात व्यक्तियों को निर्वाचन में खड़ा किया था जो सार्वजनिक सेवा, ज्ञान-विज्ञान और विधि आदि क्षेत्रों से थे। इस तरह 'सभा के पास ज्ञान और अनुभव पर्याप्त था।' सभा के सबसे बुज़ुर्ग सदस्य और बिहार के एक प्रमुख राजनीतिक नेता डॉ. सच्चिदानन्द सिन्हा सभा के अस्थायी सभापति बने। डॉक्टर सिन्हा ने सभा की पहली बैठक में सबसे पहले विदेशों से प्राप्त कुछ सद्भावना सन्देश पढ़कर सुनाए और इसके बाद अपना उद्घाटन भाषण दिया। अन्त में सदस्यों ने अपने परिचय-पत्र प्रस्तुत किए और रजिस्टर में हस्ताक्षर किए।

संविधानसभा का प्रतिनिधित्व स्वरूप

संविधानसभा का जब से अधिवेशन प्रारम्भ हुआ तभी से मुस्लिम लीग के प्रतिनिधियों के अलावा और सभी निर्वाचित प्रतिनिधियों ने उसकी बैठक में सक्रिय भाग लिया,

लेकिन दिसम्बर 1946 में ब्रिटिश संसद में भारतीय मामलों के बारे में जो वाद-विवाद हुए, उनमें कुछ इस तरह के वक्तव्य दिए गए जिनसे ध्वनि निकली कि संविधानसभा प्रतिनिधि संस्था नहीं है। उदाहरण के लिए, श्री चर्चिल ने कहा कि "संविधानसभा में देश की एक बड़ी जाति का ही प्रतिनिधित्व हुआ है।" लार्ड साइमन ने कहा कि "सभा हिन्दुओं की एक संस्था है," और पूछा कि "क्या सरकार दिल्ली में सवर्ण हिन्दुओं की इस बैठक को संविधानसभा कह भी सकती है?" संविधानसभा के अध्यक्ष डॉ. राजेन्द्र प्रसाद ने 20 जनवरी, 1947 को एक वक्तव्य में इन विचारों को तथ्यों के प्रतिकूल बताया और कहा कि इनसे बड़े 'दुष्टतापूर्ण निष्कर्ष' निकल सकते हैं। उन्होंने सही तथ्यों का विवरण देते हुए कहा—

> "प्रारम्भिक अधिवेशन में कुल 296 सदस्यों को भाग लेना था। इसमें से 210 सदस्य उपस्थित हुए। इन 210 सदस्यों में, कुल 160 हिन्दू सदस्यों में से 155, अनुसूचित जातियों के कुल सदस्यों में से 30, पाँचों सिक्ख सदस्य, 7 भारतीय ईसाइयों में से 6, पिछड़ी जनजातियों के 5 प्रतिनिधि, तीनों आंग्ल-भारतीय, तीनों पारसी और 80 मुसलमान सदस्यों में से 4 उपस्थित थे। मुस्लिम लीग के प्रतिनिधियों की अनुपस्थिति निश्चित रूप से उल्लेखनीय है और इसका हम सबको बहुत खेद है, लेकिन मैंने जो आँकड़े दिए हैं, उनसे यह स्पष्ट है कि मुस्लिम लीग के प्रतिनिधियों के अलावा भारत की प्रत्येक अन्य जाति का संविधानसभा में प्रतिनिधित्व हुआ है, चाहे उसके प्रतिनिधि किसी दल के सदस्य हों। इसलिए संविधानसभा के बारे में यह कहना कि उसमें 'भारत की केवल एक प्रमुख जाति का प्रतिनिधित्व हुआ है', या वह 'हिन्दुओं की सभा' है या वह 'सवर्ण हिन्दुओं की बैठक है' तथ्यों के बिल्कुल विपरीत है।"

संविधानसभा का सम्प्रभु-स्वरूप

सभा के सामने आरम्भ से ही महत्त्वपूर्ण प्रश्न यह था कि वह प्रभुता सम्पन्न थी या नहीं? 11 दिसम्बर, 1946 को श्री गोपाल स्वामी आयंगर ने संविधानसभा में भाषण देते हुए कहा था कि जिस काम के लिए संविधानसभा समवेत हुई थी उसके लिए वह पूरी तरह प्रभुता सम्पन्न थी। उन्होंने अपने दृष्टिकोण की निम्नलिखित शब्दों में व्याख्या की थी—

> "मैं मंत्रि-मिशन के वक्तव्य को 'इस सभा के संविधान की विधि' कहूँगा। इस संविधानसभा का स्रोत यह नहीं है कि इसके निर्माता सम्राट की सरकार के तीन सदस्य थे, बल्कि यह है कि इसके प्रस्तावों को जनता ने स्वीकार कर लिया है। वक्तव्य में इस सभा की शक्तियों पर सीमाओं का उल्लेख

किया गया है, ये सीमाएँ हमने अपनी मर्ज़ी से इस सभा के ऊपर आरोपित की हैं और प्रलेख में तथा बाद में इसके लेखकों ने इसकी जो व्याख्या की है उससे यह स्पष्ट हो गया है कि इस सभा को यह संविधान बदलने की संविधायी शक्ति प्राप्त है। इस प्रलेख में जो कुछ कहा गया है, संविधानसभा उसमें फेरबदल कर सकती है, उसमें अपनी ओर से कुछ जोड़ सकती है, वह उसके मूल तत्त्व तक को बदल सकती है।

"इस सभा के संविधान की विंधि ने इसके किन्हीं उपबंधों की व्याख्या का अधिकार बाहर की किसी न्यायिक या अन्य सत्ता को नहीं सौंपा है। इसके अन्तर्गत केवल एक ही स्थिति ऐसी है जिसमें सभापति को सभा में प्रतिनिधित्व प्राप्त प्रमुख जातियों में से किसी एक जाति के बहुमत की प्रार्थना पर प्रश्न का निर्णय करने से पहले संघीय न्यायालय का परामर्श प्राप्त कर लेना चाहिए। इसका निष्कर्ष यह निकलता है कि इस सभा के संविधान की विधि की व्याख्या से सम्बद्ध समस्त प्रश्नों का निर्णय सभापति के हाथों में रहेगा और वह केवल उन निर्देशों के अधीन होगा जो वह सभा अपने-आप दे सकती है?"

संविधानसभा के अध्यक्ष डॉ. राजेन्द्र प्रसाद का मत था कि संविधानसभा के जन्म के समय ही उस पर कुछ मर्यादाएँ आरोपित कर दी गई थीं और संविधानसभा के लिए यह उचित था कि वह अपनी कार्रवाई के दौरान या कोई निर्णय करते समय इन मर्यादाओं को न भूले और इनकी उपेक्षा न करे। किन्तु इन मर्यादाओं के बावजूद संविधानसभा एक स्वशासी, स्वनिर्णायक, स्वतंत्र संस्था थी और बाहर की किसी शक्ति को यह अधिकार न था कि वह उसकी कार्रवाई में हस्तक्षेप करे या उसके निर्णय को बदले। संविधानसभा को यह शक्ति भी प्राप्त थी कि उसके जन्म के समय उसके ऊपर जो मर्यादाएँ आरोपित कर दी गई थीं, वह उन्हें नष्ट कर दे।

श्री नेहरू ने भी यह स्वीकार किया था कि जिस समय संविधानसभा का निर्माण हुआ, उस समय उसके ऊपर कुछ शर्तें लगी हुई थीं, लेकिन उनका मत था कि संविधानसभा के पीछे असली शक्ति जनता की है और जनता जहाँ तक चाहेगी संविधानसभा बराबर काम करती जाएगी। इस सम्बन्ध में उन्होंने कहा—

"सरकारें राजकीय पत्रों से पैदा नहीं होतीं। वास्तव में वे जनता की इच्छा की अभिव्यक्ति होती हैं। हम आज यहाँ इसलिए एकत्रित हो पाए हैं क्योंकि हमारे पीछे जनता की शक्ति है पर जहाँ तक जनता—कोई दल या वर्ग नहीं बल्कि समूची जनता—चाहेगी, वहाँ तक हम जाएँगे। इसलिए हमें भारत के लोगों के दिलों की आशा-आकांक्षाओं को अपने ध्यान में रखना चाहिए और उन्हें पूरा करने का प्रयत्न करना चाहिए।"

श्री पुरुषोत्तमदास टंडन ने भारतीय संविधानसभा की फ्रांस की संविधानसभा से तुलना की। फ्रांस की संविधानसभा राजा के निमंत्रण पर समवेत हुई थी, लेकिन उसने अपनी कार्रवाई अपने-आप प्रारम्भ की और जब राजा ने उसे विसर्जित होने की आज्ञा दी, तब उसने राजा का यह आदेश अस्वीकार कर दिया। इस प्रकार, संविधानसभा के प्रभुता-सम्पन्न स्वरूप के बारे में संविधानसभा में आम राय यह थी कि यद्यपि 16 मई, 1946 के वक्तव्य ने उसके ऊपर कुछ मर्यादाएँ आरोपित कर दी थीं, इन मर्यादाओं को स्वीकार करना या न करना सभा की अपनी मर्ज़ी पर निर्भर था। कुछ भी हो, संविधानसभा इसी धारणा को लेकर चली और उसने अपने नियमों का अपने-आप निर्माण किया। एक नियम में स्पष्ट रूप से कहा गया था, “सभा का विघटन केवल तभी हो सकेगा जबकि उसके कुल सदस्यों के कम-से-कम दो-तिहाई सदस्य इस आशय का एक प्रस्ताव पास कर दें।” श्री नेहरू के अनुसार, इस नियम का उद्देश्य यह था कि “बाहर की कोई सत्ता सभा को भंग न कर सके और थोड़ा-सा बहुमत भी यह काम न कर सके।” पहले जो भी स्थिति रही हो, 15 अगस्त, 1947 को स्वतंत्रता के साथ ही संविधानसभा पूर्ण रूप से प्रभुता-सम्पन्न संस्था हो गई।

3 जून, 1947 की योजना और संविधानसभा का गठन

3 जून, 1947 की योजना के फलस्वरूप मुस्लिम बहुल क्षेत्र भारत से निकल गए और इसके कारण जिस योजना के आधार पर संविधानसभा अपनी प्रथम बैठक के समय से काम करती रही थी, उसके प्रक्रियागत और सारभूत दोनों भागों में क्रान्तिकारी परिवर्तन हो गया। अब मंत्रि-मिशन योजना के कई महत्त्वपूर्ण भाग प्रभावी नहीं रहे। जैसा कि संघ-समिति (यूनियन पावर्स कमेटी) ने अपनी 5 जुलाई, 1947 की रिपोर्ट में कहा, देश के विभाजन का फैसला हो जाने के बाद संविधानसभा उन मर्यादाओं को स्वीकार करने के लिए बाध्य नहीं रही, जो मंत्रि-मिशन योजना के अन्तर्गत केन्द्रीय सरकार पर आरोपित की गई थीं। सभा ने इन मर्यादाओं को मुस्लिम लीग को सन्तुष्ट करने के लिए समझौते के रूप में स्वीकार किया था हालाँकि वे देश की प्रशासनिक आवश्यकताओं के प्रतिकूल थीं। इसी तरह, अब संविधानसभा के लिए यह भी आवश्यक नहीं रहा कि वह विभागों में विभक्त हो और प्रान्त समूहों के प्रश्न पर विचार करे। संक्षेप में, श्री के. एम. मुंशी के शब्दों में, 16 मई की योजना ने संविधानसभा के ऊपर जो भी प्रतिबन्ध लगाए थे, वे सब अब समाप्त हो गए।

भारतीय स्वतंत्रता अधिनियम, 1947 के फलस्वरूप भारत, भारत और पाकिस्तान नामक दो डोमिनियनों में विभाजित हो गया। पाकिस्तान के लिए

अलग से संविधानसभा की व्यवस्था की गई। दोनों देशों की संविधान सभाओं को अपने-अपने डोमिनियन के लिए विधान-मंडल का भी कार्य करना था और इस क्षमता में उन्हें अपने-अपने क्षेत्रों में ब्रिटिश संसद की सारी शक्ति प्राप्त हो गई थी। 15 अगस्त, 1947 तक अधिकांश देशी राज्यों के प्रतिनिधि भी संविधानसभा में आ गए थे।

मंत्रि-मिशन की योजना में 93 स्थान देशी राज्यों के लिए निर्धारित किए गए थे। योजना के पैरा 19(2) में इन प्रतिनिधियों के चुनाव की पद्धति का निरूपण किया गया था। इस सम्बन्ध में व्याख्या की गई थी कि नरेश मंडल एक वार्ता समिति की स्थापना करेगा और इसी के अनुरूप एक राज्य समिति की स्थापना संविधानसभा करेगी। इन दोनों समितियों की स्थापाना की गई और उसने कई बैठकों के बाद स्थानों के वितरण के सम्बन्ध में एक योजना का अनुमोदन किया।

प्रतिनिधियों के चुनाव की पद्धति के सम्बन्ध में दोनों समितियाँ इस बात पर सहमत हो गईं कि राज्यों के कुल प्रतिनिधियों के कम-से-कम 50 प्रतिशत सम्बद्ध राज्यों के विधान-मंडलों के निर्वाचित सदस्यों-द्वारा निर्वाचित होने चाहिए; और जहाँ इस तरह के विधान-मंडल न हों वहाँ वे निर्वाचक-मंडलों द्वारा निर्वाचित किए जाने चाहिए। यह भी तय हुआ कि राज्य इस बात की कोशिश करेंगे कि निर्वाचित प्रतिनिधियों की संख्या कुल सदस्य संख्या की 50 प्रतिशत हो जाए।

उपर्युक्त वितरण के आधार पर बड़ौदा, कोचिन, उदयपुर, जयपुर, जोधपुर, बीकानेर, रीवा और पटियाला ने अपने प्रतिनिधियों का चुनाव कर लिया और ये प्रतिनिधि 28 अप्रैल, 1947 को संविधानसभा में उपस्थित हो गए। अन्य राज्यों के प्रतिनिधि भी धीरे-धीरे संविधानसभा में आते गए। एक हैदराबाद ही ऐसा राज्य था जिसने अन्त तक अपने प्रतिनिधि नहीं भेजे। इसके बाद घटनाचक्र बड़ी तेज़ी से आगे बढ़ा और लगभग सभी देशी राज्य एक-एक करके, भारत संघ में मिल गए। कुछ राज्यों के संघ बनाए गए, कुछ पड़ोस के प्रान्तों में विलय हो गए और कुछ की पृथक सत्ता बनी रही। फलस्वरूप निर्धारित स्थानों का स्वतंत्रता से पहले और स्वतंत्रता के बाद जनसंख्या के अनुपात में अनेक बार बँटवारा हुआ।

3 जून, 1947 की योजना के अनुसार देश का बँटवारा हो जाने के बाद भारतीय संविधानसभा की कुल सदस्य संख्या 324 रह गई थी, जिसमें 235 स्थान प्रान्तों के लिए और 89 देशी राज्यों के लिए थे। पंजाब और बंगाल के जो भाग भारत में रह गए थे, उनके लिए नए सिरे से निर्वाचन हुए और उनके निर्वाचित सदस्यों ने 14 जुलाई, 1947 को संविधानसभा में स्थान ग्रहण किया। संविधानसभा की सदस्यता में समय-समय पर परिवर्तन होता रहा। मूलभूत परिवर्तन हुए एक तो देश के विभाजन

के कारण और दूसरे देशी रियासतों के प्रतिनिधियों के धीरे-धीरे करके संविधानसभा में सम्मिलित होने के कारण।

संविधानसभा की विशेषता और कार्य

यद्यपि संविधानसभा एक सामान्य प्रतिनिधिक संस्था थी, लेकिन उसने आरम्भ से ही अत्यन्त उदात्त धरातल पर कार्य करना प्रारम्भ किया। इसके अनेक कारण थे। संविधानसभा के सदस्यों ने युग को चुनौती को समझा और उसका उत्तर देने का प्रयत्न किया। संविधानसभा के सामने जो प्रश्न थे वे अपने-आप में युगान्तरकारी थे और उनके सही समाधान पर देश का समूचा भविष्य निर्भर था। संविधानसभा के गठन से यह स्पष्ट था कि यद्यपि वह वयस्क मताधिकार के आधार पर आम जनता द्वारा नहीं चुनी गई थी, फिर भी वह निस्सन्देह पूरे अर्थों में भारतीय जनता की प्रतिनिधि संस्था थी। उस समय की राजनीतिक स्थिति का स्मरण करने मात्र से यह स्पष्ट हो जाता है कि यदि वयस्क मताधिकार के आधार पर जनता संविधानसभा का सीधे निर्वाचन करती तब भी परिणाम लगभग बिलकुल वही होता। सभा के गठन के अतिरिक्त यह बात भी ध्यान देने की है कि भारत के राष्ट्रीय नेता स्वयं ही अल्पसंख्यक वर्गों के हितों की रक्षा करने के लिए अत्यन्त उत्सुक थे। संविधानसभा ने मंत्रिमंडल-मिशन के 16 मई, 1946 के वक्तव्य के पैरा 20 के अनुसार जिस परामर्श-समिति का निर्माण किया, उसकी रचना से भी यही बात सिद्ध होती थी। इस समिति के कुल 50 सदस्यों में केवल 12 सदस्य ही सामान्य स्थानों के प्रतिनिधि थे। संविधान निर्माण में कांग्रेस दल केवल दलगत हितों से प्रभावित नहीं था। इसका एक उदाहरण यह था कि प्रारूप समिति के सात सदस्यों में से केवल दो—पहले के.एम. मुंशी और बाद में टी.टी. कृष्णमाचारी—कांग्रेस के सदस्य थे। एक, मोहम्मद सादुल्ला मुस्लिम लीग के सदस्य थे। आंबेडकर, खेतान, माधव राव और अय्यर निर्दलीय सदस्य थे। अल्पसंख्यक वर्गों की आशंकाएँ दूर करने का इससे अच्छा और क्या नमूना पेश किया जा सकता था! वस्तुत: डॉ. आंबेडकर, जिन्हें अध्यक्ष चुना गया, जीवन भर कांग्रेस के कटुतम आलोचकों में रहे थे और यह सम्मान और उत्तरदायित्व सौंपे जाने पर स्वयं उन्हें भारी आश्चर्य हुआ था। उन्होंने कहा था :

> "मुझे जरा भी खयाल नहीं था कि मुझे अधिक उत्तरदायित्वपूर्ण काम सौंपे जाएँगे। अत: मुझे भारी आश्चर्य हुआ जब संविधानसभा ने मुझे प्रारूप-समिति का सदस्य निर्वाचित किया। मेरे आश्चर्य की सीमा न रही जब प्रारूप-समिति ने मुझे अध्यक्ष चुना।"

संविधानसभा ने दो वर्ष, ग्यारह महीने और सत्रह दिन, अर्थात तीन वर्ष से भी

कम समय में भारतीय संविधान के निर्माण का महान अनुष्ठान पूरा कर लिया। इस बीच संविधानसभा के कुल मिलाकर ग्यारह सत्र हुए और 165 बैठकें। 165 में से 114 दिन सभा की बैठक में संविधान के प्रारूप पर विचार करने में लगे। प्रारूप-समिति की 141 दिन बैठकें हुईं, जिनमें संविधान का प्रारूप तैयार किया गया और सँवारा गया। यह कोई मामूली बात नहीं थी कि देश के विस्तृत क्षेत्र और वैविध्यपूर्ण तथा विशाल जनसंख्या के बावजूद संविधानसभा एक ऐसे संविधान का निर्माण करने में सफल हुई जो देश के एक छोर से दूसरे छोर तक लागू हो, तथा देश की कितनी ही प्राकृतिक, आर्थिक, सांस्कृतिक और राजनीतिक विविधताओं के बीच एकता का स्वर्ण-सूत्र ढूँढ़ निकालने और पुष्ट करने में सफल हो। संविधानसभा ने यह सब काम जिस प्रकार पूरा किया, वह स्वयं में एक शिक्षाप्रद, प्रेरणादायक और प्रभावशाली कहानी है।

संविधान का निर्माण

पंजाब के सिख स्थानों को छोड़कर देश भर से सारे स्थानों के लिए जुलाई 1946 में संविधानसभा के निर्वाचन हो चुके थे। जुलाई में ही जवाहरलाल नेहरू ने कांग्रेस अध्यक्ष की हैसियत से एक विशेष समिति नियुक्त की और उसे यह काम सौंपा कि वह संविधानसभा के लिए सामग्री जुटाए और संविधान का प्रारूप तैयार करे। इस समिति के अध्यक्ष स्वयं जवाहरलाल नेहरू थे और अन्य सदस्य थे—आसफअली, कन्हैयालाल माणिकलाल मुंशी, हुमायूं कबीर, के. सन्थानम, डी.आर. गाडगिल, के.टी. शाह और एन. गोपालस्वामी आयंगर। इस समिति की बैठकें 20 जुलाई से 22 जुलाई तक और 15 अगस्त से 17 अगस्त तक हुईं। इन बैठकों में संविधानसभा के कार्य संचालन के लिए आवश्यक प्रक्रिया तय की गई। इसके अनुसार सब से पहले अस्थायी या कार्यवाहक अध्यक्ष का निर्वाचन होना था, फिर विभिन्न विषयों पर कुछ समितियाँ बनाई जानी थीं और उसके बाद संविधान के उद्देश्यों का निर्णय किया जाना था और उन्हें एक प्रस्ताव के रूप में रखा जाना था। ये सब प्रारम्भिक कार्य पूरे किए जाने के बाद विशेषज्ञ समिति से श्री नेहरू ने कहा कि वे किसी प्रारूप संविधान के बारे में चिन्ता न करें बल्कि प्रारूप-नियमों और संविधानसभा के उद्देश्यों के सम्बन्ध में प्रारूप प्रस्तावों को जो उन्होंने स्वयं तैयार किए थे, अन्तिम रूप दें।

संविधानसभा का प्रथम अधिवेशन 9 दिसम्बर, 1946 को प्रात: 11 बजे नई दिल्ली में वर्तमान संसद-भवन के केन्द्रीय कक्ष (सेंट्रल हॉल) में प्रारम्भ हुआ। सर्वप्रथम कांग्रेस के अध्यक्ष, आचार्य कृपलानी खड़े हुए और उन्होंने संविधानसभा के अस्थायी अध्यक्ष पद के लिए सदन के सबसे वयोवृद्ध सदस्य डॉ. सच्चिदानन्द

सिन्हा का नाम पेश किया। आचार्य कृपलानी ने कहा कि डॉ. सिन्हा संविधानसभा के सब से वयोवृद्ध सदस्य ही नहीं, अपितु, देश के सब से पुराने संसदज्ञ भी हैं। डॉ. सिन्हा को सर्वसम्मति से अस्थायी अध्यक्ष चुन लिया गया।

11 दिसम्बर, 1946 को कांग्रेस के तपे हुए नेता, डॉ. राजेन्द्र प्रसाद संविधानसभा के स्थायी अध्यक्ष निर्वाचित हुए। डॉ. राजेन्द्र प्रसाद के नाम का किसी ने विरोध नहीं किया और 'इन्कलाब जिन्दाबाद' तथा 'जय हिन्द' के नारों के बीच मौलाना अबुल कलाम आज़ाद और आचार्य कृपलानी ने उन्हें सम्मानपूर्वक अध्यक्ष के आसन तक पहुँचाया। डॉ. राजेन्द्र प्रसाद को बधाई देते हुए डॉ. राधाकृष्णन् ने उन्हें देश का तपस्वी सेवक तथा भारत की आत्मा का मूर्त रूप बताया।

उद्‌देश्य प्रस्ताव

संविधान-निर्माण की दिशा में सबसे पहला काम था : जवाहरलाल नेहरू द्वारा 3 दिसम्बर को संविधानसभा में प्रस्तुत उद्‌देश्य प्रस्ताव। उद्‌देश्य प्रस्ताव के माध्यम से भारतीय क्रान्ति के जनकों ने देश को यह बताने का प्रयास किया कि उनके लक्ष्य क्या हैं, वे देश को किस साँचे में ढालना चाहते हैं, किस ओर ले जाना चाहते हैं। प्रस्ताव का मसौदा जवाहरलाल नेहरू ने स्वयं तैयार किया था। वह प्रस्ताव एक प्रकार से प्रभुत्व सम्पन्न लोकतंत्रात्मक भारतीय गणराज्य की जन्मपत्री था।

जवाहरलाल नेहरू ने सभा से ज़ोरदार शब्दों में अपील की कि वे प्रस्ताव पर कानूनी शब्द-जाल की संकुचित भावना से विचार न करें, अपितु उसके मूल में जो भावनाएँ हैं जिनसे किसी को भी मतभेद नहीं हो सकता—उन्हें सामने रखकर विचार करें और श्रद्धा-भाव से प्रस्ताव को स्वीकार करें तथा यह स्पष्ट कर दें कि—

> "हम स्वाधीन भारत के संविधान का निर्माण करने के लिए कृत संकल्प हैं और चाहे जितनी भी बाधाएँ और कठिनाइयाँ आएँ, कितना ही लम्बा संघर्ष हो और कितने ही नए संघर्ष सामने आएँ, हम अपने लक्ष्य की ओर बढ़ते ही जाएँगे—चाहे इस भवन में हों या अन्यत्र, मैदान में, बाजार में, कहीं भी समवेत होकर तब तक अपना काम करते जाएँगे, जब तक कि उसे पूरा न कर लें।"

13 और 19 दिसम्बर, 1946 के बीच संविधानसभा ने उद्‌देश्य प्रस्ताव पर पाँच दिन विवाद-विचार किया। 21 दिसम्बर, 1946 को प्रस्ताव पर विचार अगले अधिवेशन तक के लिए स्थगित कर दिया गया। 22 जनवरी, 1947 को अवसर

की गम्भीरता और प्रस्ताव में की गई प्रतिज्ञा की महानता स्मरण करते हुए, बड़ी संजीदगी के साथ संविधानसभा में सदस्यों ने खड़े होकर सर्वसम्मति से इस प्रस्ताव को पास किया।

समितियों का गठन

उद्देश्य प्रस्ताव की स्वीकृति के बाद ही संविधानसभा ने संविधान निर्माण की समस्या के विभिन्न पहलुओं के सम्बन्ध में अनेक समितियाँ नियुक्त कीं। प्रमुख समितियाँ थीं—(1) संघ संविधान समिति (यूनियन कॉन्स्टीट्यूशन कमेटी), (2) प्रान्तीय संविधान समिति (प्रॉविंशियल कॉन्स्टीट्यूशन कमेटी), (3) संघ-शक्ति समिति (यूनियन पावर्स कमेटी), (4) मूल अधिकारों, अल्पसंख्यकों आदि से सम्बन्धित परामर्श समिति, (5) प्रारूप समिति आदि। देशी राज्यों के प्रतिनिधित्व तथा संविधानसभा में भाग लेने के बारे में नरेश-मंडल की वार्ता समिति से बातचीत करने के लिए संविधानसभा ने एक अपनी वार्ता समिति पहले ही 21 दिसम्बर, 1946 को बना दी थी। सभा ने तीसरे और छठे अधिवेशनों के बीच में मूल अधिकारों, संघ-संविधान, संघ शक्तियों, प्रान्तीय संविधान, अल्पसंख्यकों और अनुसूचित क्षेत्रों तथा अनुसूचित जनजातियों के सम्बन्ध में नियुक्त की गई समितियों के प्रतिवेदनों पर विचार किया।

संविधान का प्रथम प्रारूप

संविधान का पहला प्रारूप संवैधानिक परामर्शदाता बेनेगल नरसिंह राव की देख-रेख में संविधानसभा के सचिवालय की परामर्श-शाखा ने अक्तूबर 1947 में तैयार किया। इस प्रारूप के तैयार होने के पहले संविधानसभा के सचिवालय ने तीन जिल्दों में संसार के विभिन्न संविधानों के पूर्व दृष्टान्त एकत्र कर उन्हें संविधानसभा के सदस्यों में वितरित कर दिया। इन पूर्व दृष्टान्तों में संसार के प्राय: 60 देशों के संविधानों के कार्यकारी, विधायी, प्रक्रिया सम्बन्धी और प्रशासनिक तथा कुछ अन्य उपबंधों को तुलनात्मक रूप में संकलित किया गया था। पूर्व दृष्टान्तों का यह संकलन मुख्य रूप से दो समूहों में बँटा हुआ था। एक समूह में ऑस्ट्रेलिया, कनाडा, आयरलैंड जैसे ब्रिटिश राष्ट्र मंडलीय देशों की संवैधानिक रूपरेखा दी गई थी तथा दूसरे समूह में कुछ अन्य देशों जैसे डॅजिक (स्वतंत्र नगर), जर्मनी (तीसरा गणराज्य), स्विट्जरलैंड, संयुक्त राज्य अमरीका और सोवियत समाजवादी गणराज्य संघ के संवैधानिक उपबंध दिए गए थे। इस सामग्री के साथ ही विभिन्न देशों में राज्य के प्रधान, मूल अधिकारों, अल्पसंख्यकों को दिए

जानेवाले परित्राणों, प्रतिनिधित्व-पद्धतियों और द्वितीय सदनों के बारे में सहायक सामग्री भी दी गई थी।

जब भारत के संविधान का पहला प्रारूप तैयार हो गया तब संविधानसभा के अध्यक्ष ने संवैधानिक परामर्शदाता बेनेगल नरसिंह राव को संसार के प्रमुख संविधान-शास्त्रियों से भारत के भावी संविधान की प्रमुख विशेषताओं के सम्बन्ध में विचार-विनिमय करने के लिए अमरीका, कनाडा, आयरलैंड और ब्रिटेन भेजा। उन्होंने अक्तूबर और दिसम्बर, 1947 के बीच में इन देशों की यात्रा की और अपने विचार-विमर्शों के परिणामों के सम्बन्ध में एक प्रतिवेदन प्रस्तुत किया।

प्रारूप समिति

29 अगस्त, 1947 को संविधानसभा ने प्रारूप समिति की नियुक्ति की। प्रारूप समिति के अध्यक्ष चुने गए डॉ. भीमराव आंबेडकर। अन्य सदस्य थे—कन्हैयालाल माणिकलाल मुंशी, मोहम्मद सादुल्ला, वी.एल. मिनर, अल्लादी कृष्णस्वामी अय्यर, एन. गोपालस्वामी आयंगर तथा डी.पी. खेतान। बाद में मित्तर और खेतान के स्थान पर एन. माधवराव तथा टी.टी. कृष्णमाचारी को नियुक्त किया गया। प्रारूप समिति का काम यह था कि वह संविधानसभा की परामर्श-शाखा द्वारा तैयार किए गए संविधान की परीक्षा करे और फिर संविधानसभा में संविधान के बारे में जो निर्णय हो चुके थे, उन्हें प्रारूप संविधान में समाविष्ट करे और फिर संविधान को विचार के लिए संविधानसभा के सम्मुख प्रस्तुत करे।

प्रारूप संविधान

प्रारूप समिति ने भारत का जो प्रारूप संविधान तैयार किया वह फरवरी 1948 में संविधानसभा के अध्यक्ष की सेवा में प्रस्तुत किया गया। प्रारूप संविधान के प्रकाशित होने के बाद प्रारूप संविधान में संशोधन करने के लिए संविधानसभा के कार्यालय में अनेक टिप्पणियाँ, आलोचनाएँ और सुझाव प्राप्त हुए। संविधानसभा के अध्यक्ष ने प्रारूप समिति को आदेश दिया कि वह इन सब सुझावों पर विचार करे। उन्होंने एक विशेष समिति की भी स्थापना की जो विभिन्न सुझावों और टिप्पणियों पर तथा उनके सम्बन्ध में प्रारूप समिति की सिफारिशों पर विचार करती। प्रारूप समिति ने कुछ ऐसे संशोधन चुने जो उसे स्वीकार्य थे। इनके अतिरिक्त उसने कुछ ऐसे संशोधनों का भी सुझाव दिया जिनकी वह सिफारिश करने के लिए तैयार थी। इस तरह के संशोधनों के अध्ययन को सुगम बनाने के लिए प्रारूप समिति ने प्रारूप संविधान का एक पुनर्मुद्रित संस्करण प्रकाशित किया। यह संस्करण 26

अक्तूबर, 1948 को संविधानसभा के अध्यक्ष को दिया गया। बाद में इसकी प्रतियाँ संविधानसभा के सदस्यों को भी बाँट दी गईं। जिस समय संविधानसभा ने प्रारूप संविधान पर विचार किया उस समय प्रारूप संविधान के इसी पुनर्मुद्रित संस्करण का उपयोग किया गया। इस पुनर्मुद्रित संस्करण की विशेषता यह थी कि प्रारूप समिति ने जिन संशोधनों की संस्तुति की थी, उनको मूल अनुच्छेदों या धाराओं के बिलकुल सामने दूसरे कॉलम में दिखाया गया था।

डॉ. आंबेडकर ने 4 नवम्बर, 1948 को प्रारूप संविधानसभा के विचार के लिए प्रस्तुत किया। इस अवसर पर डॉ. आंबेडकर ने प्रारूप संविधान की सामान्य आलोचनाओं का, विशेषकर इस आलोचना का कि संविधान मौलिक नहीं था, उत्तर दिया। उन्होंने कहा—

> "प्रश्न यह है कि क्या संसार के इतिहास में इस समय निर्मित किए संविधान में कोई नवीनता हो भी सकती है? संसार के पहले लिखित संविधान की रचना को डेढ़ सौ साल से अधिक का समय हो चुका है। अनेक देशों ने अपने संविधानों को लिखित रूप देने में इसका अनुकरण किया है। संविधान का क्षेत्र क्या होना चाहिए यह बात बहुत पहले तय हो चुकी है। इसी प्रकार, यह बात भी सारे संसार में मान ली गई है कि संविधान के मूल तत्त्व क्या होते हैं। इन तथ्यों के सन्दर्भ में सभी संविधान एक जैसे प्रतीत होंगे। आज बनाए गए किसी संविधान में यदि कोई नई चीज़ हो सकती है तो यही कि उसमें पुराने संविधानों की गलतियों को दूर कर दिया जाए और उसे देश की आवश्यकताओं के अनुरूप ढाला जाए। यह आरोप कि हमारा संविधान दूसरे देशों के संविधानों का अन्धानुकरण है, संविधान के अपर्याप्त अध्ययन पर आधारित है। मुझे इस आरोप के बारे में भी कोई क्षमा याचना नहीं करनी कि प्रारूप संविधान में भारतीय शासन अधिनियम 1935 के अधिकांश उपबंधों को ज्यों का त्यों लिया गया है। उधार लेने में किसी प्रकार की चोरी नहीं है। संविधान के मूल सिद्धान्तों के बारे में किसी का कोई एकाधिकार नहीं होता।"

वाद-विवाद और स्वीकृति

15 नवम्बर, 1948 को प्रारूप संविधान पर धारावार विचार प्रारम्भ हुआ। ब्रिटिश हाउस ऑफ कामन्स में विधेयकों के सम्बन्ध में जो प्रक्रिया अपनाई जाती है, उसका अनुसरण करते हुए निश्चय किया गया कि प्रस्तावना पर प्रारूप संविधान की सभी धाराओं पर विचार करने के बाद विचार किया जाए। संविधानसभा के सातवें, आठवें, नौवें और दसवें अधिवेशनों में 17 अक्तूबर, 1949 तक प्रारूप

संविधान की विभिन्न धाराओं पर विस्तृत विचार-विनिमय हुआ। संविधानसभा के सचिवालय को प्रारूप संविधान पर लगभग सात-आठ हजार संशोधनों की सूचना मिली थी। इनमें से लगभग ढाई हजार संशोधनों पर संविधानसभा में विधिवत वाद-विवाद हुआ। इस बीच ऐसी अनेक धाराओं पर पुनर्विचार हुआ जिन्हें एक बार पहले स्वीकारा जा चुका था। 17 अक्तूबर, 1949 को संविधानसभा के अध्यक्ष ने कहा कि संविधानसभा प्रारूप संविधान की विविध धाराओं पर विस्तृत रूप से विचार कर चुकी है और अब नए संशोधन प्रस्तुत कर उन पर फिर से विचार करना उचित नहीं होगा। इसके बाद संविधानसभा ने प्रस्तावना पर विचार किया और उसे स्वीकार कर लिया। इस प्रकार संविधानसभा के दसवें अधिवेशन में संविधान का दूसरा वाचन पूरा हो गया। इस अधिवेशन को स्थगित करने के पूर्व संविधानसभा के अध्यक्ष ने घोषणा की कि सदन ने अभी हाल में एक नियम पास करके उन्हें जो शक्ति प्रदान की थी, उसके अनुसार वह प्रारूप संविधान को पुनः प्रारूप समिति को सौपेंगे जिससे कि प्रारूप समिति प्रारूप संविधान में संशोधनों, वर्तनी, विराम-चिह्नों आदि के सारे आवश्यक परिवर्तन समाविष्ट कर सके।

संविधानसभा के अध्यक्ष ने प्रारूप संविधान को जिस रूप में प्रारूप समिति के विचारार्थ सौंपा, प्रारूप समिति ने उस पर विचार किया और 3 नवम्बर, 1949 को अपना प्रतिवेदन प्रस्तुत किया।

16 नवम्बर, 1949 को संविधान का दूसरा 'द्वितीय वाचन' समाप्त हो गया और उसके अगले दिन संविधानसभा ने संविधान का तीसरा वाचन किया। डॉ. आंबेडकर द्वारा प्रस्तुत प्रस्ताव में कहा गया था कि "सभा द्वारा निर्णित संविधान को पास किया जाए।" यह प्रस्ताव 26 नवम्बर, 1949 को स्वीकृत हुआ और प्रस्तावना के शब्दों में, इस दिन भारत के लोगों ने अपनी संविधानसभा में, सर्वप्रभुत्व सम्पन्न, लोकतंत्रात्मक भारतीय गणराज्य के संविधान को अंगीकृत, अधिनियमित और आत्मार्पित किया।

संविधान निर्माण की प्रक्रिया

संविधान निर्माण के सम्बन्ध में संविधानसभा ने जिस प्रक्रिया का अनुसरण किया, वह संक्षेप में यही थी कि सबसे पहले उसने उद्देश्य-प्रस्ताव के रूप में अपने विचारार्थ विषय निर्धारित किए। यह उद्देश्य-प्रस्ताव ही आगे चलकर प्रस्तावना उद्देशिका का आधार बना। इसके बाद संविधानसभा ने संवैधानिक समस्या के विविध पहलुओं के सम्बन्ध में विभिन्न समितियाँ नियुक्त कीं। इनमें से अनेक समितियों के अध्यक्ष या तो श्री नेहरू थे या सरदार पटेल। संविधानसभा के अध्यक्ष

के अनुसार इन दो महारथियों ने ही संविधान के मूल सिद्धान्त तय किए थे। सभी समितियों ने बड़ी निष्ठा से कार्य किया और महत्त्वपूर्ण प्रतिवेदन प्रस्तुत किए। संविधानसभा ने इन प्रतिवेदनों पर विस्तार से विचार किया और इन प्रतिवेदनों की सिफारिशें प्रारूप संविधान के लिए आधार बनीं। प्रारूप संविधान की सतर्क छानबीन प्रारूप समिति के सदस्यों ने ही नहीं की बल्कि संविधानसभा के अन्य सदस्यों ने भी प्रारूप संविधान के एक-एक अनुच्छेद का गहराई से विवेचन किया। कहीं-कहीं तो प्रत्येक वाक्य ही नहीं, अपितु प्रत्येक शब्द पर बहस हुई। प्रारूप संविधान की इस विशद परीक्षा का परिणाम यह हुआ कि उसका आकार बहुत बढ़ गया। संविधानसभा के सचिवालय की परामर्श शाखा ने समिति के विचार के लिए संविधान का जो पहला प्रारूप तैयार किया था, उसमें 243 अनुच्छेद और 13 अनुसूचियाँ थीं। संविधानसभा की प्रारूप समिति ने जो पहला प्रारूप संविधान तैयार किया उसमें 305 अनुच्छेद और 8 अनुसूचियाँ थीं। जब प्रारूप संविधान का दूसरा वाचन समाप्त हुआ तब अनुच्छेदों की संख्या 386 हो गई। दूसरे वाचन के बाद जब संविधान अन्तिम रूप में स्वीकार हुआ तब उसमें 395 अनुच्छेद और 8 अनुसूचियाँ थीं।

संविधान निर्माण की समस्याएँ

संविधान-निर्माताओं को एक विस्तृत भूखंड और विशाल जनसंख्या के लिए एक नई राजनीतिक-सामाजिक व्यवस्था का निर्णय करना था। देश में बहुत-सी जातियाँ बसती थीं, विभिन्न धर्मावलम्बी रहते थे, अनेक भाषाएँ बोली जाती थीं। संविधान को इन सबको एक सूत्र में बाँधना था। यह भी आवश्यक था कि संविधान विभिन्न पिछड़े हुए वर्गों तथा जनजातियों के लिए समुचित प्रावधान करे। यह कम सन्तोष और श्रेय की बात नहीं थी कि स्वतंत्र भारत का जो संविधान बना उसमें कितने ही दशकों से देश के राजनीतिक-सामाजिक जीवन को विषाक्त करनेवाले और अन्ततः देश का विभाजन करानेवाले साम्प्रदायिक निर्वाचन-मंडलों को त्याग दिया गया, अनुसूचित जातियों और जनजातियों जैसे आर्थिक और शैक्षणिक दृष्टि से पिछड़े हुए तथा दलित वर्गों को छोड़कर और किसी वर्ग के लिए आरक्षण का प्रावधान नहीं किया गया।

एक कठिन समस्या, जिसे सुलझाने में संविधानसभा को काफी समय लगा, देश के लिए राजभाषा की थी। आखिर में, संविधान सभा, देश में सबसे अधिक लोगों द्वारा बोली और समझी जानेवाली हिन्दी भाषा को स्वतंत्र भारत की राजभाषा के रूप में सर्वसम्मति द्वारा स्वीकार करने में सफल हुई। साथ ही व्यावहारिकता के आधार पर यह भी आवश्यक समझा गया कि संक्रान्ति-काल में अंग्रेज़ी का प्रयोग जारी रहे।

एक और विकट समस्या लगभग 600 देशी रियासतों की थी। देश की भूमि का लगभग एक-तिहाई तथा जनसंख्या का एक-चौथाई भाग इन रियासतों के अन्तर्गत आता था। 1947 के भारतीय स्वतंत्रता अधिनियम के अनुसार सभी देशी रियासतों पर से ब्रिटिश सम्प्रभुता (पैरामाउंटसी) समाप्त हो गई थी और एक प्रकार से ये सारी रियासतें स्वतंत्र हो गई थीं। इन रियासतों में कुछ तो बहुत ही छोटी थीं और कुछ जैसे कश्मीर, हैदराबाद और मैसूर ब्रिटिश भारत के प्रान्तों के समान बड़ी थीं। उन सब की अपनी-अपनी भिन्न-भिन्न परम्पराएँ थीं और उनसे बातचीत करना तथा उनके प्रतिनिधियों को संविधानसभा में ला सकना कोई साधारण बात नहीं थी। किन्तु 15 अगस्त, 1947 को जब सत्ता का हस्तान्तरण हुआ और भारतीय स्वतंत्रता अधिनियम लागू हुआ, तब तक कश्मीर और हैदराबाद को छोड़कर सभी रियासतें भारत में शामिल हो चुकी थीं और जब 26 नवम्बर, 1949 को संविधानसभा ने नया संविधान स्वीकार किया, तब तक यह सम्भव हो गया था कि ब्रिटिश भारत के प्रान्तों और देशी रियासतों सहित भारत संघ के सभी को एक ही 'राज्य' नाम से सम्बोधित किया जा सके।

संविधानसभा की कार्य-प्रणाली की प्रारम्भ से अन्त तक एक प्रमुख विशेषता यह रही कि सभी सदस्यों को अभिव्यक्ति का पूरा अवसर दिया गया तथा विभिन्न मतों पर सभी स्तरों पर पूरी गम्भीरता और सचाई के साथ विचार किया गया। प्रारूप समिति की ओर से डॉ. आंबेडकर, अल्लादो कृष्णस्वामी, टी.टी. कृष्णमाचारी, के.एम. मुंशी आदि ने कटु से कटु आलोचनाओं का बड़े धैर्य और सन्तुलन के साथ उत्तर दिया तथा विभिन्न अनुच्छेदों की आवश्यकतानुसार विशद व्याख्या की और उनके निहितार्थों को साफ-साफ समझाने का प्रयास किया। संविधानसभा में बराबर यही कोशिश रही कि समझौते और समन्वय की भावना से काम हो तथा निर्णय बहुमत के आधार पर नहीं, बल्कि ग्राम राय के आधार पर लिये जाएँ। इसी का परिणाम था कि जो संविधान बना उसे संविधानसभा को ही नहीं, अपितु विस्तृत जनमत को भी भारी सहमति और स्वीकृति प्राप्त थी।

जैसा कि संविधानसभा के अध्यक्ष, डॉ. राजेन्द्र प्रसाद ने 26 नवम्बर, 1949 को अपने समापन-भाषण में कहा था—

> "अब प्रश्न था इस संविधान के समुचित कार्यकरण का, क्योंकि अन्नत: संविधान को जीवन मिलता है उन लोगों के कारण जो इसको क्रियान्वित और नियंत्रित करते हैं। आज भारत को सब से अधिक आवश्यकता है बस थोड़े से ईमानदार आदमियों की, जो देश के हित की भावना से प्रेरित होकर कार्य करें।"

राष्ट्रीय ध्वज

संविधानसभा ने 22 जुलाई, 1947 को भारत का राष्ट्रीय ध्वज अंगीकार किया। इसके लिए पंडित नेहरू ने एक प्रस्ताव उपस्थित किया जिसमें कहा गया था—

> "निश्चय किया जाता है कि भारत का राष्ट्रीय झंडा तिरंगा होगा जिसमें गहरे केसरिया, सफेद और गहरे हरे रंग की बराबर-बराबर तीन आड़ी पट्टियाँ होंगी। सफेद पट्टी के केन्द्र में चरखे के प्रतीक स्वरूप गहरे नीले रंग का एक चक्र होगा। चक्र की आकृति उस चक्र के समान होगी जो सारनाथ के अशोककालीन सिंह-स्तूप के शीर्ष भाग पर स्थित है। चक्र का व्यास सफेद पट्टी की चौड़ाई के बराबर होगा। राष्ट्रीय झंडे की चौड़ाई और लम्बाई का अनुपात साधारणत: 2:3 होगा।"

पंडित नेहरू ने प्रस्ताव पर भाषण देते हुए कहा कि इस झंडे का देश के स्वतंत्रता आन्दोलन से घनिष्ठ सम्बन्ध रहा है। उन्होंने सदस्यों को याद दिलाया कि—

> "हम किस प्रकार इस झंडे को केवल गौरव और उत्साह से ही नहीं वरन् शरीर में एक स्फूर्ति और उत्तेजना समेत मानते थे। कभी-कभी जब हम पराजित और निरुत्साह हो जाते थे, तब इस झंडे का दर्शन हमें आगे बढ़ने का उत्साह दिलाता था...उस समय हमारे अनेकों साथी जो अब इस संसार में नहीं हैं, इस झंडे को थामे रहते थे और बहुत से तो मृत्यु-पर्यन्त इस झंडे को थामे रहे और मरते-मरते झंडे को ऊँचा रखने के लिए दूसरों को सौंप गए।"

पंडित नेहरू ने झंडे को स्वतंत्रता का प्रतीक बताते हुए आगे कहा—

> "जब इस झंडे का रूप तय किया गया था, उस समय इस के साथ कोई साम्प्रदायिक चीज़ न थी। हमने झंडे के एक ऐसे नमूने पर विचार किया था जो सुन्दर हो, क्योंकि राष्ट्र का प्रतीक देखने में सुन्दर होना चाहिए। हमने उस झंडे का विचार किया जो अपने पूरे रूप में तथा पृथक-पृथक भागों में राष्ट्र की प्रवृत्ति का, राष्ट्र की परम्परा का, प्रवृत्ति और परम्परा के उस मिश्रित रूप का, जो हजारों वर्षों से भारत में प्रचलित है—प्रतीक स्वरूप हो। अत: हमने यह झंडा रखा।"

राष्ट्रीय संघर्ष के दौरान प्रयुक्त झंडे तथा इस झंडे में अन्तर थे, उनकी ओर निर्देश करते हुए पंडित नेहरू ने कहा कि इस झंडे में रंग तो वे ही थे लेकिन चरखे के प्रतीक को इस झंडे में थोड़ा-सा बदल दिया गया था।

सर्वपल्ली डॉ. राधाकृष्णन ने झंडे तथा उसके रंगों की महत्ता समझाते हुए कहा—

> "अशोक का चक्र हमारे लिए न्याय का चक्र है, धर्म का चक्र है। सत्य केवल धर्म-पथ के अनुसरण द्वारा ही प्राप्त किया जा सकता है। जो इस झंडे के नीचे कार्य करें उन सबका अटल सिद्धान्त सत्य और धर्म होना चाहिए। यह चक्र हमको यह भी बताता है कि धर्म वह वस्तु है जो सदैव गतिमान है। यह चक्र जो गतिमान है, जो सदैव घूमनेवाली वस्तु है, यह सूचित करता है कि स्थिरता में मृत्यु है। जीवन गति में है। हमारा धर्म सत्य-सनातन है। इसका यह आशय नहीं कि वह स्थिर है बल्कि आशय है कि वह सदैव परिवर्तनशील है। उसकी निधि अविच्छिन्नता ही उसका सनातन लक्षण है। लाल, नारंगी और भगवा रंग त्याग की भावना प्रदर्शित करता है...हमारे नेताओं को निष्पक्ष होना चाहिए। उनको कर्तव्यपरायण होना चाहिए। वे ऐसे व्यक्ति होने चाहिए जिनमें त्याग की भावना कूट-कूटकर भरी हो—वह त्याग जो कि हमारे इतिहास के आरम्भ काल से ही इस केसरिया रंग ने हममें भरा है।"

हरा रंग भूमि से हमारा सम्बन्ध, यहाँ के वनस्पति जीवन से हमारा सम्बन्ध, जिस पर कि सारे प्राणी निर्भर हैं, प्रकट करता है। हमको इसी हरित भूमि पर, यहीं अपना स्वर्ग बनाना चाहिए। यदि हमें इस प्रयत्न में सफल होना है तो हमें सत्य (श्वेत) का अनुसरण करना चाहिए। धर्म (चक्र) का पालन करना चाहिए। आत्म-नियंत्रण और त्याग (केसरिया) की नीति ग्रहण करनी चाहिए। यह झंडा हमें आदेश देता है कि सदैव तत्पर रहो, सदैव प्रगति करते रहो, आगे बढ़ो, स्वतंत्र, परिवर्तनीय, दयावान, सभ्य और प्रजातंत्रात्मक समाज की स्थापना करने का प्रयत्न करो जिसमें ईसाई, सिख, मुसलमान, हिन्दू और बौद्ध सभी शरण पा सकें...।

सभा में विभिन्न वर्गों का प्रतिनिधित्व करनेवाले अनेक सदस्यों ने भावनापूर्ण भाषण दिए। सब से अन्त में भारत कोकिला सरोजनी नायडू बोलीं। उन्होंने नए भारत के नर-नारियों का आवाहन किया कि वे उठें और स्वतंत्र भारत के झंडे का अभिवादन करें। बड़े प्रभावशाली, प्रेरणादायक और स्मरणीय शब्दों में श्रीमती नायडू ने कहा—

> "मेरे बहुत से मित्र इस राष्ट्रध्वज के बारे में अपने हृदय के कवित्व से बोले हैं। मैं एक महिला और एक कवि आज आप से सीधे-सादे गद्य में कहना चाहती हूँ कि हम महिलाएँ देश की एकता के लिए हैं। हम कभी न भूलें कि इस राष्ट्रध्वज के नीचे न कोई राजा है और न रंक, न कोई गरीब है, न अमीर। विशेषाधिकार नहीं, केवल कर्तव्य और उत्तरदायित्व हैं और त्याग का प्रश्न है। हम हिन्दू हों चाहें मुसलमान, ईसाई, जैन, सिख, पारसी या कोई और, हमारी भारत माता का हृदय अविभाजित है और आत्मा अविभाज्य।

जाग्रत् भारत के नर-नारी! उठो और इस राष्ट्रध्वज का अभिवादन करो, मैं कहती हूँ उठो और राष्ट्रध्वज का अभिवादन करो।"

सभा के अध्यक्ष के सुझाव पर सारे सदस्यों ने खड़े होकर प्रस्ताव स्वीकार किया और राष्ट्रध्वज के प्रति अपना सम्मान प्रकट किया।

14-15 अगस्त, 1947 की मध्य रात्रि को संविधानसभा द्वारा सत्ता-ग्रहण के प्रस्ताव की स्वीकृति के बाद श्रीमती सरोजनी नायडू की अनुपस्थिति में श्रीमती हंसा मेहता ने भारतीय नारियों की ओर से राष्ट्रीय झंडा संविधानसभा को भेंट किया। बाद में 15 अगस्त, 1947 को दिन में गवर्नर जनरल लॉर्ड माउंटबेटन ने सदन में भाषण देने के उपरान्त संविधानसभा के अध्यक्ष के आमंत्रण पर कॉन्स्टीट्यूशन हॉल (संसद भवन के केन्द्रीय हॉल) की छत पर बन्दूक की गोली की आवाज़ के साथ झंडा फहराया।

सम्प्रभुता का हस्तान्तरण

संविधानसभा के पाँचवें अधिवेशन की पहली युगान्तरकारी बैठक 14 अगस्त, 1947 को रात के ग्यारह बजे वन्देमातरम् के गायन के साथ आरम्भ हुई। इस अवसर पर सभा के अध्यक्ष डॉ. राजेन्द्र प्रसाद ने एक संक्षिप्त भाषण दिया। उन्होंने भारत के इतिहास में इस क्षण की महत्ता का उल्लेख किया और कहा कि अनगिनत बलिदानों और संघर्षों के उपरान्त संविधानसभा में समवेत भारत के लोगों के प्रतिनिधि देश का शासनसूत्र सँभाल रहे हैं। उन्होंने उन लाखों ज्ञात और अज्ञात स्त्री-पुरुषों को भावभीनी श्रद्धांजलि अर्पित की जिन्होंने देश की स्वतंत्रता की खातिर अपार कष्ट सहे थे तथा अपने प्राणों की आहुति दी थी। उन्होंने महात्मा गांधी के प्रति भी प्रेम तथा आदर के उद्‌गार व्यक्त किए।

मध्य रात्रि से कुछ ही समय पहले पंडित जवाहरलाल नेहरू ने प्रस्ताव किया कि जैसे ही घड़ी में रात के बारह बजे का आखिरी घण्टा बजे तभी संविधानसभा के सारे सदस्य निम्नलिखित शपथ ग्रहण करें—

"इस गम्भीर बेला में जब भारत के लोग अनेकों कष्टों और कुरबानियों के बाद स्वतंत्रता प्राप्त कर चुके हैं, भारत की संविधानसभा का सदस्य मैं अपने आपको विनम्रतापूर्वक भारत तथा उसके लोगों की सेवा में इस उद्‌देश्य से समर्पित करता हूँ कि यह प्राचीन देश संसार में अपना उचित स्थान प्राप्त कर सके तथा विश्व-शान्ति और मानव-जाति के कल्याण की दिशा में अपना पूरा तथा स्वेच्छिक अंशदान कर सके।"

प्रस्ताव उपस्थित करते हुए पंडित नेहरू ने अपने सुप्रसिद्ध भाषण में कहा था—

"कई वर्ष हुए हमने नियति के साथ एक प्रतिज्ञा की थी और अब वह प्रतिज्ञा पूरी करने का समय आ गया है। हम अपनी प्रतिज्ञा सर्वांश में तो पूरी नहीं कर रहे लेकिन उसे काफी मात्रा में अवश्य पूरी कर रहे हैं। रात के बारह बजे जब संसार सो रहा होगा, भारत जीवन तथा स्वतंत्रता के संसार में जाग उठेगा।"

× × ×

"स्वतंत्रता और शक्ति उत्तरदायित्व लाते हैं, यह उत्तरदायित्व इस सभा के कन्धों पर है। सभा प्रभुता सम्पन्न संस्था है और वह भारत के प्रभुता सम्पन्न लोगों का प्रतिनिधित्व करती है। भारत के लोगों से, जिनके हम प्रतिनिधि हैं, हमारा अनुरोध है कि वे आदर और विश्वासपूर्वक इस महान अनुष्ठान में हमारा साथ दें। हमें स्वतंत्र भारत के भव्य-भवन का निर्माण करना है, जिसमें उसके सब बच्चे रह सकें।"

राष्ट्र गान

संविधानसभा का बारहवाँ और अन्तिम अधिवेशन 24 जनवरी, 1950 को हुआ। 24 जनवरी संविधानसभा का अन्तिम दिन भी था। इस दिन सभा के अध्यक्ष डॉ. राजेन्द्र प्रसाद ने राष्ट्रगान के प्रश्न की चर्चा की और कहा कि यह प्रश्न बहुत दिनों से टलता जा रहा है, अत: सभा इसके सम्बन्ध में कोई निर्णय करे। इसकी अपेक्षा यह ज़्यादा अच्छा है कि मैं ही इसके बारे में घोषणा कर दूँ। उन्होंने निम्नलिखित घोषणा की—

"'जन-गण-मन' नाम से ज्ञात शब्दों और संगीतवाली रचना भारत का राष्ट्रगान है। इसके शब्दों में ऐसे परिवर्तन किए जा सकते हैं जो भारत सरकार अवसरानुकूल प्राधिकृत करे। 'वन्देमातरम्' गीत जिसने भारत के स्वतंत्रता संग्राम में ऐतिहासिक भूमिका का निर्वाह किया है 'जन-गण-मन' के समान ही समादृत होगा और उसे भी वैसी ही प्रतिष्ठा प्राप्त होगी।"

सभा ने इस वक्तव्य का हर्षध्वनि के साथ स्वागत किया और 'जन-गण-मन' भारत का राष्ट्रगान बन गया तथा वन्देमातरम् को उसके समान ही स्थान दिया गया।

संविधान पर हस्ताक्षर

संविधान के तीसरे वाचन का कार्य 17 नवम्बर को आरम्भ हुआ और 26 नवम्बर, 1949 को समाप्त हुआ, जबकि संविधानसभा द्वारा निर्मित संविधान को अन्तिम रूप से पास किया गया। सभा ने यह पहले ही तय कर लिया था कि संक्रमणकालीन

उपबंध, नागरिकता सम्बन्धी अनुच्छेद तथा परिभाषाओं विषयक उपबंध तो तत्काल लागू हो जाएँगे तथा शेष संविधान 26 जनवरी, 1950 से लागू होगा। संविधानसभा के अन्तिम दिन 24 जनवरी, 1950 को संविधानसभा की तीन प्रतियाँ सभा-पटल पर रखी गईं। अध्यक्ष ने सभी सदस्यों से प्रार्थना की कि वे एक-एक कर के तीनों प्रतियों पर हस्ताक्षर करें। सदस्य सदन में जिस क्रम से बैठे हुए थे, अध्यक्ष ने उन्हें हस्ताक्षर करने के लिए उसी क्रम से बुलाया। सदस्यों ने संविधान की प्रतियों पर हस्ताक्षर किए और उसके बाद 'जन-गण-मन' तथा 'वन्देमातरम्' के गायन के साथ संविधानसभा का संविधानसभा के रूप में समापन हो गया। 26 जनवरी, 1950 को उसका भारतीय गणराज्य की अन्तर्कालीन संसद के रूप में आविर्भाव हुआ। इस प्रकार संविधानसभा दो वर्ष ग्यारह महीने और उन्नीस दिन तक अस्तित्व में रही।

राष्ट्रपति का चुनाव

जिस प्रकार स्वाधीनता के बाद संविधानसभा के सबसे आरम्भिक कार्यों में से एक लॉर्ड माउंटबेटन को भारत का गवर्नर-जनरल नियुक्त करना था, उसी प्रकार उसके सबसे अन्तिम कार्यों में से एक भारत के राष्ट्रपति का चुनाव था। 24 जनवरी, 1950 को संविधानसभा के सचिव एच.वी.आर. आयंगर ने, जो भारत के राष्ट्रपति के चुनाव में चुनाव अधिकारी भी थे, सभा में घोषणा की कि राष्ट्रपति के चुनाव के नियमों के नियम 8 के उपनियम (1) के अन्तर्गत डॉ. राजेन्द्र प्रसाद विधिवत भारत के राष्ट्रपति चुन लिये गए हैं। डॉ. राजेन्द्र प्रसाद के नाम का प्रस्ताव पंडित जवाहरलाल नेहरू ने किया था और उसका समर्थन सरदार वल्लभभाई पटेल ने। अकेले उनका ही नामांकन-पत्र दाखिल किया गया था।

समापन

संविधानसभा के अध्यक्ष, डॉ. राजेन्द्र प्रसाद ने 26 नवम्बर, 1949 को अपने समापन भाषण में कहा था कि संविधान सभा, कुल मिलाकर, एक ऐसे संविधान का निर्माण करने में सफल हुई थी जो देश के व्यापक हित में था। अब प्रश्न था इस संविधान के समुचित कार्यकरण का। संविधानसभा की कार्यवाही समाप्त करते हुए डॉ. राजेन्द्र प्रसाद ने जिन अन्तिम शब्दों को कहना उचित समझा, वे विशेष रूप से स्मरणीय हैं तथा भारत की संविधानसभा और संविधान निर्माण की कहानी का उपसंहार करने के लिए उनसे अधिक उपयुक्त शब्द मिलना सम्भवत: असम्भव होना—

> "भारत का संविधान लोकतंत्रात्मक है, किन्तु लोकतंत्रात्मक संस्थाओं के सफल कार्यकरण के लिए यह आवश्यक है कि वे जो इसका क्रियान्वयन

करें दूसरे के दृष्टिकोण को आदरपूर्वक देखने तथा समझौते और समायोजन के लिए तत्पर हों। बहुत कुछ जो संविधान में लिखा नहीं जा सकता, स्वस्थ परम्पराएँ डालकर, अभिसमयों के द्वारा किया जाता है। संविधान में कुछ भी प्रावधान हों या न हों, देश का कल्याण इस पर निर्भर करेगा कि उसका शासन कैसा है और शासन निर्भर होगा शासकों पर। कहा जाता है कि किसी देश को वैसी ही सरकार मिलती है जिसका वह अधिकारी है। जिन लोगों को चुना गया अगर वे योग्य, ईमानदार तथा चरित्र और निष्ठावाले व्यक्ति हुए तो वे त्रुटिपूर्ण संविधान को भी सर्वोत्तम बना देंगे। यदि उनमें इसकी कमी हुई तो संविधान देश को नहीं बचा सकता। आज भारत को किसी चीज़ की इतनी आवश्यकता नहीं है जितनी कि कुछ ईमानदार व्यक्तियों की जो अपने सामने देश का हित रखें। हमारे राष्ट्रीय जीवन के विभिन्न अंगों से विघटनकारी प्रवृत्तियाँ उठ रही हैं। हमारे यहाँ कितने सामुदायिक, जातिगत, भाषा-सम्बन्धी, प्रान्तीय तथा अन्य मतभेद हैं। अत: आवश्यकता ऐसे लोगों की है जो चरित्र के पक्के हों तथा सूक्ष्मदृष्टि रखते हों, जो छोटे-छोटे समुदायों और क्षेत्रों के हित के लिए पूरे देश के हितों की बलि न दें और जो विभिन्नताओं से जन्मे पूर्वाग्रहों से ऊपर उठ सकें। हम केवल यह आशा ही कर सकते हैं कि देश में ऐसे व्यक्ति प्रचुर संख्या में उभरेंगे। जिन्होंने पहले देश की सेवा की है उन्हें अपनी पुरानी सफलताओं के सहारे अब आराम नहीं करना चाहिए और न यह सोचना चाहिए कि वे अपना काम पूरा कर चुके और अब तो फल भोगने का समय है। किसी भी ऐसे व्यक्ति के लिए जिसकी अपने काम में सच्ची निष्ठा हो ऐसा आराम का समय कभी आता ही नहीं। भारत में तो जो काम अब हमारे सामने है वह स्वाधीनता संघर्ष से भी अधिक कठिन है। उस समय हमारे सामने विभिन्न भागों में सामंजस्य स्थापित करने की समस्या नहीं थी, बाँटने के लिए पद-स्थानों के प्रलोभन नहीं थे, साझे के लिए हमारे हाथों में कोई शक्ति और सत्ता नहीं थी। अब हमारे पास यह सब कुछ है और सचमुच प्रलोभन बहुत बड़े हैं। ईश्वर हमें इतनी बुद्धि और बल दे कि हम इन सब प्रलोभनों से ऊपर उठ सकें और उस देश की सेवा कर सकें जिसे स्वाधीन कराने में हम सफल हुए हैं।"

3

संविधान की आत्मा

उद्देशिका

हम, भारत के लोग, भारत को एक सम्पूर्ण प्रभुत्व-सम्पन्न समाजवादी पंथनिरपेक्ष लोकतंत्रात्मक गणराज्य बनाने के लिए तथा उसके समस्त नागरिकों को—

सामाजिक, आर्थिक और राजनैतिक न्याय;
विचार, अभिव्यक्ति विश्वास, धर्म और उपासना की स्वतंत्रता;
प्रतिष्ठा और अवसर की समता प्राप्त कराने के लिए तथा उन सब में
व्यक्ति की गरिमा और
राष्ट्र की एकता और अखंडता
सुनिश्चित करनेवाला बन्धुत्व बढ़ाने के लिए

दृढ़ संकल्प होकर अपनी इस संविधानसभा में आज की तारीख 26 नवम्बर, 1949 ई. (मिति मार्गशीर्ष) शुक्ल सप्तमी, संवत् दो हजार छह विक्रमी को एतद्द्वारा इस संविधान को अंगीकृत, अधिनियमित और आत्मार्पित करते हैं।

शब्द चयन, सौन्दर्य एवं गरिमा की दृष्टि से भारतीय संविधान की उद्देशिका विश्व के संवैधानिक साहित्य में अद्वितीय है*। इस उद्देशिका में चित्रित है स्वाधीनता, संघर्ष के सेनानियों और संविधान के निर्माताओं की कल्पना का भावी भारत। इसके शब्दों के पीछे भारतीय जनता के मानस को छूने की अदम्य शक्ति है। इसका एक-

* ए.आई.आर., 1960, एस.सी. 815 (856)
सर अर्नेस्ट बार्कर ने अपने ग्रंथ प्रिंसिपल्स ऑफ सोशल एंड पॉलिटिकल थ्योरी में भारतीय संविधान की उद्देशिका को ज्यों-का-त्यों उद्धृत किया है और उसे अपनी पुस्तक की अन्तर्वस्तु सारांश कहा है। देखिए, अर्नेस्ट बार्कर, 'प्रिंसिपल ऑफ सोशल एंड पॉलिटिकल थ्योरी', ऑक्सफोर्ड पेपरबैक्स।

एक शब्द एक चित्र है, चित्र जो बोलता है, एक कहानी कहता है—तपस्या, त्याग और बलिदान की कहानी। इन चित्रों में एक ओर अतीत सिमट आया है तो दूसरी ओर भाव सज़ीव हो उठा है। एक ओर देश की युगयुगीन राष्ट्रीय साधना की चरम परिणति हुई है तो दूसरी ओर इसमें उन उदात्त और चिरन्तन लक्ष्यों का निरूपण किया गया है जिनकी सर्वांगीण सिद्धि के लिए भारत के जन-जन को चाहे उसकी कोई भी भाषा, धर्म, जाति और पेशा हो—प्राणपण से प्रयत्नशील होना चाहिए।

उद्देशिका संविधान का अंग है या नहीं इस विषय पर कुछ वर्षों तक मतवैभिन्य रहा। वेरुबाड़ी के मामले में, न्यायमूर्ति गजेन्द्र गडकर ने कहा था कि उद्देशिका संविधान का अंग नहीं है। यह विधान-मंडलों या राज्य के अन्य अंगों को कोई महत्त्वपूर्ण शक्तियाँ प्रदान नहीं करती। निश्चय ही कोई भी शक्ति या अधिकार केवल संविधान के उपबंधों द्वारा अभिव्यक्त अथवा निहित रूप में दिए जा सकते हैं। न्यायमूर्ति एम. हिदायतुल्ला ने 12 सितम्बर, 1968 को फीरोज गांधी स्मारक व्याख्यानमाला के अन्तर्गत भाषण देते हुए कहा था कि भारतीय संविधान की उद्देशिका समूचे संविधान की आत्मा है, शाश्वत और अपरिवर्तनीय। उद्देशिका में संवैधानिक जीवन के वैविध्य का भी उल्लेख मिलता है और भविष्य-दर्शन भी। पर उद्देशिका के उद्देश्य और उसकी भविष्यवाणी सच नहीं हुई है। चारों ओर दुराग्रह तथा विरोध के स्वर सुनाई दे रहे हैं तथा असहिष्णुता की प्रवृत्ति बढ़ती जा रही है। यह दुर्भाग्य की बात है कि संविधान के निर्माताओं ने उद्देशिका के निहितार्थों की व्याख्या नहीं की ओर उसकी विभिन्न व्याख्याओं के लिए अवकाश छोड़ दिया। जैसा कि बाद में भारती चन्द्र बनाम मैसूर राज्य (ए आई आर, 1970, एस 2042) के मामले में उच्चतम न्यायालय ने निर्णय दिया, निदेशक तत्त्वों तथा मूल अधिकारों को भी उद्देशिका में प्रतिष्ठित उद्देश्यों के प्रकाश में अधिक अच्छी तरह समझा जा सकता है

बेरुबाड़ी के मामले में, ऐसा प्रतीत होता है कि उच्चतम न्यायालय ने इस तथ्य की ओर ध्यान नहीं दिया कि किसी अधिनियम की उद्देशिका पर विधान-मंडलों के सदनों में बहस नहीं की जाती या मतदान नहीं होता, किन्तु इसके विपरीत हमारे संविधान की उद्देशिका पर संविधानसभा में संविधान के किसी भी अन्य भाग की तरह पूरी बहस हुई थी। उसे विधिवत अधिनियमित तथा अंगीकृत किया गया था। उद्देशिका पर अतिम मतदान कराते समय संविधानसभा के अध्यक्ष ने कहा था : "प्रस्ताव है कि उद्देशिका संविधान का अंग बने", अत: यह उचित ही था कि उच्चतम न्यायालय ने बाद में अपने निर्णय में संशोधन कर दिया।

केशवानन्द भारती बनाम केरल राज्य के मामले में, अधिसंख्य न्यायाधीशों ने संविधानसभा के वाद-विवाद का हवाला देते हुए निर्णय दिया कि उद्देशिका संविधान का अंग है। न्यायमूर्ति सीकरी ने कहा कि संविधान की उद्देशिका का

विधायी इतिहास इसके महत्त्व को उचित ठहराता है। उद्देशिका संविधान का केवल एक अंग ही नहीं है, बल्कि वह अत्यधिक महत्त्वपूर्ण है तथा संविधान को उद्देशिका में अभिव्यक्त महान तथा उदात्त भविष्य-निरूपण के प्रकाश में पढ़ा जाना चाहिए तथा उसका निर्वचन किया जाना चाहिए। संविधान के किसी भी उपबंध में केवल अनुच्छेद-368 के अधीन 'उद्देशिका तथा संविधान को मोटी-मोटी रूपरेखा के अन्तर्गत रहते हुए, संशोधन किया जा सकता है। वस्तुतया उच्चतम न्यायालय ने संविधान के अपरिवर्तनशील बुनियादी तत्त्वों का स्रोत उद्देशिका के शब्दों में खोजने का प्रयास किया और निर्णय दिया कि संविधान के उपबंधों में कोई ऐसा संशोधन नहीं किया जा सकता जिससे उसके बुनियादी स्वरूप में परिवर्तन हो जाए। हालाँकि बुनियादी तत्त्वों की सूक्ष्म परिभाषा नहीं की गई, फिर भी उद्देशिका में वर्णित बुनियादी तत्त्वों का विशिष्ट रूप से उल्लेख किया गया।

उच्चतम न्यायालय के शब्दों में, "हमारे संविधान का प्रासाद उद्देशिका में वर्णित बुनियादी तत्त्वों पर खड़ा है। यदि इसमें से किसी भी तत्त्व को हटा दिया जाए तो सारा ढाँचा ही ढह जाएगा और संविधान वही नहीं रह जाएगा अर्थात अपना व्यक्तित्व और पहचान खो देगा।" इस प्रकार, अब यह मान लिया गया है कि उद्देशिका में समाविष्ट संविधान के बुनियादी तत्त्वों या उसकी विशेषताओं को अनुच्छेद-368 के अधीन किसी संशोधन द्वारा उलटा नहीं जा सकता।

किन्तु भले ही उद्देशिका को अब संविधान का एक अभिन्न अंग माना जाता है, फिर भी यह भी अपनी जगह सत्य है कि यह न तो किसी शक्ति का कोई स्रोत है और न ही उसको किसी प्रकार सीमित करता है। सबसे पहले इस बात की घोषणा बेरुबाड़ी के मामले में की गई थी। न्यायमूर्ति मैथ्यू ने इंदिरा गांधी बनाम राजनारायण (ए आई आर, 1975, एस सी 2291) के मामले में इसे दोहराया।

उद्देशिका की शब्दावली के शब्द और पद ऐसे हैं जिनमें प्राच्य या पाश्चात्य सभी परम्पराओं के सर्वश्रेष्ठ तत्त्वों का निचोड़ है और जो प्रयोग की दृष्टि से सार्वभौम हैं—उनकी चाहे किसी भी दृष्टि से व्याख्या की जाए। वस्तुत: भारतीय संविधान की उद्देशिका में संविधान का सार है, दर्शन है। संविधान के सभी उपबंध इसमें निहित भावनाओं से स्फूर्ति ग्रहण करते हैं। यहाँ जिन तथ्यों, सिद्धान्तों तथा आदर्शों का निरूपण हुआ है, वे समूचे संविधान में अन्तर्व्याप्त हैं और संविधान की विभिन्न धाराओं का उद्गम उद्देशिका में विद्यमान है। सच तो यह है कि उद्देशिका के आधार पर हमारे समूचे संविधान का अध्ययन ही नहीं, अपितु पुनर्निर्माण तक किया जा सकता है।

उद्देश्य प्रस्ताव : यों तो उद्देशिका में मूर्त आदर्शों और आकांक्षाओं के स्रोत सैकड़ों वर्ष पुराने हैं, तथापि संविधानसभा में उद्देशिका का जन्म उस उद्देश्य प्रस्ताव से हुआ जिसे जवाहरलाल नेहरू ने संविधानसभा की प्रथम बैठक के पाँचवें दिन 18 दिसम्बर, 1946 को सभा के सम्मुख प्रस्तुत किया।

सचमुच में यह प्रस्ताव 'भारतीय स्वतंत्रता का घोषणा-पत्र' था। इसे प्रस्तुत करते समय जवाहरलाल नेहरू ने एक अत्यन्त भावपूर्ण तथा ओजस्वी भाषण में कहा—

> "प्रस्ताव होते हुए भी यह प्रस्ताव से बहुत कुछ ज्यादा है। यह एक घोषणा है, यह2 एक दृढ़ निश्चय है, यह एक प्रतिज्ञा और दायित्व है और हम सबके लिए तो हमें विश्वास है कि यह एक व्रत है। यह प्रस्ताव संसार को टूटे-फूटे शब्दों में यह बताना चाहता है कि हमने इतने दिनों से किस बात की अभिलाषा कर रखी थी, हमारा स्वप्न क्या था!"

22 जनवरी, 1947 को नेहरू ने वाद-विवाद का उत्तर दिया और उसके बाद उसी दिन संविधानसभा ने प्रस्ताव को अंगीकृत किया।

प्रारूप समिति ने अपने फरवरी 1948 के प्रारूप में उद्देशिका को निम्नलिखित रूप में स्वीकार किया—

> "हम भारत के लोग, भारत को एक सम्पूर्ण प्रभुत्व-सम्पन्न लोकतंत्रात्मक गणराज्य बनाने के लिए, तथा उसके समस्त नागरिकों को सामाजिक, आर्थिक और राजनीतिक न्याय, विचार, अभिव्यक्ति, विश्वास, धर्म और उपासना की स्वतंत्रता, प्रतिष्ठा और अवसर की समता प्राप्त कराने के लिए, तथा उन सबमें व्यक्ति की गरिमा और राष्ट्र की एकता सुनिश्चित करनेवाली बन्धुता बढ़ाने के लिए दृढ़संकल्प होकर अपनी इस संविधानसभा में आज तारीख (मई 1948) को एतद्‌द्वारा इस संविधान को अंगीकृत, अधिनियमित और आत्मार्पित करते हैं।"

वाद-विवाद और स्वीकृति

संविधानसभा ने प्रारूप पर 17 अक्तूबर, 1949 का विचार किया। सभा के अध्यक्ष डॉ. राजेन्द्र प्रसाद के मत से इस पर सबसे अन्त में विचार करने का कारण यह देखना था कि वह सम्पूर्ण संविधान के अनुकूल है या नहीं। इस अवसर पर कुछ सदस्यों ने संशोधन प्रस्तुत किए, पर सभा ने उन सभी को अस्वीकृत कर दिया। उदाहरण के लिए हसरत मोहानी चाहते थे कि सोवियत समाजवादी गणराज्य संघ के ढंग पर भारत को 'भारतीय समाजवादी गणराज्य संघ' कहा जाए। यह संशोधन

संविधान की आत्मा के प्रतिकूल समझा गया और सभा ने उसे तत्काल अस्वीकार कर दिया। हरि विष्णु कामथ का संशोधन था कि उद्देशिका के आरम्भ में, 'ईश्वर के नाम में' शब्द रखे जाएँ। कामथ के संशोधन पर सभा में ज़ोरदार बहस हुई और उसके बाद मतदान हुआ। मतदान में संशोधन के पक्ष में 41 और विपक्ष में 68 मत आए। संशोधन के विरोध में बोलनेवालों का कहना था कि ईश्वर का नाम लेना धर्म की स्वतंत्रता के प्रतिकूल है जिसका उद्देशिका में भी आश्वासन है और मूल अधिकारों में भी।

सभा ने उद्देशिका को बिना किसी परिवर्तन के स्वीकार किया। बाद में उसमें मई 1948 के स्थान पर तारीख 26 नवम्बर, 1949 ई. (मार्गशीर्ष शुक्ला संवत् 2006 विक्रमी) जोड़ दिए गए ताकि उस तारीख का पता चल सके जब संविधानसभा ने अन्तिम रूप से संविधान स्वीकार किया था।

उद्देशिका की व्याख्या

संविधान निर्माता चाहते थे कि भारत का संविधान समाजवाद, साम्यवाद या पूँजीवाद जैसे किसी विशिष्ट सामाजिक, आर्थिक, राजनीतिक दर्शन का अंधानुयायी न हो। उसकी आर्थिक नीति किन्हीं वादों और गतानुगतिक सूत्रों की सीमाओं में नहीं बँधे। वह अनिवार्यत: व्यवहारोपयोगी हो। इसका सजीव प्रमाण था भारतीय संविधान की उद्देशिका का वह रूप जिसमें संविधानसभा ने उसे स्वीकार किया था। उसमें समाजवाद आदि का भी कोई ज़िक्र नहीं था।

उद्देशिका पर आधुनिक युग की तीन महाक्रान्तियों का प्रभाव पड़ा—फ्रांसीसी, अमरीकी और रूसी क्रातियों का। फ्रांसीसी क्रान्ति में स्वतंत्रता, समानता और बन्धुता पर ज़ोर दिया गया था, अमरीकी क्रान्ति में राजनीतिक स्वतंत्रता तथा व्यक्ति स्वातंत्र्य पर और रूसी क्रान्ति में आर्थिक समानता पर। भारतीय क्रान्ति के सूत्रधारों ने आरम्भ से ही इन तीनों क्रान्तियों की चिरन्तन देन को स्मरण रखा और उसमें समन्वय स्थापित करने का प्रयत्न किया। भारतीय संविधान की उद्देशिका में पहला स्थान स्वतंत्रता, समानता और बंधुता को नहीं, प्रत्युत न्याय को दिया गया और फिर न्याय के विविध आयामों—सामाजिक, आर्थिक और राजनीतिक न्याय का संकेत दिया गया।

उद्देशिका के वास्तविक महत्त्व को समझने के लिए आवश्यक होगा कि हम उसके कुछ मुख्य शब्दों तथा पदों का विश्लेषण करें और फिर देखें कि संविधान के विविध उपबंधों में उन्हें कहाँ तक मान्यता मिली है।

'हम भारत के लोग'

भारतीय संविधान में ऐसा कोई स्वतंत्र अनुच्छेद नहीं है, जिसमें कहा गया हो कि सारी शक्तियाँ जनता से प्राप्त हुई हैं अथवा प्रभुता जनता में निहित है। यह कहना कई दृष्टियों से आवश्यक था। कुछ तो इसलिए कि भविष्य में प्रभुसत्ता के आवास के प्रश्न को लेकर यह वाद-विवाद उठ सकता था कि उसका वास्तविक अधिष्ठान कहाँ है—उच्चतम विधान-मंडल में, उच्च में या उच्चतम न्यायपालिका में और कुछ इसलिए भी कि देशी रियासतों के शासक अकसर यह दावा किया करते थे कि उनकी रियासतों को जो कुछ शक्ति प्राप्त है, वह व्यक्तिगत रूप से उनमें निहित है और उन्हें अपनी यह शक्ति प्रजा से नहीं, प्रत्युत सीधे अपने दैवी अधिकार के आधार पर प्राप्त की है। 'हम भारत के लोग' शब्दावली के प्रयोग द्वारा संविधान निर्माताओं ने प्रभुसत्ता-विषयक सभी विवाद सदा के लिए समाप्त करने का प्रयास किया।

'हम भारत के लोग' पदावली अमरीका और आयरलैंड के संविधान की प्रस्तावना के इन आरम्भिक शब्दों की याद दिलाती है कि प्रभुता अन्ततः जनता में निहित है और संविधान जनता के प्राधिकार पर आधारित है। इस संविधान को 1935 के भारतीय शासन अधिनियम की भाँति किसी विदेशी सत्ता ने आरोपित नहीं किया, बल्कि उसे जनता के निर्वाचित प्रतिनिधियों ने अच्छी स्वेच्छा से अंगीकृत, अधिनियमित और आत्मार्पित किया है।

'हम भारत के लोग' पदावली में एक और भी अर्थ निहित है और वह यह कि 'हम सब भारत के लोग' हैं; राज्यों के नहीं; और 'भारत के लोग' एक हैं। संविधान का निर्माण राज्यों ने अथवा अनेक राज्यों के लोगों ने नहीं किया है, बल्कि समूचे भारत के लोगों ने अपनी सामूहिक क्षमता से किया है। इसलिए संवैधानिक दृष्टि से कोई राज्य अथवा राज्य-समूह न तो हमारे संविधान का अन्त कर सकता है और न वह संविधान द्वारा निर्मित संघ से बाहर जा सकता है। इन शब्दों की सार्थकता संविधान के अनेक उपबंधों से प्रमाणित हो जाती है। संयुक्त राज्य अमरीका के संविधान की उद्देशिका में 'संयुक्त राज्यों के लोग' शब्दावली का प्रयोग किया गया था और संघ की अविनश्यता सिद्ध करने के लिए एक गृहयुद्ध की आवश्यकता पड़ी, लेकिन भारतीय संविधान के इन उपबंधों से यह स्पष्ट कर दिया गया कि भारत संघ अविनश्य है और राज्यों को संघ से अलग हो जाने का कोई अधिकार नहीं। संविधान के अनुच्छेद-2, 3 और 4 में यह कहा गया है कि संसद विधि द्वारा संघ में नए राज्यों का प्रवेश या स्थापना कर सकती है और नए राज्यों के निर्माण तथा वर्तमान राज्यों के क्षेत्रों, सीमाओं या नामों के परिवर्तन का भी उसे अधिकार है। ये उपबंध स्वतंत्र तथा स्वायत्तशासी राज्यों की धारणा का अन्त कर देते हैं।

इस सम्बन्ध में यह भी स्मरण रखने की बात है कि सारे भारत में केवल एक नागरिकता—भारतीय नागरिकता है। प्रत्येक भारतीय समूचे देश का नागरिक है,

पृथक से किसी राज्य का नहीं। संयुक्त राज्य अमरीका जैसे संघात्मक संविधानों में नागरिकों को दोहरी नागरिकता प्राप्त है—अपने राज्य की तथा संघ की। लेकिन भारतीय संविधान ने एक ही नागरिकता का विधान कर देश के लिए एक-सी शासन व्यवस्था का निरूपण किया है। संविधान के नागरिकता सम्बन्धी उपबंधों में यह भी स्पष्ट कर दिया गया है कि नागरिकता का विनियमन संघ संसद ही कर सकती है। राज्यों का उसमें कोई हाथ नहीं है।

सम्पूर्ण प्रभुत्व-सम्पन्न

'सम्पूर्ण प्रभुत्व-सम्पन्न' पद सम्भवत: आयरलैंड के संविधान के अनुच्छेद-5 से लिया गया है। राजनीति विज्ञान में प्रभुता शब्द का अभिप्राय राजनीतिक समाज के अन्तर्गत उस सर्वोच्च शक्ति से है जिस पर भीतर या बाहरी किसी अन्य शक्ति का कोई नियंत्रण नहीं होता। प्रभुता के दो पहलू हैं—आन्तरिक प्रभुता और बाहरी प्रभुता। आन्तरिक प्रभुता का सम्बन्ध उस उच्च अधिकार शक्ति से है जिसे राज्य अपने नियंत्रित प्रदेश में कार्यान्वित करता है। बाहरी प्रभुता से तात्पर्य है कि राज्य पर अन्य किसी बाहरी सत्ता का न कोई दबाव है और न कोई अधिकार।

'सम्पूर्ण प्रभुत्व-सम्पन्न' पद से व्यक्त होता है कि भारत पूर्ण रूप से प्रभुता-सम्पन्न राज्य है और कानूनी दृष्टि से न तो उसके ऊपर किसी आन्तरिक शक्ति का प्रतिबंध है और न किसी बाहरी शक्ति का। आन्तरिक क्षेत्र में, यद्यपि भारतीय संविधान में संघ तथा राज्यों के बीच शक्तियों का वितरण किया गया है, पर यहाँ विभक्त प्रभुता के सिद्धान्त के लिए कोई अवकाश नहीं है क्योंकि यद्यपि सामान्य कालों में शक्तियों के वितरण को बनाए रखना है, पर आपात स्थिति में तथा कुछ और विशिष्ट स्थितियों में संविधान ने संघ सरकार को यह शक्ति दी है कि वह राष्ट्रहित में राज्यों की शक्तियों का अतिक्रमण कर सकता है। प्रभुता समूची भारतीय जनता में अथवा भारतीय गणराज्य में निहित है, उसके किसी अंगभूत भाग में नहीं। बाह्य प्रभुसत्ता अथवा अन्तर्राष्ट्रीय विधि में प्रभुसत्ता का अभिप्राय यह है कि राज्य अन्य राज्यों के सन्दर्भ में पूर्ण स्वतंत्र होता है और उसकी विदेशी नीति अथवा अन्तर्राष्ट्रीय सम्बन्धों पर कोई अंकुश नहीं होता। भारतीय स्वतंत्रता अधिनियम, 1947 के पास होने के बाद भारत ब्रिटिश साम्राज्य का आश्रित राज्य नहीं रहा और इस अधिनियम के बाद भी जो थोड़े से प्रतिबंध रह गए थे, वे भी भारतीय संविधान की स्वीकृति के साथ समाप्त हो गए। अब भारत उसी प्रकार सम्पूर्ण प्रभुता-सम्पन्न राज्य है, जिस प्रकार संयुक्त राज्य अमरीका, इंग्लैंड, फ्रांस अथवा संसार का अन्य कोई स्वाधीन राज्य।

उद्देशिका के अंति शब्दों से यह अर्थ निकलता है कि संविधान को उसी समय

अंगीकृत किया जा रहा था और बाहर की किसी सत्ता द्वारा उसका अनुसमर्थन अथवा अनुमोदन आवश्यक नहीं था। संविधान अंगीकृत होते ही देश की उच्चतम विधि बन गया और भारत के लोगों ने उसे बाहर के किसी हस्तक्षेप के बिना ही अपनी स्वतंत्र इच्छा से स्वीकार किया।

राष्ट्रमंडल की सदस्यता

बाहरी क्षेत्र में भारत की सम्पूर्ण प्रभु-सम्पन्नता की स्थिति का एक विचारणीय पहलू यह है कि भारत राष्ट्रमंडल का सदस्य है। क्या इससे प्रभुसत्ता पर कुछ आँच आ सकती है?

27 अप्रैल, 1948 को लन्दन में राष्ट्रमंडल के 8 देशों (इंग्लैंड, कनाडा, ऑस्ट्रेलिया, न्यूजीलैंड, दक्षिण अफ्रीका, भारत, पाकिस्तान और श्रीलंका) के प्रधान मंत्रियों का जो सम्मेलन हुआ था, उसमें भारत के आसन्न वैधानिक परिवर्तनों पर विचार किया गया और निम्न घोषणा की गई थी—

> "भारत सरकार ने राष्ट्रमंडल की अन्य सरकारों को भारतीय जनता के इस इरादे से सूचित किया है कि नए संविधान के अधीन, जो अंगीकृत किया जानेवाला है, भारत सर्वप्रभुत्व-सम्पन्न स्वतंत्र गणराज्य होगा। लेकिन भारत सरकार ने यह घोषणा और अभिपुष्टि की है कि भारत राष्ट्रमंडल का पूरा सदस्य बना रहना चाहता है और सम्राट को स्वतंत्र राष्ट्रों के स्वतंत्र सहयोग के प्रतीक तथा इस नाते राष्ट्रमंडल के प्रधान के रूप में स्वीकार करता है। राष्ट्रमंडल के अन्य देशों की सरकारें, जिनकी राष्ट्रमंडल की सदस्यता का आधार इसके द्वारा नहीं बदलता, इस घोषणा की शर्तों के अनुसार भारत की क्रमागत स्वतंत्रता को स्वीकार करती हैं और उसे मान्यता देती हैं...।"

इस घोषणा से स्पष्ट है कि राष्ट्रमंडल की सदस्यता से भारत की प्रभुसत्ता पर कोई आघात नहीं होता और वह अपने आन्तरिक तथा बाहरी मामलों में पूरी तरह स्वतंत्र है। उसके ऊपर किसी प्रकार की कोई मर्यादा नहीं है। नेहरू और सरदार पटेल ने राष्ट्रमंडल का सदस्य बन जाने के तुरन्त बाद वह स्थिति स्पष्ट कर दी थी। नेहरू ने 10 मई, 1949 को आकाशवाणी, दिल्ली से भाषण देते हुए कहा था—

> "हमने केवल यह स्वीकार किया है कि ब्रिटिश सम्राट स्वतंत्र राष्ट्रमंडलीय देशों के आपसी स्वतंत्र सम्पर्कों में पूर्ण स्वतंत्र राष्ट्रों की एकता का प्रतीक मात्र होगा...। हमारा संविधान पूर्ण गणतंत्रीय है। हमारे शासन में सम्राट की कोई स्थिति नहीं है।"

सरदार पटेल ने भी 28 अप्रैल, 1949 को नई दिल्ली में इसी आशय के विचार

प्रकट किए थे। उन्होंने कहा था—"भारत सम्पूर्ण प्रभुत्व-संपन्न स्वतंत्र गणराज्य है। इसलिए हमारे राष्ट्रमंडल का सदस्य बने रहने का भारत पर कोई प्रभाव नहीं पड़ता।" राष्ट्रमंडल पूर्ण स्वतंत्र राष्ट्रों का स्वतंत्र और स्वैच्छिक समागम है और उसके प्रत्येक सदस्य राज्य की स्थिति पूर्णतः स्वतंत्र और समान दर्जे की है। राष्ट्रमंडल का सदस्य बने रहने से भारत के ऊपर कोई दायित्व नहीं आते और न राष्ट्रमंडल में ऐसे निर्णय लिए जाते हैं जो भारत अथवा अन्य किसी सदस्य राज्य के लिए बन्धनकारी हों। ब्रिटिश राजमुकुट और औपचारिक प्रधानता के बावजूद भारत एक गणराज्य है और उसका अपना एक निर्वाचित राष्ट्रपति है। भारत की राष्ट्रमंडल की सदस्यता संसद के एक प्रस्ताव मात्र पर आधारित है। भारत ने यह सदस्यता स्वेच्छा से स्वीकार को है और वह स्वेच्छा से जब चाहे तब इसका अन्त कर सकता है। संविधान में स्वयं राजमुकुट अथवा राष्ट्रमंडल का कहीं कोई निर्देश नहीं है। उसने किसी उच्चतर शक्ति को मान्यता नहीं दी है। गणराज्य होने के नाते उसकी शक्ति का एक ही स्रोत है—'हम भारत के लोग'। इतिहास में नाज़ी गणराज्य तथा कुछ अन्य अर्वाचीन गणराज्य भी ऐसे हुए हैं जिनमें शक्ति केवल थोड़े से लोगों अथवा स्वेच्छाचारी और निरंकुश व्यक्तियों के ही हाथों में केन्द्रित रही है। इसलिए भारतीय संविधान में यह स्पष्ट कर दिया गया है कि हमारा गणराज्य लोकतंत्रात्मक गणराज्य है।

प्रभुसत्ता के सम्बन्ध में हमें यह नहीं भूलना चाहिए कि आज की अन्तर्राष्ट्रीय स्थिति में प्रभुसत्ता की परम्परागत मान्यता सही नहीं रही। संसार प्रतिदिन छोटा होता जा रहा है और विज्ञान तथा प्रायोगिकी की नवीनतम प्रवृत्तियों के फलस्वरूप संसार के विविध राष्ट्र अधिकाधिक अन्योन्याश्रित होते जा रहे हैं। संयुक्त राष्ट्र संघ की स्थापना तथा राष्ट्रों का स्वेच्छा से उसकी तथा अन्य अन्तर्राष्ट्रीय संगठनों की सदस्यता स्वीकार करना कुछ हद तक प्रभुसत्ता पर आघात है। राष्ट्रों ने अपनी प्रमुसत्ता पर इन प्रतिबन्धों का आरोप स्वेच्छा से किया है। प्रभुसत्ता का हम लोग परम्परा से जो अर्थ समझते रहे हैं, उसके अनुसार आज संसार का कोई भी राष्ट्र सम्भवतः प्रभुसत्ता-सम्पन्न न माना जा सके।

समाजवाद

उद्देशिका में सभी नागरिकों को आर्थिक न्याय और प्रतिष्ठा तथा अवसर की समानता दिलाने के संकल्प का ज़िक्र किया गया था। सविधान (42वाँ संशोधन) अधिनियम, 1976 के द्वारा हमारे 'गणराज्य' की विशेषता दर्शाने के लिए 'समाजवादी' शब्द का समावेश किया गया। यथासंशोधित उद्देशिका के पाठ में 'समाजवाद' के उद्देश्य को प्रायः सर्वोच्च सम्मान का स्थान दिया गया है। 'सम्पूर्ण प्रभुत्व-सम्पन्न'

के ठीक बाद इसका उल्लेख किया गया है। किन्तु 'समाजवाद' शब्द की परिभाषा संविधान में नहीं दी गई।

संविधान (45वाँ संशोधन) विधेयक में 'समाजवादी' की परिभाषा करने का प्रयास किया गया था। उसके अनुसार इसका अर्थ था, 'सभी प्रकार के शोषण—सामाजिक, आर्थिक और राजनीतिक—से मुक्ति।' इस विधेयक को अन्ततः 41वें संशोधन के रूप में पास किया गया, किन्तु इसमें 'समाजवादी' की परिभाषा का लोग भिन्न-भिन्न अर्थ लगाते हैं और इसकी कोई निश्चित परिभाषा नहीं है पर सामान्यतः इसका आशय यह है कि संसाधन पूर्णतया या अंशतया, सार्वजनिक हाथों में अर्थात सार्वजनिक (अर्थात राज्य के) स्वामित्व अथवा नियंत्रण में होने चाहिए।

पंथनिरपेक्षता

शब्दकोशों में सेक्यूलेरिज्म (धर्मनिरपेक्षता या पंथनिरपेक्षता) की परिभाषा 'ऐहिलौकिक अथवा अनाध्यात्मिक', 'धर्म से सम्बन्ध न रखनेवाली', 'विश्वास की पद्धति जिसमें सभी प्रकार की धार्मिक आस्थाओं तथा उपासना को नकारा जाता है', 'अधार्मिक' पद्धति आदि के रूप में की गई है। 'इंसाइक्लोपीडिया ब्रिटेनिका' में सेक्यूलेरिज़्म (पंथनिरपेक्षता) की परिभाषा 'उपयोगितावादी नैतिकता' के रूप में की गई है, जिसकी अभिकल्पना मानव जाति के भौतिक, आध्यात्मिक और नैतिक सुधार के लिए की गई हो और जो धर्म के आस्तिकता-सम्बन्धी पक्ष की न तो पुष्टि करता है तथा न ही उसका खंडन करता है। 'इंसाइक्लोपीडिया ऑफ सोशलसाइंसेज' में इसकी परिभाषा ज्ञान का स्वायत्त क्षेत्र स्थापित करने के ऐसे प्रयास के रूप में की गई है जो अलौकिक पूर्वधारणाओं से मुक्त हो।'

ए.आर. ब्लेकशीड ने पश्चिम में 'सेक्यूलेरिज़्म' (पंथनिरपेक्षता) के अवबोधन तथा उसकी सीमाओं को नियत करने का प्रयास किया, पर वे इस शब्द की किसी ऐसी परिभाषा पर पहुँचने में असमर्थ रहे जो पूरी तरह से सक्षम तथा स्वीकार्य हो। वे इस निष्कर्ष पर पहुँचे कि यह ययार्थतया धर्म के विरुद्ध नहीं है, किन्तु धर्म की परिभाषा करना भी सरल नहीं है। उनके अनुसार, 'पंथनिरपेक्षता' का अर्थ धार्मिक स्वतंत्रता तथा सहिष्णुता और हेतुवाद, भौतिकवाद और मानववाद आदि विचारों के प्रति आदर माना जा सकता है।

डोनाल्ड यूजीन स्मिथ ने भारतीय सन्दर्भ में पंथनिरपेक्षता की संकल्पना को निम्नलिखित शब्दों में एक तर्कपूर्ण परिभाषा के रूप में प्रस्तुत करने का प्रयास किया है—

> "पंथनिरपेक्ष राज्य वह राज्य है जो धर्म की व्यक्तिगत तथा समवेत स्वतंत्रता प्रदान करता है, संवैधानिक रूप से किसी धर्म-विशेष से जुड़ा

हुआ नहीं है और जो धर्म का न तो प्रचार करता है तथा न ही उसमें हस्तक्षेप करता है।"

जैसा कि न्यायमूर्ति देसाई ने कहा था—

> "एक पंथनिरपेक्ष राज्य व्यक्ति के साथ एक नागरिक के रूप में व्यवहार करता है और उसके पंथ की ओर ध्यान नहीं देता। वह किसी पंथ-विशेष से जुड़ा नहीं होता और वह न तो किसी पंथ को बढ़ावा देता है और न ही उसमें हस्तक्षेप करने का प्रयास करता है। यह अनिवार्य है कि एक पंथनिरपेक्ष राज्य का धार्मिक कार्यों से कोई सम्बन्ध न हो, सिवाय उस स्थिति के जब उनके प्रबन्ध में अपराध, धोखाधड़ी अन्तर्ग्रस्त हों या वह राज्य की एकता तथा अखंडता के लिए खतरा बन जाए।"

जियाउद्दीन बुरहामुद्दीन बुखारी बनाम बृज मोहन रामदास मेहरा एंड ब्रदर्स (1975, सप्ली, ए सी आर 281) के मामले में अपना निर्णय सुनाते समय न्यायमूर्ति एम. एच. बेग ने कहा था—

> "पंथनिरपेक्ष, पंथ के सभी भेदभावों से ऊपर उठकर, अपने सभी नागरिकों का, उनके धार्मिक विश्वासों तथा व्यवहारों की ओर ध्यान दिए बिना, कल्याण सुनिश्चित करने का प्रयास करता है। यह सभी जातियों तथा सम्प्रदायों के नागरिकों को लाभ देने में तटस्थ या निष्पक्ष होता है। मैटलैंड का मत है कि इस प्रकार के राज्य को अपने कानूनों के माध्यम से यह सुनिश्चित करना होता है कि राजनीतिक व नागरिक अधिकार या इसके अधीन किसी पद या स्थिति को धारण करने या इससे सम्बन्धित सरकारी कर्तव्य निभाने का अधिकार अथवा सामर्थ्य का अस्तित्व या प्रयोग किसी पंथ-विशेष की आस्था या उसके व्यवहार पर निर्भर न हो।
>
> "हमारा संविधान तथा उसके अधीन बनाए गए कानून नागरिकों को उनके धार्मिक तथा पूरी तरह पृथक किए जा सकनेवाले कानून और राजनीति के पंथनिरपेक्षता क्षेत्रों के बीच सुखद और सामंजस्यपूर्ण सम्बन्ध स्थापित करने की खुली छूट देते हैं। किन्तु वे एक-दूसरे के क्षेत्र का अनुचित अतिक्रमण करने की इजाज़त नहीं देते। किसी विवाद के सिलसिले में, वह निर्धारण करना न्यायालयों का काम है कि किसी क्षेत्र में कोई हस्तक्षेप उचित तौर पर और संविधान के अनुसार हुआ है अथवा नहीं, भले ही हस्तक्षेप किसी कानून के द्वारा ही क्यों न हुआ हो।"

किसी भी ऐसी चीज़ को जो अनिष्टकारी तथा शोषणकारी है, केवल इसलिए कानून के नियंत्रण से बाहर नहीं रहने दिया जा सकता कि धर्म की आड़ में उसका प्रदर्शन किया जाता है।

न्यायमूर्ति गजेन्द्र गडकर, धवन और बेग इस निष्कर्ष पर पहुँचे थे कि प्राचीन भारतीय समाज में पंथनिरपेक्षता का अनुसरण किया जाता था तथा उसी तरह से इसके प्रमाण इस्लामी न्याय में भी मिलते हैं। न्यायमूर्ति बेग ने कहा, "पंथनिरपेक्षता तथा मज़हब के अन्दर जो सर्वोत्तम विशेषताएँ हैं उनका सुमधुर सामंजस्य तथा संश्लेषण सम्भव है।" पंथनिरपेक्षता के सिद्धान्त का निर्माण प्राचीन न्यायशास्त्र के आधार पर किया जा सकता है। केशवानन्द भारती के मामले में, न्यायमूर्ति बेग ने मनु तथा पाराशर से उद्धरण प्रस्तुत करते हुए कहा—

> "हमारे प्राचीन न्यायविदों ने भी इन सिद्धान्तों की पुष्टि की कि एक पीढ़ी को अधिकार नहीं है कि मूलाधारों के बारे में भी वह अपने विचार या कानून भावी पीढ़ियों पर लादे। वे न केवल विभिन्न समाजों में अलग-अलग होते हैं, बल्कि एक ही समाज या राष्ट्र की एक ही अथवा दूसरी पीढ़ी में भी भिन्न-भिन्न होते हैं।"

भारतीय सन्दर्भ में, पंथनिरपेक्षता की किसी औपचारिक या निश्चित परिभाषा के अभाव में अनेक परस्पर-विरोधी निर्वचन सम्भव हैं। पश्चिम के विपरीत, भारत में पंथनिपेक्षता का जन्म चर्च तथा राज्य के परस्पर संघर्ष के कारण नहीं हुआ। इसकी जड़ें संभवतया भारत के अपने इतिहास तथा उसकी अपनी संस्कृति में विद्यमान हैं। हो सकता है कि वह उसके बहुलवाद का तकाज़ा हो या हो सकता है कि उसके पीछे संविधान निर्माताओं की यह इच्छा हो कि वे संख्या के भेदभाव के बिना, सभी समुदायों के प्रति न्यायोचित तथा निष्पक्ष व्यवहार करें। इसलिए, हमारी बोलचाल की भाषा में अंग्रेज़ी 'सेक्यूलरवाद' का प्रयोग अकसर केवल साम्प्रदायिकता के विलोम के रूप में किया जाता है।

संविधानसभा ने जिस रूप में उद्देशिका को स्वीकार किया था, उसके मूल पाठ में 'पंथनिरपेक्ष' शब्द नहीं था। 'समाजवादी' शब्द की भाँति यह शब्द भी आपात स्थिति के दौरान 42वें संविधान संशोधन अधिनियम द्वारा 'गणराज्य' से पूर्व एक अतिरिक्त विशेषण के रूप में जोड़ा गया। इस शब्द को इधर कुछ समय से 'सर्व धर्म समभाव' का अर्थ देने का प्रयास भी किया गया है यानी सभी धर्मों को एक समान समझना या सभी धर्मों का समान रूप से आदर करना। धर्मनिरपेक्षता, जिसे पहले सेक्यूलेरिज्म का शब्दार्थ माना जाता था, अब मान्य नहीं रहा है क्योंकि ऐसा नहीं कहा जा सकता कि धार्मिक मामलों में राज्य सम्पूर्ण तटस्थता का आचरण करे। संविधान के प्राधिकृत हिन्दी पाठ में अब 'पंथनिरपेक्ष' शब्द का प्रयोग किया गया है।

भारतीय स्थिति के ठोस तथ्यों ने पश्चिम की सेक्यूलरवाद की संकल्पना को पूर्णतया अनुपयुक्त बना दिया है। हमारे सन्दर्भ में पंथनिरपेक्षता का केवल यही अर्थ कि हमारा राज्य कोई मज़हबी अथवा धर्मतंत्रवादी राज्य नहीं है। राज्य का अपना

कोई पंथ, मज़हब या सम्प्रदाय नहीं है, इसकी नज़रों में सभी पंथ बराबर हैं और वह पंथ के आधार पर नागरिकों के बीच कोई विभेद नहीं करेगा।

न्यायमूर्ति गजेन्द्र गडकर ने भारतीय संविधान की पंथनिरपेक्षता की परिभाषा करते हुए इसका अर्थ यह बताया है कि सभी नागरिकों को नागरिकों के रूप में समान अधिकार प्राप्त हैं तथा इस मामले में उनका पंथ या मजहब पूर्णतया अप्रासंगिक है। उन्होंने कहा कि राज्य किसी पंथ-विशेष के प्रति आसक्ति नहीं रखता; यह अधार्मिक या धर्मविरोधी नहीं होता, यह सभी पंथों को समान स्वतंत्रता प्रदान करता है। भारतीय पंथनिरपेक्षता ने धर्म के युक्तियुक्त कार्यों के बीच तर्कसंगत संश्लेषण स्थापित करने का प्रयास किया। एम.सी. सीतलवाड का भी यह विचार था कि पंथनिरपेक्ष राज्य के अधीन सभी नागरिकों के साथ एक-सा व्यवहार होना चाहिए तथा उनके धर्म के कारण उनके साथ भेदभाव नहीं बरता जाना चाहिए।

42वें संशोधन से पहले, 'सेक्यूलर' शब्द का एकमात्र ज़िक्र संविधान के अनुच्छेद-25 (2) में आया था, जिसमें राज्य को धार्मिक आचरण से सम्बद्ध किसी भी 'लौकिक क्रियाकलाप' का विनियमन या निबन्धन करने की शक्ति प्रदान की गई थी। स्पष्ट है कि यहाँ पर 'सेक्यूलर' शब्द का प्रयोग 'लौकिक' के अर्थ में अथवा शुद्ध धार्मिक से भिन्न मामलों के अर्थों में किया गया था। 42वें संविधान संशोधन अधिनियम में, जिसके द्वारा 'पंथनिरपेक्ष' शब्द जोड़ा गया था, इसकी परिभाषा करने का प्रयास नहीं किया गया। किन्तु यह महसूस किया गया कि इस शब्द का जोड़ा जाना केवल उस तथ्य का अनुमोदन तथा स्पष्टीकरण करता था, जो संविधान की बुनियादी विशेषता के रूप में पहले से विद्यमान था। केशवानन्द भारती तथा मिनरया के मामलों में पंथनिरपेक्षता को एक बुनियादी विशेषता बताया।

संविधान (45वाँ संशोधन) विधेयक में यह निर्धारित करने का प्रयास किया गया था कि संविधान के पंथनिरपेक्ष तथा लोकतंत्रात्मक स्वरूप को संविधान की एक बुनियादी विशेषता माना जाएगा। किन्तु विधेयक के 44वें संशोधन के रूप में अधिनियमित किए जाने से पहले दुनियावी विशेषताओं की सूची को उसमें से निकाल दिया गया था। इनके अलावा उद्देशिका में पंथनिरपेक्ष शब्द प्रयोग करने के अलावा, हमारे संविधान में अन्य किसी भी जगह स्पष्ट रूप से यह नहीं कहा गया कि धर्म को राजनीति के साथ नहीं मिलाने दिया जाएगा या धार्मिक समस्याओं, निधियों और उपासना के स्थानों का प्रयोग गजनीतिक उद्देश्यों के लिए नहीं करने दिया जाएगा। वह भी अभी तय नहीं हो पाया है कि कहाँ 'पंथ' शब्द का प्रयोग उचित होगा और कहाँ 'धर्म' का अथवा 'सम्प्रदाय' का।

शाहबानो के मामले में कानून निर्माता रूढ़िवादी मुसलमानों के दबाव में

आ गए और पंथनिरपेक्षता या सभी के लिए समान न्याय व संवैधानिक सम्बोध की मूल भावना के नितान्त प्रतिकूल मुसलिम महिला (विवाह-विच्छेद को अधिकार का संरक्षण) अधिनियम, 1986 लाया गया, ताकि उच्चतम न्यायालय के निर्णय को रद्द किया जा सके। वोम्मई वाले मामले में उच्चतम न्यायालय ने मध्य प्रदेश, हिमाचल और राजस्थान में तीन भाजपा सरकारों की बर्खास्तगी को ठीक ठहराया और कहा कि पंथनिरपेक्षता को संविधान का बुनियादी तत्त्व माना जाना चाहिए। भाजपा सरकारवाले तीनों राज्यों में पंथनिरपेक्षता का भारी आघात पहुँचा था।

जो भी हो, अब भारतीय संवैधानिक विधि में 'पंथनिरपेक्ष' शब्द का एकमात्र प्रवर्तनीय निर्वचन वही होगा कि संविधान के विभिन्न प्रावधानों—अनुच्छेद-11, 15, 16, 19 और 25 तथा 28 से समझा जा सकता है। उद्देशिका के असंशोधित रूप में भी, अन्य बातों के साथ-साथ, विश्वास, धर्म और उपासना की स्वतंत्रता शामिल थी। दूसरे शब्दों में, इसमें सभी के लिए धार्मिक स्वतंत्रता का सत्यनिष्ठा के साथ वचन दिया गया था। भारत के सभी लोगों में प्रतिष्ठा, अवसर और बन्धुता के सिद्धान्तों द्वारा इसकी पुनः पुष्टि की गई थी।

संविधान निर्माताओं ने एक ऐसे राष्ट्र का सपना सँजोया था जो धर्म, जाति, पंथ की समूची विविधताओं से परे होगा। वे धर्म के खिलाफ नहीं थे, किन्तु वे आशा करते थे कि धार्मिक मतभेद राष्ट्र निर्माण में बाधक नहीं बनेंगे। और इसके बावजूद राजनीतिक एकता कायम करना सम्भव होगा। संविधान में एक ऐसी नई समाज-व्यवस्था की परिकल्पना की गई थी जो साम्प्रदायिक संघर्षों से मुक्त होगी तथा जिसका आधार होगा सामाजिक, आर्थिक और राजनीतिक न्याय। इसमें एक ऐसी राज्य व्यवस्था का निरूपण किया गया था जिसके अन्तर्गत कानूनों में धर्म, जाति आदि के आधार पर नागरिकों के बीच भेदभाव नहीं किया जाएगा। संविधान में एक ऐसी 'पंथनिरपेक्ष' व्यवस्था स्थापित करने का प्रयास किया गया जिसके अन्तर्गत बहुसंख्यकों को राज्य की ओर से कोई विशेष अधिकार नहीं दिए गए या उन्हें कोई प्राथमिकता पाने का अधिकार नहीं दिया गया और अल्पसंख्यकों के धार्मिक अधिकारों को अनेक प्रकार से संरक्षण प्रदान किया गया।

यह ज़रूरी दीख पड़ता है कि पंथनिरपेक्षता शब्द की स्पष्ट परिभाषा स्वयं संविधान में ही कर दी जाए, विद्यमान कानूनों को दृढ़ता से लागू किया जाए तथा

---

* संविधान (80वाँ संशोधन) विधेयक, 1993 द्वारा संविधान में संशोधन करने निष्फल प्रयास के बारे में तथा इस विषय की पूरी चर्चा के बारे में देखिए सुभाष सी. काश्यप, डालिकिंगरिलिजन एंड पॉलिटिक्स, नई दिल्ली, 1993।

और भी कड़ा कानून पास किया जाए, ताकि कोई दल या व्यक्ति राजनीतिक प्रयोजनों के लिए धर्म का दुरुपयोग न कर सके।*

लोकतंत्रात्मक

लोकतंत्र राजनीति विज्ञान में सबसे अधिक प्रचलित शब्दों में से एक है। यह वह शासन है जिसमें राजशक्ति के प्रयोग में प्रत्येक नागरिक हाथ बँटाता है। लोकतंत्र जीवन का एक समग्र दर्शन है और उसके अनेक पक्ष हैं—राजनीतिक, सामाजिक, आर्थिक और मनोवैज्ञानिक। लोकतंत्र के राजनीतिक पहलू में राजनीतिक समानता के आदर्श को स्वीकार किया जाता है और राजनीतिक शक्ति पर किसी एक वर्ग-विशेष का एकाधिकार नहीं माना जाता। इसमें शासन का संचालन जनमत के सिद्धान्त के अनुसार होता है और वही विधियाँ लागू की जाती हैं जिन्हें जनता का समर्थन प्राप्त हो। सामाजिक आदर्श के रूप में लोकतंत्र सब मनुष्यों और स्त्रियों की समानता का प्रतिपादन करता है। जिस समाज का संगठन लोकतंत्रात्मक हो, उसमें न तो कोई सुविधासम्पन्न वर्ग-विशेष ही हो सकता है और न जाति, धर्म, भाषा, वर्ण, वंश, धन और लिंग के आधार पर व्यक्ति-व्यक्ति के बीच भेदभाव की दीवारें खड़ी की जा सकती हैं। लोकतंत्र जनता का, जनता के द्वारा, जनता के लिए शासन है और जनता से अभिप्राय समस्त जनता से है। यह समझना भारी भूल होगी कि लोकतंत्र बहुमत का शासन है। इसमें सन्देह नहीं कि जनता के प्रतिनिधियों का चुनाव बहुमत के द्वारा होता है, किन्तु एक बार निर्वाचित होने के बाद वे समस्त जनता के प्रतिनिधि हो जाते हैं तथा समस्त जनता के हित के लिए ही शासन करते हैं।

लोकतंत्र को अल्पसंख्यकों की सहमति से बहुसंख्यकों का शासन भी कहा गया है। लोकतंत्र के आर्थिक पक्ष का अभिप्राय है कि सार्वभौम मताधिकार के प्रवर्तन से ही लोकतंत्र की स्थापना नहीं हो जाती। लोकतंत्र की वास्तविक स्थापना के लिए आवश्यक है कि समाज में आर्थिक शक्ति का ऐसा समतायुक्त वितरण हो जिससे प्रत्येक व्यक्ति का जीवन सुखी व समृद्ध हो सके और वह आत्मविकास के लिए पर्याप्त अवसर पा सके। राजनीतिक, सामाजिक और आर्थिक पहलुओं के साथ-साथ लोकतंत्र का नैतिक और मानसिक पक्ष भी कम महत्त्वपूर्ण नहीं। लोकतंत्र इस बात को स्वीकार करता है कि औसतन प्रत्येक नागरिक में इतनी योग्यता होती है कि वह शासन कार्य में हाथ बँटा सके। जेफसर्न के शब्दों में—"लोकतंत्रात्मक शासन का आधार यह विश्वास है कि प्रत्येक व्यक्ति अपना शासन आप करने और औसत नागरिक समाज के हित की दृष्टि से शासन करनेवाले शासकों का चुनाव करने की क्षमता से सम्पन्न होता है।"

भारतीय संविधान में लोकतंत्र का केवल एक शासन प्रणाली के रूप में ही भावन नहीं किया गया, बल्कि जीवन के सम्पूर्ण दर्शन के रूप में भावन किया गया है। 'लोकतंत्रात्मक' शब्द गणराज्य के विशेषण के रूप में प्रयुक्त हुआ है। इससे यह सन्देह हो सकता है कि संविधान ने केवल राजनीतिक लोकतंत्र का ही प्रवर्तन किया है। पर आगे के शब्द 'न्याय', 'स्वतंत्रता', 'व्यक्ति की गरिमा', 'राष्ट्र की एकता' और 'बंधुता' आदि भलीभाँति प्रमाणित कर देते हैं कि संविधान निर्माताओं का लक्ष्य देश में राजनीतिक लोकतंत्र के साथ-साथ सामाजिक और आर्थिक लोकतंत्र की नींव डालना भी था।

शासन प्रणाली के रूप में लोकतंत्र के भेद माने जाते हैं—प्रत्यक्ष लोकतंत्र और परोक्ष या प्रातिनिधिक लोकतंत्र। प्रत्यक्ष लोकतंत्र के अन्तर्गत सम्पूर्ण वयस्क नागरिक समुदाय शासन कार्यों में सीधे भाग लेता है। इस व्यवस्था में राजनीतिक और विधिक दोनों प्रकार की प्रभुता जनता में निहित मानी जाती है और जनता शासन का संचालन ही नहीं करती, बल्कि अपने सीधे मतदान द्वारा संविधान में संशोधन भी कर सकती है। प्राचीन यूनान के नगर-राज्यों में प्रत्यक्ष लोकतंत्र की प्रणाली प्रचलित थी। आजकल प्रत्यक्ष लोकतंत्र केवल स्विट्जरलैंड के कुछ कैंटनों और अमरीका के कुछ छोटे नगरों में ही प्रचलित है। इसका कारण यह है कि आधुनिक राष्ट्रीय राज्य, क्षेत्रफल और जनसंख्या दोनों की दृष्टि से बहुत बड़े हैं और उनमें प्रत्यक्ष लोकतंत्र के अनुसार शासन चलना असम्भव है। आजकल प्रत्यक्ष लोकतंत्र के अनुसार शासन न चलने का एक कारण यह भी है कि आधुनिक राज्यों का कार्यक्षेत्र पहले की अपेक्षा बहुत बढ़ गया है जिसे निभाने के लिए पूर्णकालिक विधायकों, प्रशासकों तथा न्यायाधीशों की आवश्यकता होती है। अब राज्य 'पुलिस राज्य' न होकर 'लोकहितकारी' राज्य है जिसे जनता की भलाई के लिए और उसकी अनेक समस्याओं के समाधान के लिए अनेकमुखी कार्य करने पड़ते हैं। इस स्थिति में प्रतिनिधिक शासन ही व्यावहारिक शासन हो सकता है।

परोक्ष अथवा प्रतिनिधिक लोकतंत्र की व्यवस्था के अन्तर्गत जनता समय-समय पर अपने प्रतिनिधियों का निर्वाचन करती है और प्रतिनिधि विधानसभाओं में जनता की आकांक्षाओं का प्रतिनिधित्व करते हैं। इस प्रकार विधियों का निर्माण और शासन का संचालन जनता द्वारा प्रत्यक्षतः नहीं, प्रत्युत परोक्षतः जनता के प्रतिनिधियों द्वारा होता है। प्रतिनिधि लोकतंत्र इस विचार पर आधारित है कि जनता के सभी सदस्य राजधानी में स्वयं उपस्थित नहीं हो सकते, किन्तु वे अपने प्रतिनिधियों द्वारा उपस्थित माने जा सकते हैं।

आजकल संसार के प्रायः सभी लोकतंत्रात्मक राज्यों में परोक्ष अथवा प्रतिनिधि लोकतंत्र की व्यवस्था है। हाँ, कुछ संविधानों में यह प्रयत्न किया गया कि प्रतिनिधि लोकतंत्र का प्रत्यक्ष लोकतंत्र के साथ समन्वय किया जाए—भले ही यह अल्प

मात्रा में ही हो सके। उदाहरण के लिए फ्रांस के पाँचवें गणराज्य के संविधान (1958) में व्यवस्था की गई कि जब संविधान संशोधन के विधेयक को संसद के दोनों सदन पास कर दें तब उस पर जनमत संग्रह किया जाए—इसका अपवाद केवल वह स्थिति हो जबकि राष्ट्रपति उसे दोनों सदनों के संयुक्त अधिवेशन में प्रस्तुत करें। (अनुच्छेद-89)।

इसी तरह पश्चिमी जर्मनी के संविधान के अनुच्छेद-20 (2) में व्यवस्था की गई थी कि लोग अपने प्राधिकार का प्रयोग निर्वाचनों द्वारा ही नहीं, बल्कि लोक-निर्णय द्वारा भी कर सकते हैं। भारतीय संविधान में प्रत्यक्ष लोकतंत्र के विविध साधनों—'उपक्रम (इनीशिएटिव)', 'जनमत संग्रह (रिफरेंडम)', 'लोक-निर्देश (प्लेबिसाइट)', अथवा 'प्रत्यावर्तन (रिकॉल)' की कोई व्यवस्था नहीं है। न साधारण विधियों के लिए और न संवैधानिक परिवर्तनों के लिए।

भारतीय संविधान ने देश में प्रतिनिधि लोकतंत्र की स्थापना की है और 18 वर्ष से अधिक आयु के सभी वयस्क नागरिकों को मतदान का अधिकार दिया है। हमारे देश में मताधिकार सम्बन्धी अधिकारों के ऊपर कई अन्य देशों की भाँति सम्पत्ति या शिक्षा सम्बन्धी कोई प्रतिबंध आरोपित नहीं है। यह सचमुच गौरव का विषय है कि भारतीय संविधान ने एकबारगी देश में सार्वभौम वयस्क मताधिकार की स्थापना कर दी जब कि संसार के सुसंस्कृत और समुन्नत कहे जानेवाले अनेक राष्ट्रों में स्त्रियों को मतदान का अधिकार काफी संघर्षों के उपरांत प्राप्त हुआ तथा मताधिकार से सम्बन्धित अनेक अन्य प्रतिबन्धों का अब तक पूर्णतया अन्त नहीं हुआ है।

भारतीय संविधान ने सभी वयस्क स्त्री-पुरुषों को एक बार ही मतदान का अधिकार देकर देश में सामाजिक क्रान्ति का सबसे सशक्त साधन प्रस्तुत कर दिया। अल्लादी कृष्णस्वामी अय्यर ने संविधानसभा में कहा था—

> "सभा ने वयस्क मताधिकार के सिद्धान्त को इसलिए स्वीकार किया है कि उसका जनसाधारण में तथा लोकशासन की चरम सफलता में दृढ़ विश्वास; साथ ही उसका यह भी पूरा विश्वास है कि वयस्क मताधिकार पर आधारित लोकतंत्रात्मक शासन से जनसाधारण में जागृति आएगी, उसकी भलाई होगी, उसका जीवन-स्तर ऊँचा उठेगा, उसे सुख-सुविधाएँ सुलभ होंगी और वह शिष्ट-सुसंस्कृत जीवन व्यतीत कर सकेगा।"

संविधान निर्माताओं का विचार था कि प्रत्यक्ष निर्वाचन सामाजिक क्रान्ति का स्तम्भ होगा। इस सम्बन्ध में नेहरू ने लिखा, 'इस तरह से निर्वाचित सभा समूची जनता का प्रतिनिधित्व करेगी और वह छोटे-मोटे साम्प्रदायिक प्रश्नों की अपेक्षा, आर्थिक और सामाजिक समस्याओं में कहीं अधिक दिलचस्पी लेगी।'

संविधानसभा द्वारा वयस्क मताधिकार के सिद्धान्त की स्वीकृति का अर्थ था लोकतंत्र के सभी निहितार्थों की पूर्ण स्वीकृति। वयस्क मताधिकार के फलस्वरूप उन लाखों-करोड़ों लोगों को, जो सदियों से मूक पड़े हुए थे, वाणी मिल गई। इससे राजनीतिक चेतना गाँव-गाँव में पहुँच गई और जातिगत तथा स्थानीय निष्ठाओं के स्थान पर राष्ट्रीय एकता की भावना का प्रसार करने का प्रयास हुआ। इस सम्बन्ध में के.एम. पणिक्कर ने लिखा—

> "वयस्क मताधिकार के सामाजिक परिणाम उसके राजनीतिक परिणामों से कहीं अधिक महत्त्वपूर्ण हैं...जिन अनेक सामाजिक समुदायों को पहले अपनी शक्ति का भान नहीं था और जिन पर राजनीतिक परिवर्तनों का कोई प्रभाव नहीं पड़ा था, उन्हें अचानक यह ज्ञात हुआ कि वे शक्ति का प्रयोग कर सकते हैं।"

गणराज्य

अंग्रेजी शब्द 'रिपब्लिक' का हिन्दी पर्याय 'गणराज्य' प्राचीन संस्कृत शब्द है। प्राचीन भारत में राजतंत्र के साथ-ही-साथ गणराज्यों की भी सुदीर्घ परम्परा थी। महाभारत में गणराज्य शब्द उस राज्य के अर्थ में प्रयुक्त हुआ है जिसमें शासन सभा के द्वारा संचालित होता हो। आधुनिक राजनीतिक साहित्य में गणराज्य शब्द का विभिन्न अर्थों में प्रयोग होता है—संकीर्ण अर्थ में भी और व्यापक अर्थ में भी। संकीर्ण अर्थ में गणराज्य शब्द का प्रयोग 'राजतंत्र' के विरोध में होता है और उसका अभिप्राय होता है वह शासन प्रणाली जिसमें राज्य का प्रधान जनता द्वारा चुना जाता है। कूली ने गणराज्य शासन प्रणाली को प्रतिनिधिक शासन प्रणाली से भिन्न माना है—

> "गणराज्य शासन प्रणाली का अभिप्राय है, जनता द्वारा चुने गए प्रतिनिधियों का शासन। एक ओर तो उसका लोकतंत्र से भेद है—लोकतंत्र में जनता या समुदाय संगठित इकाई के रूप में शासन की प्रभुत्व शक्तियों का प्रयोग करते हैं और दूसरी ओर एक व्यक्ति के शासन से—जैसे राजा, सम्राट, ज़ार या सुलतान के शासन से या एक वर्ग के शासन से—जैसे कि अभिजाततंत्र से।"

'न्यू इंग्लिश ऑक्सफोर्ड डिक्शनरी' में गणराज्य शब्द के अंग्रेजी पर्याय 'रिपब्लिक' शब्द का यही अर्थ दिया हुआ है—

> "गणराज्य का अभिप्राय वह राज्य है, जो राजा या इसी तरह के एक शासक द्वारा शासित नहीं होता, बल्कि जिसमें उच्चतम शक्ति लोगों में और उनके निर्वाचित प्रतिनिधियों अथवा अधिकारियों में निहित होती है।"

व्यापक अर्थ में गणराज्य का अभिप्राय वह शासन है जिसमें कोई भी व्यक्ति

राजकीय शक्ति का इस प्रकार प्रयोग नहीं करता मानो वह उसकी निजी सम्पत्ति हो, बल्कि राजकीय शक्ति का प्रयोग एक लक्ष्य को सामने रखकर किया जाता है—'बहुजन निमित्त हिताय, बहुजन सुखाय' अथवा लोकमंगल के भारतीय संविधान में 'गणराज्य' शब्द का संकीर्ण अर्थ में भी प्रयोग किया गया है और व्यापक अर्थ में भी। भारत में राज्य का प्रधान कोई आनुवंशिक नरेश नहीं, प्रत्युत निर्वाचित राष्ट्रपति है। देश में कोई विशेषाधिकार-सम्पन्न वर्ग नहीं। राज्य के सभी पद—छोटे-से-छोटे पद से लेकर राष्ट्रपति के उच्चतम पद तक—जाति, धर्म, प्रदेश या लिंग के बिना किस भेद के सभी नागरिकों के लिए उन्मुक्त हैं (अनुच्छेद-16)। साथ ही, जैसा हम देख ही चुके हैं, हमारे गणराज्य में उच्चतम शक्ति सार्वभौम वयस्क मताधिकार से सम्पन्न जन-समुदाय में निहित है। (अनुच्छेद-325)।

न्याय

न्याय समाज-दर्शन की एक ऐसी बुनियादी धारणा है जिस पर सामाजिक चिन्तन के आरम्भ से ही विचार होता रहा है। इतिहास में न्याय की अनेक प्रकार से व्याख्या हुई है। कभी उसे 'जैसी करनी, वैसी भरनी' का पर्याय माना जाता रहा तो कभी ईश्वर की इच्छा और पूर्वजन्म के कर्मों का फल। सत्तारूढ़ व्यक्तियों ने न्याय की परिभाषा सदा ही अपने स्वार्थ की दृष्टि से की। इसलिए भारतीय संविधान की उद्देशिका में न्याय के उल्लेख का विशिष्ट महत्त्व है।

प्लेटो के अनुसार आत्मा के तीन तत्त्वों—बुभुक्षा, उत्साह और विवेक—के प्रतिनिधि तीन वर्ग हैं—श्रमजीवी, शूरवीर और ज्ञानी अथवा दार्शनिक। जब समाज में इन तीनों वर्गों का उचित वितरण होता है और वे वर्ग, अपनी-अपनी मर्यादाओं के भीतर काम करते हैं और दूसरे के कार्यक्षेत्र में हस्तक्षेप नहीं करते, संक्षेप में, जब समाज के विभिन्न वर्गों के बीच पूर्ण सन्तुलन की स्थापना हो जाती है तब समाज में न्याय का आविर्भाव होता है। प्लेटो का न्याय-सिद्धान्त वैधानिक न्याय का सिद्धान्त नहीं है, वह कुछ हद तक सामाजिक न्याय का सिद्धान्त है। आधुनिक न्यायशास्त्र में न्याय सामाजिक जीवन की वह अवस्था है जिसमें व्यक्ति के आचरण का समाज के व्यापक कल्याण के साथ समन्वय स्थापित किया गया हो। स्वभाव से प्रत्येक मनुष्य अपने स्वार्थ की पूर्ति के लिए आचरण करता है, पर उसका आचरण न्याययुक्त तभी समझा जा सकता है जबकि उसके आचरण से समाज के अभ्युदय तथा श्रेय की सिद्धि हो। संक्षेप में न्याय का अर्थ है, समाज के समान श्रेय की सिद्धि, उस व्यापक श्रेय की सिद्धि जो व्यक्तियों के अलग-अलग एकान्त श्रेयों से भिन्न हो, बहुमत तक के श्रेय से भिन्न हो। आदर्श रूप में न्याय अधिकतम संख्या का अधिकतम हित नहीं, वह तो सबका अधिकतम

हित है, 'सर्वोदय' है। भारतीय संस्कृति में न्याय की इस व्यापक संकल्पना का निकटतम वाचक शब्द 'धर्म' है। संस्कृत का 'धर्म' अंग्रेज़ी के 'रिलीजन' का समानार्थक नहीं। व्युत्पति की दृष्टि से 'धर्म' 'धृ' धातु से निकला है और उसका अर्थ है यह जो धारण करता है। भारतीय दर्शन में धर्म को व्यक्तिगत नैतिकता का भी द्योतक माना गया है और सामाजिक नैतिकता का भी। सामाजिक परिवेश में 'धर्म' की संकल्पना 'न्याय' की आधुनिक संकल्पना के सदृश है जिसका मूल स्वर है—समाज के विभिन्न वर्गों और व्यक्तियों के हितों का सामंजस्य और उनका समान अभ्युदय।

न्याय की संकल्पना में भारत के परम्परागत सामाजिक दर्शन के सर्वश्रेष्ठ तत्त्वों का ही समाहार नहीं हो जाता प्रत्युत रूसी क्रान्ति द्वारा प्रसूत समाजवादी और साम्यवादी चिन्तन के सर्वश्रेष्ठ तत्त्व भी आ जाते हैं। इस सम्बन्ध में नेहरू ने एक बार यह ठीक ही कहा था कि लाखों-करोड़ों लोगों के लिए मार्क्सवाद के प्रति आकर्षण का स्रोत उसका वैज्ञानिक सिद्धान्त नहीं है, प्रत्युत सामाजिक न्याय के प्रति उसकी तत्परता है।

संविधान की उद्देशिका में न्याय के आदर्श की वही भूमिका है, जो मन्दिर में मंगलकलश की होती है। संविधान में यह भलीभाँति समझ लिया गया है कि सच्चे लोकतंत्र के लिए समानता की ही आवश्यकता नहीं है, बल्कि न्याय की भी आवश्यकता है क्योंकि न्याय के बिना समानता तथा स्वतंत्रता के आदर्श बिलकुल निस्सार हो जाते हैं। संविधान के भाग चार के अन्तर्गत अनुच्छेद-38 में न्याय के इस आदर्श का विशेष रूप से उल्लेख किया गया है। इस अनुच्छेद के अनुसार, "राज्य ने ऐसी सामाजिक व्यवस्था की, जिसमें सामाजिक, आर्थिक और राजनीतिक न्याय राष्ट्रीय जीवन की सभी संस्थाओं को अनुप्राणित करे, भरसक कार्यसाधन के रूप में स्थापना और संरक्षण करके लोक-कल्याण की उन्नति का प्रयास करे।" इस अनुच्छेद के अनुसार भारतीय संविधान में न्याय के आदर्श को लोक-कल्याण के आदर्श से अभिन्न माना गया है।

सामाजिक न्याय

सामाजिक न्याय का अभिप्राय यह है कि नागरिक-नागरिक के बीच सामाजिक स्थिति के आधार पर किसी प्रकार का भेद न माना जाए और प्रत्येक व्यक्ति को आत्मविकास के पूर्ण अवसर सुलभ हों। सामाजिक न्याय की धारणा में एक निष्कर्ष यह निहित है कि व्यक्ति का किसी भी रूप में शोषण न हो और उसके व्यक्तित्व को एक पवित्र सामाजिक विभूति माना जाए, किसी लक्ष्य की सिद्धि के लिए साधन-मात्र नहीं। सामाजिक न्याय की व्यवस्था में सुचारु और सुसंस्कृत जीवन के लिए

आवश्यक परिस्थितियों का भाव निहित है और इस सन्दर्भ में समाज की राजनीतिक सत्ता से अपेक्षा की जाती है कि वह अपने विधायी तथा कार्यकारी कार्यक्रमों द्वारा समतायुक्त समाज की स्थापना का प्रयत्न करे।

आर्थिक न्याय

आर्थिक न्याय का अभिप्राय यह है कि धन-सम्पदा के आधार पर व्यक्ति-व्यक्ति के बीच विभेद की कोई दीवार खड़ी नहीं होनी चाहिए। संविधान में इस उद्देश्य की सिद्धि के लिए अनेक उपबंध हैं।

भारत की विविध पंचवर्षीय योजनाएँ आर्थिक न्याय की स्थापना की प्रबल चेष्टाएँ रही हैं। 'समाजवादी ढंग का समाज', 'लोकहितकारी राज्य' और 'मिश्रित अर्थनीति' जैसे पदों से व्यक्त होता है कि भारतीय राज्य आर्थिक क्षेत्र में किन्हीं अतियों की ओर न जाकर राष्ट्रीय लक्ष्य तक पहुँचने के लिए बीच का मार्ग निकालना चाहता रहा है।

वास्तव में संविधान के भाग 4 में विभिन्न अन्य अनुच्छेदों (अनुच्छेद-36 में 51) का लक्ष्य भी न्याय से अनुप्राणित एक नई सामाजिक तथा आर्थिक व्यवस्था सुनिश्चित करना है। इस प्रकार, इसमें कुछ दशाओं में काम, शिक्षा और लोक सहायता पाने के अधिकार का, काम की न्यायसंगत और मानवोचित दशाओं तथा प्रसूति सहायता का, कर्मकारों के लिए निर्वाह मजदूरी आदि का, बालकों के लिए निःशुल्क तथा अनिवार्य शिक्षा का, कमज़ोर वर्गों के शैक्षिक तथा आर्थिक हितों की अभिवृद्धि का और कार्यपालिका से न्यायपालिका के पृथककरण आदि का उपबंध किया गया है।

राजनीतिक न्याय

राजनीतिक न्याय का अभिप्राय यह है कि राजनीतिक क्षेत्र में नागरिक-नागरिक के बीच मनमाना भेद नहीं किया जाएगा तथा सभी को समान राजनीतिक अधिकार उपलब्ध होंगे। कोई अभिजात वर्ग अथवा विशेषाधिकार प्राप्त वर्ग नहीं होगा। संविधान ने सार्वभौम वयस्क मताधिकार की स्थापना, साम्प्रदायिक निर्वाचनों के अन्त और अनुच्छेद-19-22 के अन्तर्गत विविध स्वातंत्र्य-अधिकारों तथा अनुच्छेद-32 के अधीन संवैधानिक उपचारों के अधिकार द्वारा राजनीतिक न्याय के आदर्श को मूर्त रूप दिया है।

राजनीतिक न्याय का अर्थ है कि जाति, मूलवंश, सम्प्रदाय, धर्म या जन्मस्थान के आधार पर विभेद के बिना सभी नागरिकों को राजनीतिक प्रक्रिया में भाग लेने

के अधिकारों में बराबर का हिस्सा मिले। अनुच्छेद-16 में लोक नियोजन के विषय में अवसर की समानता की गारंटी दी गई है और अनुच्छेद-325 तया 326 में सभी वयस्कों को चुनावों में भाग लेने के बराबर के अधिकार दिए गए हैं। नेहरू तथा आंबेडकर जैसे संविधान निर्माताओं का यह स्पष्ट मत था कि आर्थिक न्याय के बिना राजनीतिक न्याय निरर्थक है। धर्म, जाति एवं सम्प्रदाय के भेदभाव से ग्रस्त हमारे समाज में आर्थिक न्याय तब तक नहीं है जब तक उसके साथ सामाजिक न्याय जुड़ा न हो। डॉ. आंबेडकर ने कहा था—

> "26 जनवरी, 1950 को हम अन्तर्विरोधों के जीवन में प्रवेश करने जा रहे हैं। राजनीति में हमें समानता प्राप्त होगी और सामाजिक तथा आर्थिक जीवन में हमें समानता प्राप्त नहीं होगी। राजनीति में, हम 'एक व्यक्ति एक वोट, एक मूल्य' सिद्धान्त को मान्यता देंगे। सामाजिक तथा धार्मिक जीवन में, हम हमारे सामाजिक तथा आर्थिक ढाँचे के कारण 'एक व्यक्ति, एक मूल्य' के सिद्धान्त को नकारते रहेंगे।"

स्वतंत्रता

मानव-व्यक्तित्व के सर्वांगीण विकास के लिए जिन अनेक परिस्थितियों की आवश्यकता होती है, उनमें स्वतंत्रता भी एक है। 'स्वतंत्रता' शब्द अंग्रेज़ी 'लिबर्टी' का समानार्थक समझा जाता है। अंग्रेज़ो के 'लिबर्टी' शब्द की व्युत्पत्ति लेटिन 'लिवर' शब्द से हुई है, जिसका शाब्दिक अर्थ है मुक्ति अथवा इच्छानुकूल कार्य करने की छूट। यदि हम 'स्वतंत्रता' का यह अर्थ ग्रहण करते हैं तो स्वतंत्रता स्वर सन्देश या उच्छृंखलता की पर्यायवाची बन जाती है। पर यह स्वतंत्रता की निषेधात्मक मान्यता है जो किसी भी सभ्य समाज के लिए स्वीकार्य नहीं हो सकती। वास्तव में स्वतंत्रता एक सकारात्मक, विध्यात्मक साधन है। जिस प्रकार सौन्दर्य कुरूपता के अभाव से कुछ बढ़कर है, और आलोक अंधकार का निषेध-मात्र नहीं, उसी प्रकार स्वतंत्रता प्रतिबन्धों की अस्वीकृति से ऊपर कुछ और है। टॉमस हिल ग्रीन के शब्दों में स्वतंत्रता का आशय है, "किसी ऐसे कार्य को करने अथवा उपभोग करने की वास्तविक शक्ति जो करने अथवा उपभोग करने योग्य है।" लास्की के मत से, "स्वतंत्रता उस वातावरण को तत्पर भाव से बनाए रखने का नाम है जिसमें व्यक्ति को अपने आत्मविकास का अधिकतम सुअवसर प्राप्त हो सके।"

राजनीतिवेत्ताओं ने स्वतंत्रता के अनेक भेद माने हैं जिनमें पाँच हैं—प्राकृतिक या नैसर्गिक स्वतंत्रता, नागरिक स्वतंत्रता, राजनीतिक स्वतंत्रता, आर्थिक स्वतंत्रता और राष्ट्रीय स्वतंत्रता। संवैधानिक अध्ययन में दो स्वतंत्रताओं—नागरिक स्वतंत्रता और राजनीतिक स्वतंत्रता का विशेष महत्त्व है। नागरिक स्वतंत्रता का अर्थ उन

अधिकारों एवं सुविधाओं से है जिनका मनुष्य सभ्य समाज के सदस्य की हैसियत से उपयोग करता है। नागरिक स्वतंत्रता में अनेक स्वतंत्रताओं का समावेश है जैसे विचार और भाषण की स्वतंत्रता, संघ बनाने की स्वतंत्रता और सम्पत्ति के धारण, व्ययन और अर्जन की स्वतंत्रता। राजनीतिक स्वतंत्रता का अभिप्राय है कि नागरिक राजनीतिक गतिविधियों में किस सीमा तक भाग लेते हैं। नागरिक राजनीतिक स्वतंत्रता का उपयोग केवल लोकतंत्रात्मक शासन प्रणालियों के अन्तर्गत कर सकते हैं क्योंकि इन शासन प्रणालियों के अन्तर्गत ही शासन का अन्तिम सूत्र जनता के हाथों में होता है। अधिनायकवादी अथवा सर्वाधिकारवादी देशों में जनता की राजनीतिक स्वतंत्रता का कोई अर्थ नहीं रहता क्योंकि वहाँ जनता की अपनी स्वतंत्र इच्छाशक्ति रंचमात्र भी नहीं होती और शासनतंत्र में उसकी स्थिति कठपुतली की ही भाँति रहती है। राजनीतिक स्वतंत्रता के अन्तर्गत निम्नलिखित अधिकार सम्मिलित माने जाते हैं—

(क) प्रतिनिधियों को चुनने अथवा मतदान में भाग लेने का अधिकार,

(ख) निर्वाचन में खड़े होने का अधिकार,

(ग) सार्वजनिक पद पर नियुक्ति का अधिकार,

(घ) शासन-नीति की रचनात्मक आलोचना करने का अधिकार।

भारतीय संविधान ने 'विचार, अभिव्यक्ति, विश्वास, धर्म और उपासना की स्वतंत्रता' को व्यक्तियों तथा राष्ट्र के आत्मिक उत्कर्ष के लिए आवश्यक माना है और उनका आश्वासन दिया है। संविधान के भाग 3 (मूल अधिकार) के अन्तर्गत स्वातंत्र्य-अधिकारों का विस्तार से प्रतिपादन किया गया है।

समता

राजनीति सिद्धान्त में समानता का यह अभिप्राय कदापि नहीं कि सब मनुष्य सब शर्तों में एक-दूसरे के समान हैं। स्पष्टतः शारीरिक, मानसिक और आर्थिक समताओं की दृष्टि से सब मनुष्य न तो एक-दूसरे के समान कभी रहे हैं और न हो सकते हैं। सम्भवतः प्रकृति को एकता में नहीं, विविधता में सुख मिलता है। राजनीति विज्ञान में समानता के सिद्धान्त का अभिप्राय केवल यह है कि अपनी-अपनी मनःशक्तियों का समुचित विकास करने के लिए प्रत्येक मनुष्य को समान अवसर सुलभ होने चाहिए। इसी सिद्धान्त को ध्यान में रखते हुए संविधान निर्माताओं ने प्रस्ताव में मात्र 'समता' शब्द नहीं कहा और न ही समता—सामाजिक, आर्थिक एवं राजनीतिक—ही कहा, उन्होंने स्पष्टतः 'स्थान और अवसर की समता' पर बल दिया।

स्थान और अवसर की समता के कई पहलू हैं—विधिक, सामाजिक, राजनीतिक और आर्थिक। विधिक रूप से विधि के समक्ष सब नागरिकों को समान होना चाहिए। सामाजिक पहलू में स्थान और अवसर की समता का आशय यह

है कि धन, जाति, बिरादरी और वंशादि के आधार पर मनुष्य-मनुष्य में अन्तर नहीं होना चाहिए। राजनीतिक क्षेत्र में स्थान और अवसर की समता का आशय यह है कि सभी नागरिकों को—अपराधियों तथा पागलों को छोड़कर—देश के शासन में समान भाग मिलना चाहिए। लिंग, नस्ल अथवा धन के आधार पर राजनीतिक अधिकारों का निषेध राजनीतिक समता का उल्लंघन करना है। आर्थिक सन्दर्भ में समता का अभिप्राय यह नहीं है कि सबके वेतन समान हों, इसका अभिप्राय है कि समान योग्यता और समान श्रम के लिए वेतन भी समान हो। आर्थिक समता में यह बात भी निहित है कि एक मनुष्य को दूसरे मनुष्य का अथवा एक वर्ग को दूसरे वर्ग का आर्थिक शोषण करने का कोई अधिकार नहीं है। चरम रूप से आर्थिक समता का निहितार्थ यह है कि उत्पादन और वितरण के साधनों पर सम्पूर्ण समाज का नियंत्रण हो और उसका प्रयोग जनसाधरण के कल्याण के लिए किया जाए।

फ्रांसीसी क्रान्ति के जनकों द्वारा स्वीकृत 'मानव तथा नागरिकों के अधिकारों की घोषणा' में समता के आदर्श का प्रशस्तिगान किया गया है—

> "अधिकारों की दृष्टि से मनुष्य समान और स्वतंत्र उत्पन्न होते हैं, तथा रहते हैं। सामाजिक भेदभावों का एक ही आधार हो सकता है—सार्वजनिक उपयोगिता...विधि सामान्य इच्छा की अभिव्यक्ति है...यह सबके लिए एक जैसी होनी चाहिए चाहे वह रक्षा करे या रंज दे। चूँकि सभी नागरिक की दृष्टि में समान होते हैं, इसलिए वे अपनी-अपनी क्षमताओं के अनुरूप समस्त सार्वजनिक गौरवों, स्थानों और रोज़गारों के अधिकारी होते हैं। इस सम्बन्ध में उनके साथ गुण तथा प्रतिभा के अतिरिक्त अन्य कोई भेदभाव नहीं किया जाना चाहिए।"

संविधान की उद्देशिका ने नागरिकों को 'प्रतिष्ठा और अवसर' की यही समता प्रदान की है। संविधान के अनुच्छेद-14-17 का उद्देश्य इस समता-अधिकार को व्यावहारिक रूप देना है। अनुच्छेद-14 के अनुसार 'भारत राज्य क्षेत्र में किसी व्यक्ति को विधि के समक्ष समता से अथवा विधियों के समान संरक्षण से राज्य द्वारा वंचित नहीं किया जा सकता'। इस उपबंध में 'विधि के समक्ष समता' का अभिप्राय है विधि-तत्त्व की दृष्टि से सभी नागरिकों की समता तथा 'विधियों के समान संरक्षण' का अभिप्राय है विधि-विशेष अथवा मूर्त विधियों के सन्दर्भ में नागरिकों के साथ समान व्यवहार। अनुच्छेद-15 ने व्यवस्था की है कि राज्य किसी नागरिक के विरुद्ध धर्म, मूलवंश, जाति, लिंग, जन्मस्थान अथवा इनमें से किसी के आधार पर कोई भेद नहीं करेगा। अनुच्छेद-16 के सन्दर्भ में 'राज्याधीन नौकरियों या पदों पर नियुक्ति के सम्बन्ध में सब नागरिकों के लिए अवसर की

समता, सुलभ है और केवल मूलवंश, जाति, लिंग, उद्भव, जन्मस्थान, निवास अथवा इनमें से किसी के आधार पर किसी नागरिक के लिए राज्याधीन किसी नौकरी या पद के विषय में न अपात्रता और न विभेद किया जाएगा।' अनुच्छेद-17 ने भारतीय समाज की एक बड़ी कुरीति का अन्त कर दिया है जो सामाजिक समता की दिशा में एक बहुत बड़ा कदम है।

बंधुता

भारतीय संविधान के आदर्शों में बंधुता का आदर्श भी महत्त्वपूर्ण है। भारतीय के सन्दर्भ में बंधुता के दो पहलू हैं—आन्तरिक और बाह्य। आन्तरिक सन्दर्भ में मंतव्य यह है कि भारत में विभिन्न क्षेत्रों, भाषाओं, जातियों और रीति-रिवाज़ों के बावजूद एक बुनियादी एकता है और इस एकता को दृढ़ आधार प्रदान करना सर्वसम्मत लक्ष्य है। संविधान में साम्प्रदायिक निर्वाचनों और अस्पृश्यता का अन्त कर भारतीय समाज के विविध तत्त्वों को एक-दूसरे के निकट लाने का प्रयास है। संविधान ने भारत को राज्यों का संघ माना है और देश में शक्तिशाली संघ की स्थापना की है। भारत संघ और राज्यों के लिए एक ही संविधान है और आपातकालों में तो भारत का संविधान एकात्मक बन ही सकता है। सामान्य कालों में भी केन्द्रीय सरकार की शक्तियाँ बढ़ाई जा सकती हैं और राज्यों को उनकी परिधि में लिया जा सकता है। (उदाहरणत: देखिए अनुच्छेद-249)। संविधान ने सारे देश में एक न्यायपालिका, एक दीवानी और फौजदारी कानून की व्यवस्था और अखिल भारतीय सेवाओं की स्थापना द्वारा समूचे देश में एकता के सूत्र को दृढ़ करने का प्रयास किया है जो राष्ट्रीय बन्धुता की दिशा में उपयोगी चरण है।

बाह्य क्षेत्र में बन्धुता की भावना का अभिप्राय यह है कि भारत संसार के विभिन्न देशों को एक-दूसरे के निकट लाने तथा विश्व-शांति और सौहार्द की स्थापना करने की दिशा में अपना पूर्ण योगदान करना चाहता है। विश्व बन्धुत्व अथवा 'वसुधैव कुटुंबकम्' भारत का परम्परागत मंत्र रहा है और संविधान के अनुच्छेद-53 में इसकी साकार अभिव्यक्ति हुई है। इस अनुच्छेद के अनुसार "राज्य (क) अन्तर्राष्ट्रीय विधि और सन्धि बन्धनों के प्रति आदर बढ़ाने का तथा (ब) अन्तर्राष्ट्रीय विवादों को मध्यस्थता द्वारा निपटाने के लिए प्रोत्साहन देने का प्रयास करेगा।" स्वतंत्र भारत की विदेश नीति विश्व-शान्ति और मैत्री के उदात्त आदर्शों से प्रेरित रही है और पंचशील, अन्तर्राष्ट्रीय सहयोग, शान्तिपूर्ण सह-अस्तित्व, प्रतिबद्धता तथा निर्बद्धता के सूत्रों ने विश्व राजनीति में पारस्परिक सौहार्द के नित्य-नूतन क्षितिजों का उद्घाटन किया है।

उद्देशिका का भविष्य

उद्देशिका विविध महत्त्वपूर्ण शब्दों की व्याख्या से यह स्पष्ट हो जाता है कि सम्पूर्ण संविधान, कम-से-कम संविधान का अन्तर्व्याप्त दर्शन, उद्देशिका का ही बृहद रूप होना था। जिस प्रकार प्लेटो ने 'रिपब्लिक' में न्याय के स्वरूप की खोज करते समय सबसे पहले उसका भावन लघु रूप में व्यक्ति-आत्मा के अन्तर्गत किया है और फिर अपने आदर्श राज्य में उसके बृहद रूप की अवधारणा की है, उसी प्रकार संविधान निर्माताओं ने संविधान का सारा निचोड़, दर्शन, मूलतंत्र, उद्देशिका में निबद्ध कर दिया है और सविधान के विविध उपबंधों द्वारा उन्हें मूर्त रूप देने का प्रयास किया। उद्देशिका के दार्शनिक और सैद्धान्तिक आयाम इतने उदात्त, व्यापक और सार्वजनिक हैं कि किसी को उनसे मतभेद हो ही नहीं सकता।

संविधान निर्माताओं ने आशा की थी कि आगे आनेवाली कितनी ही पीढ़ियाँ युगों तक इन्हीं आदर्शों से अपने-अपने समयानुकूल नई प्रेरणा प्राप्त करती रहेंगी। किन्तु भारतीय संविधान की उद्देशिका के अध्ययन-अध्यापन और प्रचार-प्रसार को जितना महत्त्व मिलना चाहिए था, वह नहीं मिला। हमारे स्कूलों-कॉलेजों के पाठ्यक्रमों में देश के संविधान की इस महान उद्देशिका का तथा उसके महत्त्व के अध्ययन का अनिवार्य रूप से समावेश होना चाहिए और राष्ट्र गीत की भाँति ही इसे सबकी जुबान पर होना चाहिए। इसमें निहित पावन आदर्श हमारे राष्ट्रीय आदर्श थे ओर जहाँ ये एक ओर हमें अपने गौरवमय अतीत से जोड़ते हैं वहीं भविष्य की आकांक्षा को भी सँजोते हैं।

4

राज्य क्षेत्र और नागरिकता

संविधान के अनुच्छेद-1 में कहा गया है कि 'भारत, अर्थात इंडिया' राज्यों का संघ होगा। 'भारत, अर्थात इंडिया' नाम संविधानसभा ने बहुत वाद-विवाद के बाद अपनाया। ऐसा करके देश के प्राचीन नाम 'भारत' और सारी दुनिया में प्रचलित इसके आधुनिक नाम 'इंडिया' के बीच तालमेल स्थापित करने का प्रयास किया गया। भारत संयुक्त राष्ट्र का सदस्य भी 'इंडिया' नाम से ही था।

संविधान को लागू किए जाते समय भारत में भाग क, भाग ख और भाग ग तथा भाग घ श्रेणी के राज्य क्षेत्र शामिल थे। वर्तमान में संघ के राज्य क्षेत्र के अन्तर्गत 28 राज्य और 9 संघ राज्य क्षेत्र हैं। ये हैं :

राज्य

(1)	आन्ध्र प्रदेश	(2)	अरुणाचल प्रदेश
(3)	असम	(4)	उत्तराखंड
(5)	बिहार	(6)	गोवा
(7)	गुजरात	(8)	छत्तीसगढ़
(9)	झारखंड	(10)	हरियाणा
(11)	हिमाचल प्रदेश	(12)	तेलंगाना
(13)	कर्नाटक	(14)	केरल
(15)	महाराष्ट्र	(16)	मध्य प्रदेश
(17)	मणिपुर	(18)	मेघालय
(19)	मिज़ोरम	(20)	नागालैंड
(21)	ओड़िशा	(22)	पंजाब
(23)	राजस्थान	(24)	सिक्किम
(25)	तमिलनाडु	(26)	त्रिपुरा
(27)	उत्तर प्रदेश	(28)	पश्चिम बंगाल

संघ राज्यक्षेत्र

(1) अंडमान और निकोबार द्वीप समूह
(2) चंडीगढ़
(3) दादरा और नागर हवेली
(4) दमन और दीव
(5) दिल्ली (अब इसका नाम राष्ट्रीय राजधानी राज्य क्षेत्र है)
(6) लक्षद्वीप
(7) पुदुचेरी
(8) जम्मू-कश्मीर
(9) लद्दाख

भारत एक 'संघ' है, इस बात पर बल देने का प्रयोजन इस तथ्य को प्रकाश में लाना था कि यह संघटक इकाइयों के बीच सौदेबाज़ी या समझौते का परिणाम नहीं है, बल्कि यह उस संविधानसभा की एक स्पष्ट घोषणा है जिसने अपनी शक्ति तथा प्राधिकार भारत की प्रभुत्व सम्पन्न जनता से प्राप्त किए थे। इसलिए कोई भी राज्य संघ से अलग नहीं हो सकता और न ही अपनी मर्ज़ी से संविधान की प्रथम अनुसूची में निर्धारित अपने राज्य क्षेत्र में परिवर्तन कर सकता है।

संविधान के अनुच्छेद-2, 3 और 4 के अधीन संघ का विधान-मंडल किसी भी राज्य के नाम, राज्य क्षेत्र और सीमा में कानून बनाकर परिवर्तन कर सकता है। संघ में नए राज्यों को भी शामिल किया जा सकता है। देशी रियासतों के सम्मिलन, भाषाई आधार पर राज्यों के पुनर्गठन, सिक्किम जैसे नए राज्यों तथा पुदुचेरी और गोआ आदि जैसे क्षेत्रों के प्रवेश एवं हरियाणा, हिमाचल प्रदेश, नागालैंड, मणिपुर, मिज़ोरम, मेघालय, झारखंड, उत्तराखंड, तेलंगाना और छत्तीसगढ़ आदि नवोदित राज्यों के निर्माण से और जम्मू-कश्मीर तथा लद्दाख के संघ-राज्यक्षेत्र बन जाने से भारत के राजनीतिक मानचित्र में काफी परिवर्तन हुआ है।

नागरिकता

नागरिक सामान्यतया किसी सम्प्रभुता सम्पन्न राष्ट्र का स्थायी निवासी होता है और राज्य के प्रति उसकी पूर्ण निष्ठा होती है। वह राज्य से संरक्षित होता है तथा रोज़गार, मताधिकार एवं लोक-पदों पर आसीन होने के मामले में समस्त नागरिक अधिकार उसे सुलभ होते हैं। नागरिक और देश में निवास करनेवाले विदेशियों में अन्तर है। विदेशियों को जीवन का अधिकार जैसे कुछ मानवाधिकार प्राप्त हो सकते है किन्तु लोक-सेवा के पदों पर आसीन होने जैसे राजनीतिक अधिकार

प्राप्त नहीं हो सकते। एक नागरिक की स्थिति के साथ अधिकार और कर्तव्य दोनों जुड़े हुए हैं।

सन् 1949 के 26 नवम्बर से पहले भारतीय नागरिकता की संकल्पना नहीं थी। उस समय तक जो लोग ब्रिटिश भारत में रहते थे, वे क्राउन के अधीन थे और इस प्रकार ब्रिटिश प्रजा थे। उन पर ब्रिटिश राष्ट्र के कानून लागू होते थे। देशी रियासतों में रहनेवाले लोगों को ब्रिटेन से संरक्षण प्राप्त व्यक्तियों का दर्जा प्राप्त था।

संविधान के अनुच्छेद-5 से 11 में केवल इस सम्बन्ध में विधि निर्धारित की गई है कि संविधान के लागू होते समय भारतीय नागरिक किसे माना जाएगा।

अनुच्छेद-5 से 8 के अन्तर्गत प्रत्येक उस व्यक्ति को नागरिकता प्रदान की गई जो संविधान के प्रारम्भ के समय निम्नलिखित में से किसी एक श्रेणी के अन्तर्गत आता था—

1. भारत का अधिवासी तथा भारत में जन्मा। भारत संघ की अधिकांश जनसंख्या ऐसे व्यक्तियों की थी।
2. अधिवासी, जो भारत में नहीं जन्मा, किन्तु जिसके माता-पिता में से कोई भारत में जन्मा था।
3. अधिवासी, जो भारत में नहीं जन्मा, किन्तु जो पाँच वर्ष से अधिक समय तक भारत का सामान्यत: निवासी रहा था।
4. भारत का निवासी किन्तु जो 1 मार्च, 1947 के बाद पाकिस्तान चला गया था और बाद में पुनर्वास अनुज्ञा लेकर भारत लौट आया था।
5. पाकिस्तान का निवासी किन्तु जो 19 जुलाई, 1948 से पहले भारत में प्रवास कर गया था अथवा जो उस तारीख के बाद आया था किन्तु छह महीने से अधिक समय से भारत में निवास कर रहा था और जिसने विहित ढंग से पंजीकृत करा लिया था।
6. भारत के बाहर रहनेवाला, किन्तु जिसके माता-पिता में से कोई या पितामह-पितामही अथवा मातामह-मातामही में से कोई भारत में जन्मा था।

इस प्रकार संविधान के लागू होने के समय नागरिकता के लिए—

(क) अधिवास के आधार पर।

(ख) पाकिस्तान से आए तथा वहाँ गए व्यक्तियों के लिए।

(ग) विदेशों में रहनेवाले भारतीयों के लिए जिनकी नागरिकता के उपबंध समाविष्ट किए गए थे।

संविधान ने भारत की नागरिकता के अर्जन एवं निरसन सम्बन्धी विधान अधिनियमित करने का अधिकार संसद को दिया था। उसके द्वारा पारित भारतीय

नागरिकता अधिनियम 1955 में नागरिकता प्राप्ति के लिए संक्षेप में ये शर्त निर्धारित की गई हैं—

(क) 26 जनवरी, 1950 के बाद भारत में जन्मा कोई भी व्यक्ति, कुछ अपवादों, जैसे राजनयिकों तथा शत्रु विदेशियों के बच्चों आदि को छोड़कर, जन्म से भारत का नागरिक होगा।

(ख) 26 जनवरी, 1950 के बाद भारत के बाहर जन्मा कोई भी व्यक्ति, कतिपय अपेक्षाओं के अधीन रहते हुए, भारत का नागरिक होगा, यदि उसके जन्म के समय उसका पिता भारत का नागरिक था।

(ग) कतिपय दशाओं में, कुछ श्रेणियों के व्यक्ति विहित रीति में रजिस्ट्रीकरण द्वारा भारतीय नागरिकता अर्जित कर सकते हैं।

(घ) विदेशी व्यक्ति, कतिपय शर्तों पर, नागरिकता प्राप्त करने के लिए आवेदन देकर भारतीय नागरिकता अर्जित कर सकते हैं। इस श्रेणी का एक प्रसिद्ध उदाहरण ब्रिटेन के ख्याति प्राप्त वैज्ञानिक जे.बी.एस. हल्देन द्वारा 1958 में भारतीय नागरिकता लिया जाना है।

(ड) यदि कोई राज्य क्षेत्र भारत का अंग बन जाता है तो भारत सरकार आदेश द्वारा यह निर्दिष्ट कर सकती है कि उसके परिणामस्वरूप कौन-कौन व्यक्ति भारत के नागरिक बन सकते हैं।

(च) नागरिकता निरसन के कारण अथवा कतिपय आधारों पर स्वेच्छा से त्याग दिए जाने या उससे वंचित कर दिए जाने के कारण समाप्त हो सकती है।

(छ) राष्ट्रमंडल देश के किसी नागरिक को भारत में राष्ट्रमंडल नागरिक का दर्जा प्राप्त होगा। सरकार परस्परता के आधार पर उपयुक्त प्रावधान कर सकती है।

संविधान तथा इस विधि में नागरिकता के उपबंधों के सम्बन्ध में यह याद रखना महत्त्वपूर्ण है कि संविधान निर्माताओं ने राष्ट्र तथा संयुक्त बन्धुत्व का निर्माण करने के लक्ष्य को सामने रखकर संघ के सम्पूर्ण राज्य क्षेत्र में इकहरी भारतीय प्राथमिकता का प्रावधान करने का निर्णय किया था। सभी नागरिकों के, चाहे उनका जन्म किसी भी राज्य में हुआ हो, बिना किसी भेदभाव के देश भर में एक से अधिकार तथा कर्तव्य हैं। किन्तु जनजातीय क्षेत्रों आदि के मामले में कुछ विशेष संरक्षण प्रदान किए गए हैं। अनुच्छेद-16 के अधीन संसद को शक्ति दी गई है कि वह किसी राज्य या संघ-राज्य क्षेत्र के अन्दर निवास को उस राज्य या संघ-राज्य क्षेत्र के अधीन कतिपय श्रेणियों के रोज़गारों के लिए आवश्यक अर्हता विहित कर सकती है।

5 अगस्त, 2019 को संविधान के अनुच्छेद-370 के अन्तर्गत जारी राष्ट्रपति के आदेश ने संविधान के सभी अनुच्छेदों को समान रूप से जम्मू-कश्मीर राज्य पर लागू कर दिया और संसद में पारित जम्मू-कश्मीर पुनर्गठन अधिनियम 2019 ने इस राज्य को दो अलग संघ राज्य क्षेत्रों में बाँट दिया—(1) जम्मू-कश्मीर (2) लद्दाख।

1955 के भारतीय नागरिकता अधिनियम में समय-समय पर संशोधन होते रहे हैं, विशेष संशोधन हुए 1986, 1992, 2003, 2005 और 2015 में। 2003 के संशोधन ने अवैध आप्रवासी की धारणा इस अधिनियम में जोड़ी और उन्हें नागरिकता के लिए आवेदन करने के लिए अयोग्य घोषित किया और उनके बच्चों को भी अवैध आप्रवासी माना। नवीनतम 2019 का नागरिकता संशोधन अधिनियम (CAA) अवैध आप्रवासी की धारणा में बदलाव करता है। उसके अनुसार उत्पीड़ित अल्पसंख्यक-हिन्दू, सिक्ख, जैन, बौद्ध और ईसाई जो पाकिस्तान, अफगानिस्तान या बंगलादेश से 2014 के अन्त से पहले भारत में आए हों उन्हें भारतीय नागरिकता दी जा सकती है। कुछ लोग इस अधिनियम के लागू किए जाने का विरोध कर रहे थे क्योंकि उन्हें लगता था कि वह केवल मुस्लिमों को अलग कर संविधान के अनुच्छेद-14 की विधि के समक्ष समता और विधि द्वारा सबके समान संरक्षण के सिद्धान्त का उल्लंघन करता था।

हमारे संविधान के तीसरे भाग में यदि नागरिकों के मूल अधिकारों से सम्बन्धित घोषणा-पत्र दिया हुआ है तो उसके भावी 4 (क) में उनके मूल कर्तव्यों के बारे में भी एक घोषणा-पत्र शामिल किया गया है। संविधान ने लोक-सेवा के पदों पर आसीन होने का अधिकार केवल भारतीय नागरिकों को ही दिया है। संसद और राज्य विधानमंडलों की सदस्यता के लिए भी उन्हीं को अधिकृत माना गया है। जजों के पदों जैसे स्थायी प्रकृति के सरकारी पदों एवं ओहदों के दरवाज़े भी केवल भारतीय नागरिकों के लिए ही खुले हैं।

प्रत्येक नागरिक के मूल कर्तव्य

- *संविधान का पालन करें और उसके आदर्शों, संस्थाओं, राष्ट्रध्वज और राष्ट्रगान का आदर करें।*
- *स्वतंत्रता के लिए हमारे राष्ट्रीय आन्दोलन को प्रेरित करनेवाले उच्च आदर्शों को हृदय में सँजोए रखें और उनका पालन करें।*
- *भारत की प्रभुत्ता, एकता और अखंडता की रक्षा करें अेर उसे अक्षुण्ण रखें।*
- *देश की रक्षा करें और आह्वान किए जाने पर राष्ट्र की सेवा करें।*
- *भारत के सभी लोगों में समरसता और समान भ्रातृत्व की भावना का निर्माण करें, जो धर्म, भाषा और प्रदेश या वर्ग पर आधारित सभी भेदभाव से परे हो। ऐसी प्रथाओं का त्याग करें जो स्त्रियों के सम्मान के विरुद्ध हों।*
- *हमारी सामाजिक संस्कृति की गौरवशाली परम्परा का महत्त्व समझें और उनका परिरक्षण करें।*
- *प्राकृतिक पर्यावरण की, जिसके अन्तर्गत वन, झील, नदी और वन्य जीव हैं, रक्षा करें और उसका संवर्धन करें तथा प्राणी मात्र के प्रति दयाभाव रखें।*
- *वैज्ञानिक दृष्टिकोण, मानववाद और ज्ञानार्जन तथा सुधार की भावना का विकास करें।*
- *सार्वजनिक सम्पत्ति को सुरक्षित रखें और हिंसा से दूर रहें।*
- *व्यक्तिगत और सामूहिक गतिविधियों के सभी क्षेत्रों में उत्कर्ष की ओर बढ़ने का सतत प्रयास करें, जिससे राष्ट्र निरन्तर बढ़ते हुए प्रयत्न और उपलब्धि की नई ऊँचाइयों को छू ले।*
- *जो माता-पिता या संरक्षक हो वह 6 से 14 वर्ष के बीच की आयु के यथा शिक्षा अथवा प्रतिपात्य को शिक्षा पाने के अवसर प्रदान करें।*

(अनु. 51क)

5

मूल अधिकार, निदेशक तत्त्व और मूल कर्तव्य

"मैंने अपनी निरक्षर किन्तु विदुषी माँ से यह सीखा कि भली-भाँति किए गए कर्तव्य के द्वारा हमें वे सभी अधिकार मिल जाते हैं जिनके योग्य हम हैं और जिन्हें सुरक्षित रखा जाना चाहिए। इस प्रकार विश्व नागरिकता के कर्तव्य को पूरा करने पर ही हमें जीवित रहने का अधिकार भी प्राप्त होता है। इसी एक मूल कथन से पुरुष और स्त्री के कर्तव्यों को परिभाषित करने तथा प्रत्येक अधिकार को उससे पहले पूरा किए जानेवाले किसी समकक्ष कर्तव्य से जोड़ने का कार्य शायद पर्याप्त आसान हो जाता है..."

—महात्मा गांधी

संविधान के भाग 3 में मूल अधिकार तथा भाग 4 में भीति निदेशक तत्त्व समाविष्ट हैं। उद्‌देशिका में निहित भावना को सम्पूर्णता प्रदान करने के लिए बाद में संविधान के भाग 4 (क) में मूल कर्तव्यों को भी शामिल कर लिया गया है। ये तीनों मिलकर संविधान के बुनियादी मूल्यों की उद्‌घोषणा करते हैं तथा इसके आधारभूत सिद्धान्तों की स्थापना करते हैं। दरअसल भाग 3 तथा भाग 4 के विभिन्न प्रावधानों के माध्यम से उद्‌देशिका में व्यक्ति की गरिमा की सुरक्षा के बारे में दिए गए आश्वासन को पूरा करने का प्रयास किया गया है। मानव अधिकारों की सार्वभौम घोषणा में भी अन्तर्निहित आधारभूत सिद्धान्त 'व्यक्ति की गरिमा' की सुरक्षा ही है। उद्‌देशिका में स्वतंत्रता और समानता के मूल्यों को मानव की गरिमा के उपयुक्त मानकर उनकी घोषणा अत्यन्त ऊँचे स्वर में की गई है। आर्थिक तथा सामाजिक न्याय के आदर्शों के माध्यम से इन्हें और अधिक पूर्णता तथा स्थायित्व प्रदान किया गया है।

मूल अधिकार

संविधान के भाग 3 में मानवाधिकारों के बारे में अत्यन्त विस्तृत घोषणा-पत्र समाविष्ट है। सम्भवतः किसी अन्य देश ने ऐसा घोषणा-पत्र तैयार नहीं किया होगा। यह

देश की एकता और सामान्य-जन के हितों के अनुरूप है। मूल अधिकारों में मानव अधिकारों के सार्वभौम घोषणा-पत्र के अनुच्छेद-2 से लेकर 21 तक उल्लिखित समस्त पारंपरिक नागरिक एवं राजनीतिक अधिकार शामिल हैं।

संविधान ने छह व्यापक श्रेणियों के मूल अधिकारों की गारंटी दी है। ये हैं—

1. समानता का अधिकार, जिसमें विधि के समक्ष समानता तथा विधियों का समान संरक्षण (अनुच्छेद-14) धर्म, मूलवंश, जाति, लिंग या जन्मस्थान के आधार पर विभेद का प्रतिषेध (अनुच्छेद-15), लोक नियोजन के विषय में अवसर की समानता (अनुच्छेद-16) और अस्पृश्यता तथा उपाधियों का अन्त (अनुच्छेद-17 और 18) शामिल है।
2. स्वतंत्रता का अधिकार, जिसमें जीवन तथा व्यक्तिगत स्वतंत्रता संरक्षण का अधिकार (अनुच्छेद-21), भाषण तथा अभिव्यक्ति, सम्मेलन, संगम या संघ बनाने, भारत के किसी भाग में जाने और निवास करने तथा बस जाने की स्वतंत्रता का अधिकार और कोई पेशा या व्यवसाय करने का अधिकार (अनुच्छेद-19) शामिल है।
3. शोषण के विरुद्ध अधिकार, जिसके अन्तर्गत सभी प्रकार के बलात् श्रम, बाल श्रम और मानव के दुर्व्यवहार का निषेध किया गया है (अनुच्छेद-23 तथा 24)।
4. अन्त:करण की और धर्म को अबाध रूप से मानने, आचरण और प्रचार करने की स्वतंत्रता (अनुच्छेद-25-28)।
5. अल्पसंख्यकों का अपनी संस्कृति, भाषा और लिपि को बनाए रखने तथा अपनी रुचि की शिक्षा संस्थाओं की स्थापना और प्रशासन का अधिकार (अनुच्छेद-29 तथा 30)।
6. इन सभी मूल अधिकारों को प्रवर्तित कराने के लिए संवैधानिक उपचारों का अधिकार (अनुच्छेद-32)।

विधि के समक्ष समानता तथा सभी विधियों का समान संरक्षण (अनुच्छेद-14), अपराधों के लिए दोष सिद्धि के सम्बन्ध में संरक्षण, (अनुच्छेद-20), जीवन तथा व्यक्तिगत स्वतंत्रता का संरक्षण (अनुच्छेद-21), कुछ दशाओं में गिरफ्तारी और निरोध से संरक्षण (अनुच्छेद-22), धर्म की स्वतंत्रता (अनुच्छेद-25-28) जैसे कुछ मूल अधिकार सभी व्यक्तियों को सुलभ हैं। किन्तु कुछ अधिकार ऐसे हैं जिनका दाव केवल नागरिकों द्वारा किया जा सकता है, जैसे धर्म, मूलवंश, जाति, लिंग या जन्मस्थान के आधार पर विभेद का प्रतिषेध (अनुच्छेद-15), लोक नियोजन के विषय में अवसर की समानता (अनुच्छेद-16) और भाषण तथा अभिव्यक्ति, सम्मेलन, संगम, संचरण, निवास और पेशे की स्वतंत्रता (अनुच्छेद-19)।

मूलतया अनुच्छेद-19 (1) (च) तथा अनुच्छेद-31 में राज्य के विधि के प्राधिकार से लोक प्रयोजन के लिए अनिवार्य अर्जन के अधिकार के अधीन रहते हुए सम्पत्ति का अधिकार अर्थात सम्पत्ति अर्जित करने, धारण करने और बेचने का अधिकार समाविष्ट था। किन्तु जब संविधान (44 या संशोधन) अधिनियम, 1978 ने अनुच्छेद-19 के खंड (1) के उपखंड (च) और सारे-के सारे अनुच्छेद-31 का लोप कर दिया, तब से सम्पत्ति का मूल अधिकार मूल अधिकार नहीं रहा।

प्रथम संविधान संशोधन द्वारा अन्त:स्थापित अनुच्छेद-31 (क) तथा 31 (ख) और 25वें संशोधन द्वारा अन्त:स्थापित अनुच्छेद-31 (ग) का उद्‌देश्य सम्पदाओं के अर्जन का उपबंध करनेवाली विधियों, नवम अनुसूची में निर्दिष्ट अधिनियमों तथा विनियमों और निदेशक तत्त्वों को प्रभावी करनेवाली विधियों की रक्षा करना था।

अनुच्छेद-33-35 संसद को शक्ति देते हैं कि यह सैन्य बलों पर प्रयुक्ति के बारे में संविधान के भाग 3 द्वारा प्रदत्त अधिकारों में उपांतरण कर सकती हैं।

संविधान ने एक ओर व्यक्तियों को प्रदत्त मूल अधिकारों को सीमाओं में आबद्ध कर दिया है तो दूसरी ओर राज्य की गतिविधियों पर भी अंकुश लगा दिए हैं। व्यक्ति को जो मूल अधिकार प्राप्त हैं, वे राज्य की कार्रवाइयों पर रोक या प्रतिबन्धों के रूप में हैं। स्वाभाविक ही था कि उन्हें राज्य के लिए अर्थात कार्यपालिका एवं विधायिका के लिए बाध्यकारी बना दिया गया।

अनुच्छेद-13 में घोषणा की गई है कि कोई भी विधि या न्यायपालिका का आदेश जिस हद तक मूल अधिकारों से असंगत है, उस सीमा तक यह अधिकार सीमा से बाहर और अमान्य माना जाएगा। इस प्रकार सम्बन्धित अनुच्छेद-13 में भारत के अतीत और वर्तमान में प्रचलित सभी विधियों के पुनर्निरीक्षण की व्यवस्था की गई है। हमारा संविधान न केवल कुछ निश्चित मूल अधिकारों की गारंटी देता है, बल्कि अनुच्छेद-32 के अन्तर्गत इनके अनुपालन के लिए उपयुक्त प्रक्रिया के माध्यम से सीधे देश के सर्वोच्च न्यायालय का दरवाजा खटखटाने के अधिकार की भी गारंटी देता है। इस अनुच्छेद ने जिस अधिकार की गारंटी दी है, उसे संविधान में किए गए उपबंधों के अतिरिक्त किसी अन्य ढंग से स्थगित नहीं किया जा सकता। सर्वोच्च न्यायालय का निर्णय है कि लोगों को इस अधिकार से संविधान में संशोधन करके भी वंचित नहीं किया जा सकता। संविधान के निर्माण के समय भी डॉ. आंबेडकर ने इस प्रबन्ध को 'संविधान की मूल आत्मा और मर्म' बताया था। चूँकि अनुच्छेद-32 के अन्तर्गत प्रदत्त संवैधानिक उपचार का अधिकार स्वयं में एक मूल अधिकार है, अत: सर्वोच्च न्यायालय किसी मूल अधिकार की वास्तविक अवहेलना के मामले में राहत देने से इनकार नहीं कर सकता।

सर्वोच्च न्यायालय ने जनहित याचिका की जो नई परिभाषा की है, उसके अनुसार प्रभावित पक्ष के द्वारा ही न्यायालय में गुहार लगाना आवश्यक नहीं रहा।

अदालत तक जा सकने में अक्षम किसी व्यक्ति या जन समूह की ओर से अब कोई भी व्यक्ति एक पत्र भर भेजकर अदालत से फरियाद कर सकता है।

निदेशक तत्त्व

राज्य की नीति के निदेशक तत्त्व संविधान के भाग 4 (अनुच्छेद-36-51) में समाहित हैं। इनके कारण राज्यों पर दायित्व तो आते हैं, परन्तु न्यायिक प्रक्रिया के माध्यम से इनका पालन करना सामान्यत: बाध्यकारी नहीं बनाया जा सकता।

अनुच्छेद-37 घोषणा करता है कि निदेशक तत्त्व "देश के शासन के मूलाधार हैं और निश्चय ही विधि बनाने में इन सिद्धान्तों को लागू करना राज्य का कर्तव्य होगा।" अत: यह स्पष्ट है कि ये संवैधानिक निदेश कोरे नैतिक उपदेश नहीं है, बल्कि निश्चयात्मक समादेश तथा संविधान के मानव अधिकारों सम्बन्धी उपबंधों के अभिन्न अंग हैं।

संविधानसभा में बोलते हुए डॉ. आंबेडकर ने स्पष्ट शब्दों में कहा था कि निदेशक तत्त्वों का आशय यह नहीं है कि वे केवल पवित्र घोषणाएँ बनकर रह जाएँ। इसकी बजाय ये अनुदेशों के दस्तावेज़ के रूप में हैं और जो भी सत्ता में आएगा, उसे "इनका आदर करना ही होगा।" "संविधानसभा का आशय यह है कि भविष्य में विधायिका तथा कार्यपालिका, दोनों इस भाग में अधिनियमित इन तत्त्वों के प्रति केवल मौखिक सहानुभूति न जताएँ बल्कि इन्हें देश के शासन के मामले में कार्यपालिका तथा विधायिका द्वारा किए जानेवाले सभी कार्यों का आधार बना दिया जाए।"

एक वास्तविक लोक-कल्याणकारी राज्य के आदर्श ही नीति निदेशक तत्त्वों के लक्ष्य हैं। साथ ही इनके माध्यम से आर्थिक शोषण, दिल दहला देने वाली आर्थिक असमानता और अन्याय का खात्मा करने तथा राज्य को न्यायपूर्ण सामाजिक व्यवस्था स्थापित करने की ज़िम्मेदारी सौंपने की परिकल्पना भी की गई है। इस प्रकार नीति निदेशक तत्त्वों की आत्मा कहे जा सकनेवाले अनुच्छेद-38 में कहा गया है, "राज्य अपनी अधिकतम क्षमता के अनुसार, एक ऐसी सामाजिक व्यवस्था का विकास और उसकी सुरक्षा कर लोगों का कल्याण करने का प्रयास करेगा, जिसमें सामाजिक, आर्थिक और राजनीतिक न्याय राष्ट्रीय जीवन की हर संस्था से अभिव्यक्त होगा।" अनुच्छेद-39 में कहा गया है कि राज्य अपनी नीतियाँ इस प्रकार लागू करेगा जिससे यह सुनिश्चित हो सके कि सभी स्त्री-पुरुषों को जीवन-यापन के पर्याप्त साधन उपलब्ध होंगे, समाज के भौतिक संसाधनों का इस प्रकार बँटवारा किया जाएगा कि उनसे सामूहिक हित अधिकाधिक सिद्ध हो सके। आर्थिक प्रणाली को इस ढंग से काम नहीं करने दिया जाएगा जिससे धन का केन्द्रीकरण हो और

उत्पादन के साधन हितों को नुकसान पहुँचाएँ, स्त्री-पुरुष दोनों को समान काम के लिए समान वेतन मिलेगा। श्रमिकों, स्त्रियों एवं पुरुषों के स्वास्थ्य एवं शक्ति तथा बच्चों की अल्प वयस्कता का दुरुपयोग नहीं होने दिया जाएगा। नागरिकों को आर्थिक आवश्यकताओं से इस तरह बाध्य नहीं होने दिया जाएगा कि वे अपनी आयु और शक्ति की दृष्टि से प्रतिकूल पेशों को अपनाने के लिए मजबूर हो जाएँ और बच्चों तथा युवकों को शोषण से बचाया जाएगा। अनुच्छेद-41 में यह मंशा व्यक्त की गई है कि राज्य अपनी आर्थिक क्षमताओं और विकास के दायरे में बेरोजगारी, वृद्धावस्था, बीमारी और विकलांगता तथा अन्य अवांछित अभावों के उत्पन्न होने की स्थिति में लोगों के लिए काम एवं शिक्षा का अधिकार तथा सार्वजनिक सहायता सुनिश्चित करने के लिए प्रभावी प्रावधान करेगा। अनुच्छेद-42 एवं 43 में मज़दूरों के लिए जीवन गुजारा भत्ता, उपयुक्त कार्य स्थितियाँ, प्रसूति सहायता, अच्छा जीवन स्तर एवं अवकाश तथा सामाजिक और सांस्कृतिक अवसरों के भरपूर उपयोग की स्थितियों सुनिश्चित करने के लिए कहा गया है।

कुछ अन्य महत्त्वपूर्ण नीति निर्देशों का समावेश इन अनुच्छेदों में किया गया है। 14 वर्ष तक की आयु के सभी बालक-बालिकाओं के लिए निःशुल्क एवं अनिवार्य शिक्षा के विधान (अनुच्छेद-45), अनुसूचित जातियों, जनजातियों एवं अन्य कमजोर वर्गों के हितों को प्रोत्साहन (अनुच्छेद-46), पोषण एवं जीवन के स्तर में उन्नयन और जन स्वास्थ्य में सुधार के बारे में राजा के कर्तव्य (अनुच्छेद-47), कृषि एवं पशु पालन का व्यवस्थापन तथा गौ हत्या का निषेध (अनुच्छेद-48), ग्राम पंचायतों का व्यवस्थापन (अनुच्छेद-40), कार्यपालिका और न्यायपालिका का (अनुच्छेद-50), पूरे देश के लिए समान नागरिक संहिता का प्रवर्तन (अनुच्छेद-44), राष्ट्रीय स्मारकों की सुरक्षा (अनुच्छेद-49), अन्तर्राष्ट्रीय शान्ति एवं सुरक्षा को प्रोत्साहन, राष्ट्रीय स्मारकों की सुरक्षा (अनुच्छेद-49) और सम्मानजनक पारस्परिक सम्बन्ध, अन्तर्राष्ट्रीय विधि और संधिगत दायित्वों के लिए सम्मान तथा अन्तर्राष्ट्रीय विवादों का मध्यस्था के माध्यम से फैसला।

संविधान (42वाँ संशोधन) अधिनियम 1978 ने जो नए तत्त्व जोड़े उनका आशय कुछ इस प्रकार था—

1. बच्चों को स्वतंत्र और गरिमामय वातावरण में स्वस्थ विकास के अवसर और सुविधाएँ दी जाएँ (अनुच्छेद-39 च)।
2. कानूनी व्यवस्था इस प्रकार काम करे कि न्याय समान अवसर के आधार पर सुलभ हो और राज्य, विशिष्टतया आर्थिक या किसी अन्य निर्योग्यता के मामलों में निःशुल्क कानूनी सहायता की व्यवस्था करे (अनुच्छेद-39 क)। यह अधिकार अनुच्छेद-21 में भी अन्तर्निहित था (हरियाणा राज्य बनाम दर्शना, ए आई आर 1979 एस सी 855; खत्री

बनाम बिहार राज्य, ए आई आर 1981, एस सी 928, शुकदास बनाम संघ राज्यक्षेत्र, ए आई आर 1986 एस सी 991)।

3. उद्योगों के प्रबन्ध में कर्मकारों की भागीदारी सुनिश्चित की जाए (अनुच्छेद-43 क)।
4. पर्यावरण का संरक्षण हो तथा उसमें सुधार लाया जाए और वनों तथा वन्य जीवों की रक्षा की जाए (अनुच्छेद-48 क)।

44वें संशोधन द्वारा अनुच्छेद-38 में एक खंड जोड़ दिया गया, जिसमें कहा गया है कि राज्य, विशिष्टतया, आय की असमानताओं को कम करने और व्यक्तियों के बीच तथा विभिन्न क्षेत्रों में रहनेवाले और विभिन्न व्यवसायों में लगे हुए लोगों के समूहों के बीच प्रतिष्ठा, सुविधाओं और अवसरों की असमानता समाप्त करने का प्रयास करेगा।

इसके अलावा (i) अनुच्छेद-31 ग में संशोधन करके यह निर्धारित किया गया है कि किसी या सभी निदेशक तत्त्वों को प्रभावी करनेवाली विधि अनुच्छेद-14,19 या 31 के अन्तर्गत किसी भी मूल अधिकार का उल्लंघन करने के कारण शून्य नहीं होगी, और (ii) एक नए अनुच्छेद-31 घ में विशिष्ट रूप से प्रावधान किया गया है कि राष्ट्रविरोधी क्रियाकलापों या संगमों के निवारण या प्रतिषेध का अधिकार प्रदान करनेवाली कोई विधि इस आधार पर शून्य नहीं होगी कि यह अनुच्छेद-14, 19 और 31 के अन्तर्गत किसी मूल अधिकार से असंगत है।

मूल अधिकार और निदेशक तत्त्व

मूल अधिकारों और नीति निदेशक तत्त्वों के बीच कोई वास्तविक विभाजन नहीं है। अधिकार व्यक्तियों को दिए गए हैं और आम तौर पर ये राज्य के विरुद्ध हैं जबकि निर्देशों के माध्यम से राज्य को कुछ दायित्व सौंपे गए हैं ताकि सुशासन की स्थापना और लोक कल्याण सुनिश्चित किया जा सके। ये एक-दूसरे के पूरक हैं। यदि मूल अधिकार सरकार और विधानमंडल के लिए निर्धारित मनाहियों के प्रतिबिम्ब हैं तो नीति निर्देशक तत्त्व उन्हें सौंपे गए कार्यभारों का प्रतिनिधित्व करते हैं। उनमें कोई द्वन्द्व नहीं है।

मोटे तौर पर यह कहा जा सकता है कि जबकि भाग-3 का सम्बन्ध वैयक्तिक स्वतंत्रता के क्षेत्रों और राज्य द्वारा उन पर रोक लगाए जा सकने की सीमा से है, भाग-4 का सम्बन्ध उन सकारात्मक कर्तव्यों से है जिनका भार सामाजिक और आर्थिक न्याय के आदर्श को प्राप्त करने के लिए राज्य पर डाला गया है। किन्तु, मूल अधिकारों में भी कुछ सकारात्मक प्रतिषेध हैं जो समाज के हितों और गरीब नागरिकों के अधिकारों की रक्षा सुस्थापित वर्गों के अतिक्रमण से करना चाहते

हैं। यह सारे-का-सारा प्रयास इस बात को सुनिश्चित करने के लिए किया गया है कि कहीं नागरिकों के मूल अधिकार बहुजन हिताय के स्थान पर चन्द लोगों की स्वतंत्रताओं का घटिया रूप धारण न कर लें।

मूल कर्तव्य

संविधान में (42वें संशोधन) अधिनियम, 1976 के माध्यम से एक नया भाग 4-फा (अनुच्छेद-51 क) जोड़ा गया। इसमें नागरिकों के मूल कर्तव्यों से सम्बन्धित घोषणा-पत्र शामिल किया गया है। ऐसा यह सोचकर किया गया कि नागरिकता के साथ कुछ मूल दायित्वों का निर्वाह भी किया जाना चाहिए और संविधान में इनका उल्लेख विशेष रूप में तथा स्पष्ट तौर पर किया जाना चाहिए। अनुच्छेद-51 क में समाहित मूल कर्तव्यों का प्रत्यक्ष रूप से अनुपालन कराने के लिए संविधान में कोई उपबंध नहीं है, न ही इसके उल्लंघन का कोई प्रावधान है। लेकिन उन्हें न्यायिक प्रक्रिया के दायरे से बाहर माननेवाला कोई उपबंध भी संविधान में नहीं है। संविधान में मूल कर्तव्यों को शामिल करने का उद्‌देश्य यह है कि नागरिक अपने दायित्वों के प्रति सजग हो जाएँ और देश, देशवासियों और स्वयं उनके हित में उन्हें कुछ 'करने' तथा 'नहीं करने' के बारे में सचेत कर दिया जाए। आज की युग चेतना के सन्दर्भ में मूल कर्तव्यों से सम्बन्धित अध्याय संविधान का अति मूल्यवान भाग है।

मूल कर्तव्यों के बारे में वर्मा समिति (मानव संसाधन विकास मंत्रालय, भारत सरकार, 1999) का कहना है—

> "मूल कर्तव्यों में तत्वत: जो कुछ भी समाहित है, वह भारतीय जीवन पद्धति से अनिवार्य रूप से संबद्ध कर्तव्यों का संहिताकरण मात्र है... मूल कर्तव्यों की अवधारणा और उनके कार्यान्वयन का महत्त्व समझने और उनका आभ्यांतरीकरण करने के लिए जनता को जागरूक बनाना आवश्यक है। साथ ही वैज्ञानिक दृष्टिकोण वाले तनाव एवं अशांति से मुक्त सद्‌भावपूर्ण समाज की संरचना की आवश्यकता पर भी विशेष बल दिया जाना चाहिए।
>
> "भारत के सर्वोच्च न्यायालय ने कई मामलों में राज्य के कर्तव्यों का निर्धारण करते समय अनुच्छेद-51क में शामिल कर्तव्यों में विश्वास व्यक्त किया है और आवश्यक होने पर इन लक्ष्यों की प्राप्ति के लिए निर्देश दिए हैं, अथवा मार्गदर्शक सिद्धांत प्रतिपादित किए हैं। पर्यावरण एवं पारिस्थितिक सुरक्षा एवं संरक्षण तथा वनों, वन्य जीवन एवं वनस्पतियों के क्षरण की रोकथाम आदि के अनेक मामलों में ऐसा ही किया गया। न्यायालय की राय थी कि पर्यावरण की सुरक्षा और पारिस्थितिकी संतुलन को कायम रखना न केवल सरकार बल्कि हर नागरिक का मूलभूत दायित्व है।"

इसका यह आशय नहीं है कि 42वें संशोधन से पहले नागरिकों का कोई कर्तव्य नहीं था। संविधान के भाग-3 में नागरिकों तथा अन्य लोगों को प्रदत्त हर मूल अधिकार के साथ कोई न कोई कर्तव्य और दायित्व भी जुड़ा है। दरअसल किसी समाज में कर्तव्य के निर्वाह के बिना अधिकार की प्राप्ति हो ही नहीं सकती। अधिकारों और कर्तव्यों में न केवल पारस्परिक सामंजस्य है बल्कि ये एक-दूसरे से अविभाज्य हैं। दोनों एक ही सिक्के के दो पहलू हैं। एक व्यक्ति का दूसरे पर अधिकार है। यदि सभी लोगों को जीने का अधिकार है तो प्रत्येक व्यक्ति की यह ज़िम्मेदारी भी बनती है कि वह मानव जीवन की रक्षा करे और दूसरों को क्षति न पहुँचाए। इसी तरह स्वतंत्रता के अधिकार में यह बात निहित है कि प्रत्येक नागरिक ऐसी परिस्थितियाँ उत्पन्न करे तथा समाज को ऐसा रूप दे कि हर व्यक्ति की स्वतंत्रता सुनिश्चित हो जाए। स्वयं स्वतंत्रता की चारित्रिक प्रकृति ऐसी है कि उसे प्राप्त करने के लिए आत्म-अनुशासन और सामाजिक तथा राजनीतिक क्षेत्रों में सामंजस्य को प्रोत्साहित किया जाना अपेक्षित होता है। कारण यह है कि एक व्यक्ति की स्वतंत्रता दूसरे व्यक्ति को वैसी ही स्वतंत्रता-सीमाओं में आबद्ध कर देती है और हर व्यक्ति का यह कर्तव्य होता है कि वह दूसरे लोगों को भी वही अधिकार दे जो वह स्वयं अपने लिए चाहता है। व्यक्ति की अपनी स्वतंत्रता तभी कायम रह सकती है जब वह अन्य व्यक्तियों की स्वतंत्रता का भी सम्मान करे। लोग यदि अपने कर्तव्यों का पालन करें तो उनके अधिकारों को स्वत: शक्ति मिलती है।

जब गांधी जी से मानव अधिकारों की विश्वव्यापी घोषणा के बारे में अपने विचार व्यक्त करने का आग्रह किया गया तब उन्होंने कहा—

> "अधिकारों का स्रोत कर्तव्य है। अगर हम सब अपने कर्तव्य निभाते रहे तो अधिकारों को हासिल करना कठिन नहीं होगा। अगर हम कर्तव्य निभाए बिना अधिकारों के पीछे दौड़ेंगे तो वे एक एलाये की तरह हमारी पहुँच से बाहर निकल जाएँगे। हम उन्हें पाने की जितनी कोशिश करेंगे वे उतनी ही दूर भागते जाएँगे।"

गांधी जी ने नागरिकों की ज़िम्मेदारियों पर बल दिया। संविधान में मूल कर्तव्यों सम्बन्धी भाग उन्हीं के विचारों के परिप्रेक्ष्य में जोड़ा गया। इस भाग में जिन कर्तव्यों का निरूपण किया गया वे इस प्रकार हैं—

1. **संविधान, ध्वज और राष्ट्रगान का सम्मान करना :** संविधान में निष्ठा रखना तथा उसके आदर्शों, संस्थाओं, राष्ट्रध्वज और राष्ट्रगान का सम्मान करना भारत के प्रत्येक नागरिक का कर्तव्य है। ये हमारी नागरिकता के वास्तविक भौतिक आधार हैं। हमसे अपेक्षा की गई है कि

हम लोग संविधान के कथन अथवा मंतव्य की अवहेलना करनेवाली किसी गतिविधि में भाग न लेकर उसकी गरिमा की रक्षा करेंगे। हमारा देश अत्यन्त विशाल है। उसमें अनेक भाषाएँ, उपसंस्कृतियाँ और धार्मिक तथा जातीय विभिन्नताएँ अस्तित्वमान हैं, लेकिन देश की मूलभूत एकता का सारतत्त्व हमारे संविधान में निहित है। हमारा राष्ट्रध्वज एक है, राष्ट्रगान एक है और नागरिकता भी एक है। हम सब एक संविधान से शासित और निर्देशित होते हैं तथा इस प्रक्रिया की राह में हमारी जाति, धर्म, नस्ल, लिंग आदि आड़े नहीं आते। वस्तुत: हमारा संविधान राष्ट्रवादी नेताओं द्वारा जनता से किए गए अनेक वायदों और अभिव्यक्त की गई अनेक प्रतिबद्धताओं का परिणाम है। साथ ही इसमें सामंजस्य, समायोजन और समझौतों के प्रयास भी समाहित हैं। हम और हमारे मूल अधिकार इससे संरक्षित हैं। उसी तरह राष्ट्रध्वज, और राष्ट्रगान हमारे इतिहास, सम्प्रभुता, एकता और गौरव के प्रतीक हैं। यदि भारत का कोई नागरिक प्रत्यक्ष अथवा अप्रत्यक्ष कार्यों से संविधान के प्रति असम्मान व्यक्त करता है तो यह न केवल असामाजिक और राष्ट्रविरोधी गतिविधि होगी, बल्कि हमारे सभी अधिकारों और एक सम्प्रभु राष्ट्र के नागरिक के रूप में हमारे अस्तित्व के लिए दुर्भाग्य का प्रतीक भी होगी। इसलिए हर नागरिक को न केवल ऐसी किसी भी गतिविधि में शामिल होने से बचना चाहिए, बल्कि हमारे राष्ट्रीय प्रतीक का अपमान करनेवाले उपद्रवी की कोशिशों को असफल करने का यथासम्भव प्रयास करना चाहिए। हर राष्ट्र को अपने नागरिकों की समर्पण-भावना या उनकी निष्ठा और देशभक्ति पर गर्व होना चाहिए। हमें राष्ट्र को अपने संकीर्ण हितों से ऊपर रखना चाहिए। हम केवल उसी स्थिति में परिश्रम से अर्जित अपनी स्वतंत्रता और सम्प्रभुता की रक्षा कर सकेंगे।

2. **स्वतंत्रता संग्राम के आदर्शों को सँजोकर रखना :** भारत के नागरिकों को राष्ट्रीय स्वतंत्रता संग्राम के प्रेरक आदर्शों का अनिवार्य रूप से पोषण और अनुसरण करना चाहिए। स्वतंत्रता संग्राम काफी लम्बे समय तक चला और हज़ारों लोगों ने आज़ादी के लिए अपने प्राणों की आहुति दी। देश के लिए हमारे पूर्वजों के बलिदान को स्मरण करना हमारा कर्तव्य है, लेकिन उस अनूठे संग्राम में रचे-बसे आदर्शों को याद करना, उन्हें आत्मसात करना तथा उनका अनुसरण करना उससे भी अधिक महत्त्वपूर्ण है। संघर्ष केवल भारत की राजनीतिक स्वतंत्रता के लिए नहीं था, वस्तुत: यह संघर्ष सम्पूर्ण विश्व के लोगों की सामाजिक और आर्थिक मुक्ति का संघर्ष था। न्यायपूर्ण समाज तथा संगठित राष्ट्र का निर्माण और स्वतंत्रता,

समानता, अहिंसा, बन्धुत्व एवं विश्व शान्ति के लक्ष्यों की प्राप्ति ही इस संघर्ष के आदर्श थे। यदि हम भारत के नागरिक इन आदर्शों के प्रति जागरूक और प्रतिबद्ध रहते हैं तो रह-रहकर यहाँ-वहाँ प्रकट हो रही विकृत प्रकृति की अनेक विखंडनवादी प्रवृत्तियों के प्रभाव से बच सकते हैं।

धर्म, जाति, अलगाववाद आदि को अपने राजनीतिक उद्देश्यों और सत्ता प्राप्ति के लिए इस्तेमाल करनेवाले राजनीतिक दल और नेता स्पष्ट रूप से संविधान में वर्णित मूल कर्तव्यों की अवहेलना कर रहे हैं।

3. **भारत की सम्प्रभुता, एकता और अखंडता की रक्षा करना :** भारत की सम्प्रभुता, एकता और अखंडता की रक्षा करना हर नागरिक का प्रमुख दायित्व है। शासन की किसी भी लोकतांत्रिक-प्रणाली में सम्प्रभुता लोगों में निहित होती है। अपनी सम्प्रभुता की रक्षा करना हमारा स्वयं का दायित्व है। यदि देश की स्वतंत्रता और एकता पर संकट आता है, तो राष्ट्र का अस्तित्व दाँव पर लग जाएगा और यदि राष्ट्र ही नहीं रहा तो कौन बचेगा?

   याद रखना चाहिए कि देश की सम्प्रभुता, एकता और अखंडता का मूल्यों के रूप में उल्लेख सर्वप्रथम संविधान में ही उद्धृत किया गया है। मूल अधिकारों का उल्लेख करनेवाले संविधान के भाग में अनुच्छेद-19 (2) के अन्तर्गत भारत की सम्प्रभुता और अखंडता के हित में भाषण और अभिव्यक्ति की स्वतंत्रता पर उचित प्रतिबंध लगाने की अनुमति दी गई है।

4. **देश की रक्षा करना और आह्वान किए जाने पर राष्ट्र की सेवा :** कहा जाता है कि राज्य की उत्पत्ति का मूल कारण बाह्य शत्रुओं से स्वयं की रक्षा करने की आवश्यकता में निहित है। वर्तमान समय के राष्ट्र-राज्यों के सन्दर्भ में इस बात को स्वतः सिद्ध माना जाता है कि युद्ध अथवा बाह्य आक्रमण की स्थिति में हर नागरिक तत्परता से राष्ट्र की रक्षा करने के लिए बाध्य है। आजकल युद्ध केवल युद्धभूमि पर नहीं लड़ा जाता, न ही उसे केवल सशस्त्र सेनाएँ जीतती हैं, उसमें व्यापक नागरिक समुदाय की भी अनेक तरह से महत्त्वपूर्ण भूमिका रहती है। कभी-कभी देश की रक्षा के लिए नागरिकों से शस्त्र उठाने की अपेक्षा भी की जाती है। दरअसल नागरिक किसी अन्य के लिए नहीं, बल्कि स्वयं अपनी तथा अपनी सम्पत्ति की रक्षा के लिए युद्ध करते हैं।

   यहाँ पर अनुच्छेद-23 (2) का उल्लेख किया जा सकता है। इसमें राज्य को अनुमति दी गई है कि वह नागरिकों के लिए सार्वजनिक कार्यों

हेतु बाध्यकारी सेवा का प्रावधान कर सकता है, बशर्ते ऐसा करते समय धर्म, जाति, नस्ल, वर्ग अथवा किसी अन्य आधार पर कोई भेदभाव न किया जाए।

5. **समरसता और भाईचारे की भावना को बढ़ावा देना :** भारत के सभी लोगों के बीच सहबंधुत्व एवं समरसता को बढ़ावा देने के कर्तव्य का मूल स्रोत संविधान की उद्देशिका में प्रतिष्ठापित बंधुत्व की मूल धारणा है। भारत बहुजातीय, बहुभाषी, बहुधर्मी और विभिन्न सांस्कृतिक धाराओं वाला देश है लेकिन इस वैभिन्नय के बावजूद हम एक हैं, हमारा संविधान, हमारा ध्वज और हमारी नागरिकता एक है। भारत जैसे देश में भाईचारे की भावना स्वत:स्फूर्त ढंग से अभिव्यक्त होनी चाहिए क्योंकि यहाँ तो सम्पूर्ण विश्व को एक परिवार मानने की मान्यता रही है।

    संविधान ने हमारा एक मूल कर्तव्य यह भी निर्धारित किया है कि नारी की गरिमा को आघात पहुँचानेवाले हर क्रियाकलाप को रोकना सुनिश्चित किया जाए। उस देश में जिसमें कि इस आदर्श को प्राचीनकाल से ही मान्यता दी जाती रही है कि जहाँ नारी का सम्मान होता है वहाँ देवताओं का वास होता है, यह भावना स्वत: उपजनी ही चाहिए। अब यह हम पर निर्भर है कि बाद के दिनों में हमारे समाज की छवि धूमिल करनेवाले भटकाव और अध:पतन से उबरें। यहाँ यह उल्लेख करना प्रासंगिक होगा कि मूल अधिकारों से सम्बन्धित अनुच्छेद-23 (1) के अन्तर्गत मानव के अवैध व्यापार—खरीद-बिक्री को प्रतिबंधित किया गया है।

6. **साँझा संस्कृति की समृद्ध विरासत का परिरक्षण :** हमारी साँझा संस्कृति की समृद्ध विरासत का परिरक्षण करना प्रत्येक भारतीय का एक और मूल कर्तव्य है। हमारे पास श्रेष्ठतम और समृद्धतम सांस्कृतिक विरासत है। यह सम्पूर्ण विश्व की विरासत का अंग भी है। हमें अतीत से प्राप्त विरासत को बरकरार रखते हुए इसे भावी पीढ़ियों को सौंपना है। समय की रेत पर हम पीढ़ी अपने पदचिह्न छोड़ जाती है। हमारे पूर्वज तथा उनकी उत्तरवर्ती पीढ़ियाँ अपनी जो कृतियाँ कलात्मक और उत्कृष्टतम उपलब्धियों के प्रतीक के रूप में हमें सौंप गई हैं, उस मूल्यवान और प्रिय धरोहर को कायम रखना हमारा परम दायित्व है। आनेवाली नस्लें हमेशा इतिहास से प्रेरणा ग्रहण करती हैं। उससे उन्हें श्रेष्ठता और उपलब्धियों के और ऊँचे सोपान पर पहुँचने के लिए प्रोत्साहन मिलता है। हर नागरिक का कर्तव्य है कि वह राष्ट्र के स्मारकों और कला के प्रतीकों को क्षतिग्रस्त, विरूपित और ध्वस्त होने से बचाए तथा उन्हें बेईमान व्यापारियों और तस्करों के लोभ का शिकार न बनने दे।

भारतीय सभ्यता विश्व की प्राचीनतम सभ्यताओं में से एक है, और उसे अपनी पाँच हज़ार साल अविछिन्न सांस्कृतिक एकता पर गर्व करने का उचित अधिकार है। हम सब इस महान संस्कृति और सभ्यता के अंग हैं। कला, शिल्प, स्थापत्य, गणित, औषधि विज्ञान आदि के क्षेत्र में हमारे योगदान से सभी परिचित हैं। विश्व के कुछ प्राचीनतम, गहनतम और श्रेष्ठतम विचारों और साहित्य का जन्म भारत में हुआ। इनमें किले, महल, मन्दिर, गुफाओं में उत्कीर्ण चित्र, मस्जिद और चर्च शामिल हैं। इस क्षेत्र को हिन्दुत्व, बौद्ध धर्म, जैन धर्म, और सिख धर्म की जन्मभूमि होने का गौरव भी प्राप्त है। हमारे अतीत ने हमें शान्ति, प्रेम, अहिंसा और सत्य का मार्ग दिखाया है। इस देश के नागरिक के तौर पर हमारा कर्तव्य है कि हम इस समृद्ध विरासत और इसके सांस्कृतिक मूल्यों की रक्षा करें तथा प्रेम एवं समरसता के वातावरण में जिएँ। नीति निदेशक तत्त्वों का उल्लेख करते समय संविधान के अनुच्छेद-49 में राज्य को भी निर्देश दिया गया है कि वह राष्ट्रीय, ऐतिहासिक अथवा सांस्कृतिक दृष्टि से महत्त्वपूर्ण स्मारकों, महलों और वस्तुओं की रक्षा करे।

7. **पर्यावरण में सुधार :** बढ़ते प्रदूषण और पर्यावरण के खतरे को देखते हुए प्रत्येक नागरिक का यह कर्तव्य है कि यह जंगल, झील, नदी और वन्य जीवन जैसे पर्यावरण के सभी घटकों का संरक्षण और उन्नयन करे। साथ ही सभी जीवधारियों के लिए सहानुभूति का परिचय दे। बढ़ते वायु, जल और ध्वनि प्रदूषण तथा जंगलों की बड़े पैमाने पर कटाई के कारण सम्पूर्ण मानव जाति की भारी क्षति हो रही है। विकास की आवश्यकताओं के नाम पर वनों की विवेक रहित और बेलगाम कटाई हो रही है। इसका परिणाम प्राकृतिक आपदा और असन्तुलन के रूप में सामने आ रहा है। वनों की सुरक्षा, नए पौधों के रोपण, नदियों की सफाई, जल-स्रोतों के संरक्षण, बंजर भूमि, पहाड़ियों और पर्वतों के पुनर्हरितीकरण तथा शहरों, गाँवों और औद्योगिक इकाइयों में प्रदूषण नियंत्रण कर हम न केवल अपनी संगी नागरिकों के भविष्य की, बल्कि स्वयं पृथ्वी की रक्षा करने में सहयोग दे सकते हैं। वस्तुत: आवश्यकता इस बात की है कि लोगों को इस सम्बन्ध में सचेत करने के लिए एक सघन जागरूकता अभियान चलाया जाए तथा इस दिशा में नागरिकों की पहल के माध्यम से आगे बढ़ने के लिए एक सुनियोजित रणनीति बनाई जाए। वर्तमान या भविष्य में मनुष्य के जीवन लायक प्रदूषणमुक्त पर्यावरण केवल सरकारी प्रयासों से सृजित नहीं किया जा सकता।

नागरिकों के कर्तव्य के रूप में पर्यावरण की सुरक्षा के ज़िक्र का उद्देश्य एक अन्य अनुच्छेद-48 को बल प्रदान किया जाना था। इस अनुच्छेद में नीति निदेशक तत्त्वों के अन्तर्गत राज्य को पर्यावरण, वन और वन्य जीवन की सुरक्षा का निर्देश दिया गया है।

पृथ्वी, मनुष्य एवं पशुओं की समान रूप से धरोहर है। हमें कोई अधिकार नहीं है कि उन्हें उनके क्षेत्र अथवा जंगलों से विस्थापित करें क्योंकि वे उनके स्वाभाविक निवास हैं। 'संर्वेशम् शांतिर भवत' (समस्त जीवधारियों और समस्त वातावरण में शान्ति व्याप्त हो) और 'अहिंसा परमो धर्मः, अहिंसा परमो तपः (अहिंसा ही महानतम कर्तव्य और महानतम तपस्या है), प्राचीनकाल से ही भारत के आदर्श वाक्य रहे हैं।

8. **वैज्ञानिक दृष्टिकोण और मानववाद आदि का विकास :** हमारे एक महान राष्ट्रीय नेता जवाहरलाल नेहरू भारतीय नागरिकों में वैज्ञानिक दृष्टिकोण और अन्वेषण की प्रवृत्ति की आवश्यकता पर काफी ज़ोर देते थे। वह चाहते थे कि हममें अपने समकालीन विश्व को जानने-समझने की जिज्ञासा जगे। बीसवीं सदी में एक ओर तो विज्ञान अति क्रान्तिकारी प्रगति के पथ पर अग्रसर था तो दूसरी ओर हमारी पृष्ठभूमि अंधविश्वासों और रूढ़ियों से भरी पड़ी थी। ऐसी हालत में नेहरू का उस ढंग से सोचना ज़रूरी था। उन्होंने विज्ञान और प्रौद्योगिकी अपिरहार्य आधारभूत ढाँचा निर्मित करके आधुनिक औद्योगिक भारत की नींव रखी। अब हर भारतीय नागरिक का यह परम कर्तव्य है कि वैज्ञानिक दृष्टिकोण और अन्वेषण की प्रवृत्ति को बनाए रखे ताकि तेजी से बदलते विश्व के साथ-साथ चला जा सके। संविधान यह भी विहित करता है कि विज्ञान और प्रौद्योगिकी का मानवीय अनुभूतियों के साथ सन्तुलन कायम किया जाए क्योंकि हर प्रगति का लक्ष्य अन्ततः मानव, उसका जीवन स्तर और उसके द्वारा विकसित किए जानेवाले सम्बन्ध हैं।

9. **सार्वजनिक सम्पत्ति की सुरक्षा और हिंसा का परित्याग :** यह अत्यन्त दुर्भाग्य का विषय है कि विश्व को अहिंसा का उपदेश देनेवाले देश के कुछ नागरिक समय-समय पर विवेकरहित हिंसा और सार्वजनिक सम्पत्ति के विनाश लिप्त देखे जाते हैं। अतः 'सार्वजनिक सम्पत्ति की सुरक्षा और हिंसा के परित्याग' को मूल कर्तव्य के रूप में निर्धारित किया जाना आवश्यक माना गया।

10. **उत्कर्ष की ओर बढ़ने का प्रयास :** समय की माँग है कि जीवन के हर क्षेत्र में उत्कर्ष की ओर बढ़ने का प्रयास किया जाए। कठिन प्रतिद्वन्द्विता के दौर से गुज़र रहे विश्व में यह एक मूलभूत आवश्यकता है। कल

की दुनिया में टिक पाने की क्षमता उसी में होगी, जो श्रेष्ठतम होगा। इस क्षमता को प्राप्त करने के लिए आवश्यक है कि अपने पेशेगत दायित्वों का सम्मान किया जाए और उत्कर्ष की ओर बढ़ा जाए। सामूहिक क्रियाकलापों वाले क्षेत्रों पर विशेष ध्यान दिए जाने की आवश्यकता है। बहुधा कहा जाता है कि हम भारतीय व्यक्तिगत स्तर पर तो अत्यन्त उत्कृष्ट प्रदर्शन करते हैं, पर हममें सामूहिकता अथवा मिल-जुलकर एक टीम की तरह काम करने की भावना का अभाव है। यदि इस को दूर किया जा सके तो विश्व मानचित्र पर भारत एक तेजी से विकास करते देश के रूप में उभर सकता है।

11. **शिक्षा के अवसर प्रदान करना :** जो माता-पिता या संरक्षक हों वे 6 से 14 वर्ष की बीच की आयु के यथास्थिति, अपने बच्चे अथवा प्रतिपात्य को शिक्षा पाने के अवसर प्रदान करें। यह स्पष्ट है कि जब तक हम, देश के लोग, अपने उत्तरदायित्व और कर्तव्य नहीं समझेंगे और अपने बच्चों को पढ़ने के लिए स्कूल जाने देंगे, तब तक कोई सरकार बच्चों को नि:शुल्क और अनिवार्य शिक्षा देने में सफल नहीं हो सकती है।

मूल कर्तव्यों का कार्यान्वयन

इलाहाबाद उच्च न्यायालय ने राम प्रसाद बनाम उत्तर प्रदेश राज्य (ए आई आर 1988, इला, 309) के मागले में मत व्यक्त किया कि संविधान में भाग 4 को शामिल किए जाने से नागरिक-कर्तव्यों के पालन का मसला संवैधानिक विधि और न्यायालय के सीमा क्षेत्र में आ गया है।

अनुच्छेद-51 (ग) के महत्त्व की विवेचना करते हुए न्यायालय ने कहा कि इसका उद्देश्य नागरिकों के व्यवहार को नियंत्रित करना और उन्हें उत्कर्ष की ओर अग्रसर होने के लिए प्रेरित करना था। उत्कर्ष से अभिप्राय है—योग्यता, सद्गुण और ईमानदारी से कार्य निष्पादन के मानदंडों पर श्रेष्ठतम सिद्ध होना। संविधान में अपेक्षा की गई है कि नागरिक अपने कर्तव्यों का अनुपालन आधे-अधूरे मन से नहीं, वरन् पूरी लगन से करें।

जैसा कि वर्मा समिति (1999) का कहना है, नागरिकों के कुछ मूल कर्तव्यों का अनुपालन कराने के लिए कुछ प्रावधान पहले से ही विद्यमान हैं—

क. राष्ट्रीय ध्वज और राष्ट्रगान का अनुचित उपयोग रोकने के लिए स्वतंत्रता प्राप्ति के तत्काल बाद प्रतीक एवं नाम (दुरुपयोग निवारक) अधिनियम पारित किया गया।

ख. राष्ट्रीय ध्वज, भारतीय संविधान और राष्ट्रगान का असम्मान न हो, यह सुनिश्चित करने के लिए राष्ट्रीय सम्मान अनादर निवारक अधिनियम, 1971 अधिनियमित किया गया।

ग. राष्ट्रीय ध्वज फहराने के सही तरीकों को लोग समझें, यह सुनिश्चित करने के लिए समय-समय पर निर्देश जारी किए गए। इन्हें भारतीय ध्वज संहिता में समाहित कर लिया गया है। यह सभी राज्य सरकारों और संघ राज्य क्षेत्र के प्रशासनों को उपलब्ध कराई गई है।

घ. अपराध सम्बन्धी कानूनों में ऐसे अनेक प्रावधान हैं, जो विभिन्न समूहों के बीच धर्म, जाति, जन्मस्थान, आवास एवं भाषा आदि के आधार पर शत्रुता बढ़ानेवाली गतिविधियों को प्रोत्साहन देनेवालों को उपयुक्त दंड दिया जाना सुनिश्चित करते हैं। भारतीय दंड संहिता की धारा 153 (क) अन्य समुदायों के लोगों में सुरक्षा या दुर्भावना जगानेवाले सभी लेखों, भाषणों...भाव भंगिमाओं, गतिविधियों, व्यायामों और कवायदों को प्रतिबधित करती है।

च. भारतीय दंड संहिता की धारा 153 ख के अन्तर्गत राष्ट्रीय अखंडता के लिए घातक सिद्ध होनेवाले सभी आरोप और दावे दंडनीय अपराध है।

छ. अवैध गतिविधि (निवारक) अधिनियम, 1967 के अन्तर्गत किसी भी साम्प्रदायिक संगठन को अवैध संगम घोषित किया जा सकता है। धर्म और जाति से सम्बन्धित अपराध भारतीय दंड संहिता की धारा 295-298 (अध्याय 15) के दायरे में आते हैं। नागरिक अधिकार संरक्षण अधिनियम 1955 [पूर्ववर्ती अश्पृश्यता (अपराध) अधिनियम 1955] एवं जन प्रतिनिधित्व अधिनियम, 1951 की धारा 123 और (3) (क) में उद्घोषित किया गया है कि धर्म के आधार पर वोट माँगना और धर्म, नस्ल, जाति, समुदाय अथवा भाषा के आधार पर भारत के विभिन्न वर्गों के नागरिकों के बीच शत्रुता अथवा घृणा की भावना को बढ़ावा देना अथवा बढ़ावा देने का प्रयास करना भ्रष्ट आचरण है। जन प्रतिनिधित्व अधिनियम की धारा 8क के अन्तर्गत भ्रष्ट आचरण में संलग्न कोई भी व्यक्ति संसद अथवा राज्य विधानमंडल की सदस्यता के लिए अयोग्य ठहराया जा सकता है।

जबकि संविधान में ऐसा कोई अनुबन्ध नहीं है जो नागरिकों के मूल कर्तव्यों को बाध्यकारी बनाता हो लेकिन ऐसा भी कुछ नहीं है जो उन्हें न्यायिक पुनर्निरीक्षण से बाहर रखता हो।

मोहन बनाम भारत संघ, (1992) 1SCC 594 यदि किसी कानून की एक से अधिक व्याख्याएँ सम्भव हैं, तो उसको व्याख्यायित करते समय न्यायालय

निश्चित तौर पर मूल कर्तव्यों को ध्यान में रख सकता है। पर्यावरण की सुरक्षा से सम्बन्धित अनुच्छेद-51 क (ग) का न्यायालयों ने विशेष रूप से संज्ञान लिया। सर्वोच्च न्यायालय ने उत्तर प्रदेश के कुछ क्षेत्रों में उत्खनन कार्य रोकने के लिए मौखिक आदेश दिए। भारतीय वन अधिनियम, 1927 के अन्तर्गत कुछ विवादित क्षेत्रों को संरक्षित वन घोषित करने के आदेश भी पारित हुए।

शासकों, विधायकों, मंत्रियों, विधि निर्माताओं और प्रशासकों को न केवल व्यापक नागरिक समुदाय के हितों के प्रति सतर्क रहना होगा, बल्कि उन्हें एक नागरिक के तौर पर स्वयं अपने कर्तव्यों के प्रति भी सचेत रहना होगा। शासक वर्गों का यह मूलभूत संवैधानिक दायित्व है कि ये नागरिकों को संविधान से प्राप्त मूलभूत अधिकारों के बारे में निरन्तर सतर्कता बरतें। वस्तुत: राज्य को जब कभी कोई दायित्व सौंपा जाता है तो उसका निर्वाह पदों पर आसीन नागरिक ही करते हैं। भारत के नागरिक के रूप में अपनी स्थिति बरकरार रखने के लिए हम काफी हद तक भारतीय संविधान और भारतीय राष्ट्र की एकता एवं अखंडता पर निर्भर हैं। अत: यह हमारा परम कर्तव्य है कि न केवल संविधान के भाग 4 क में वर्णित नागरिकों के कर्तव्यों का पालन करें, बल्कि संविधान में प्रत्यक्ष अथवा अन्तर्निहित नागरिकता सम्बन्धी सभी मूल्यों का सम्मान करें और अपनी सामर्थ्य से सभी साधनों एवं अपने आचरण तथा कार्यों से उनके अनुपालन का प्रयास करें।

हमें जीने का अधिकार तभी प्राप्त होता है, जब हम अच्छे नागरिक के कर्तव्यों का निर्वाह करते हैं। संविधान ने हमारे लिए जो मूल कर्तव्य निर्धारित किए हैं, वे एक नागरिक के रूप में हमारे न्यूनतम कर्तव्यों का प्रतिनिधित्व करते हैं।

एक अच्छा नागरिक कानूनों का अनुपालन करता है। सचेत नागरिक व्यक्तिगत हितों को सार्वजनिक हितों के समक्ष गौण मानता है। हर नागरिक को आत्म-अनुशासन के कुछ निश्चित मानदंडों को अपनाना चाहिए। उन्हें अपनी अधम प्रवृत्तियों पर नियंत्रण रखना चाहिए, दूसरों के अधिकारों का सम्मान करना चाहिए, समाज के प्रति अपने कर्तव्यों का निर्वाह करना चाहिए, राष्ट्र के लक्ष्यों की प्राप्ति में सहायक बनना चाहिए, और अपने मूल कर्तव्यों एवं अधिकारों का निर्वाह करते हुए स्वयं को शान्तिपूर्ण जीवनयापन तथा लोकतांत्रिक शासन की कला में प्रशिक्षित करना चाहिए।

ऐसा उत्तरदायी नागरिक समुदाय ही व्यक्तिगत स्तर पर हर नागरिक को, और साथ ही सम्पूर्ण समाज को उसकी पूरी क्षमता के अनुरूप विकास के अवसर उपलब्ध करा सकता है, एवं लोकतांत्रिक राज्य व्यवस्था अपने शीर्ष पर पहुँच सकती है।

संविधान का हर अनुच्छेद नागरिकों पर यह उत्तरदायित्व सौंपता है कि ये इसके शाब्दिक और भावात्मक आशय का अनुपालन करें।

यदि हम अन्य नागरिकों के अधिकारों का सम्मान नहीं करेंगे और उनके प्रति अपने दायित्वों को नहीं निभाएँगे, तो न तो स्वतंत्रता और लोकतंत्र टिक सकेंगे, और न ही नागरिकता का अस्तित्व बच सकेगा क्योंकि नागरिकता की मूल मान्यता और संविधान में निहित बुनियादी मूल्य यही है कि हम अन्य नागरिकों को अपने समान मानते हुए उनसे भाई-बहनों जैसे व्यवहार का तथा उनकी स्वतंत्रता और अधिकारों का सम्मान करें।

अन्ततः कर्तव्यों में निष्ठा उत्पन्न करने का केवल एक मार्ग है और वह यह है कि लोगों को नागरिकता मूल्यों तथा कर्तव्यों के बारे में शिक्षित किया जाए एवं उनमें पर्याप्त जागरूकता उत्पन्न करके ऐसा अनुकूल वातावरण बनाया जाए जिसमें हर नागरिक स्वयं को गौरवान्वित महसूस करे तथा देश के ऋण से उऋण होना एवं उसके प्रति अपने संवैधानिक कर्तव्यों का निर्वाह करना अपना दायित्व समझे।*

---

* विशेष अध्ययन के लिए देखिए सुभाष सी. कश्यप, *भारतीय संविधान और आम आदमी*, प्रकाशन विभाग भारत सरकार, नई दिल्ली, 2021।

6

संघ की कार्यपालिका, विधायिका, न्यायपालिका

संविधान निर्माताओं ने हमारे लिए संसदीय लोकतांत्रिक प्रणाली चुनी। उसमें मंत्रिमंडल लोक सभा में जन-प्रतिनिधियों के प्रति उत्तरदायी होता है। किन्तु, भारत कोई छोटा-मोटा, द्वीप के आकार का एकात्मक देश नहीं है, न ही यहाँ ब्रिटेन की तरह का राजतंत्र है। हमारा देश एक विशाल गणराज्य है और संयुक्त राज्य अमरीका की तरह ही हमारे यहाँ भी गणराज्य का अध्यक्ष निर्वाचित राष्ट्रपति होता है। केन्द्र और राज्यों के बीच अधिकारों का बँटवारा करके संविधान संघीय राज्य व्यवस्था की स्थापना भी करता है। इस प्रकार हमें एक अनोखी स्थिति प्राप्त है। हम एक साथ ही संसदीय राज्य व्यवस्था और संघीय संरचना वाले गणराज्य की श्रेणी में आ जाते हैं। ब्रिटेन के विपरीत हमारा एक लिखित संविधान है। यह राज्य के तीन मुख्य अंगों की संस्थापना करता है। ये अंग हैं—कार्यपालिका, विधानपालिका (विधायिका) और न्यायपालिका। साथ ही हमारा संविधान संघ और राज्यों के स्तर पर अलग सरकारों का प्रावधान करता है। संविधान राज्य के तीन अंगों तथा संघ और राज्यों के अधिकार क्षेत्रों और पारस्परिक सम्बन्धों की व्याख्या करता है।

कार्यपालिका

राष्ट्रपति : संविधान के अनुच्छेद-52 में कहा गया है कि भारत का एक राष्ट्रपति होगा। हमारे संविधान की योजना में राष्ट्रपति का पद सर्वाधिक सम्मान, गरिमा तथा प्रतिष्ठा का है। योजना में राष्ट्रपति का पद राज्य का अध्यक्ष होता है। आम धारणा के विपरीत हमारा राष्ट्रपति भी अमरीका के राष्ट्रपति की तरह एक निर्वाचक मंडल द्वारा चुना जाता है। लेकिन यहाँ के निर्वाचक मंडल में संसद के दोनों सदनों के तथा राज्यों की विधान सभाओं के निर्वाचित सदस्य होते हैं। राष्ट्रपति का चुनाव, आनुपातिक प्रतिनिधित्व प्रणाली एवं एकल संक्रमणीय मत द्वारा होता है। संघ की समस्त कार्यकारी शक्तियाँ उसी में निहित होती हैं। वह इनका प्रयोग संविधान-सम्मत

ढंग से प्रत्यक्षत: अथवा अपने अधीनस्थ अधिकारियों के माध्यम से करता है। भारत सरकार के सभी प्रशासकीय कार्य राष्ट्रपति के नाम पर किए जाते हैं। रक्षा बलों की सर्वोच्च कमान उसी में निहित होती है और उसका प्रयोग विधि-सम्मत ढंग से किया जाता है। प्रधानमंत्री की नियुक्ति राष्ट्रपति करता है और अन्य मंत्रियों की नियुक्ति वह प्रधानमंत्री की सलाह से करता है। सभी मंत्री अपने पद राष्ट्रपति के प्रसादपर्यंत धारण करते हैं।

संसद के दोनों सदनों के साथ-साथ राष्ट्रपति भी संसद का अभिन्न अंग होता है। वह दोनों सदनों को अधिवेशन के लिए आहूत करता है, उनके अधिवेशनों का सत्रावसान करता है और लोक सभा को भंग कर सकता है। प्रति वर्ष प्रथम सत्र के प्रारंभ में या हर आम चुनाव के बाद यह दोनों सदनों के समवेत सदस्यों को सम्बोधित करता है। राष्ट्रपति, अन्यथा भी, संसद के दोनों सदनों को सन्देश भेज सकता है और उनमें से प्रत्येक को अथवा दोनों को सम्बोधित कर सकता है।

संसद के दोनों सदनों द्वारा पारित सभी विधेयकों को राष्ट्रपति की स्वीकृति के लिए भेजा जाना अनिवार्य है। राष्ट्रपति के अनुमोदन के बाद ही ये कानून बन सकते हैं। कतिपय श्रेणियों के विधेयकों को (यथा धन-विधेयकों को) केवल राष्ट्रपति की सिफारिश से ही पुनर्स्थापित तथा संचालित किया जा सकता है।

जब संसद के दोनों सदनों का सत्र न चल रहा हो, और राष्ट्रपति इस सम्बन्ध में सन्तुष्ट हो कि तत्काल कार्यवाही करना ज़रूरी है, तो यह अध्यादेश जारी कर सकता है और इन अध्यादेशों में यही शक्ति तथा प्रभाव होगा जो संसद द्वारा पारित विधियों का होता है। ये अध्यादेश अन्तरिम या अस्थायी विधान के रूप में होते हैं क्योंकि उन्हें जारी रखने का लिए ज़रूरी है कि उन पर संसद का अनुमोदन प्राप्त किया जाए और अध्यादेशों के स्थान पर विधियाँ बनाई जाएँ। राष्ट्रपति केवल उन्हीं मामलों में अध्यादेश जारी कर सकता है जिनके बारे में संसद विधियाँ बना सकती है। आवश्यकता पड़ने पर राष्ट्रपति लोक सभा के अस्थायी अध्यक्ष की तथा राज्य सभा के कार्यकारी सभापति की नियुक्ति करता है। यदि किसी विधेयक के बारे में दोनों सदनों के बीच अन्तिम रूप से असहमति हो जाए तो वह दोनों सदनों की संयुक्त बैठक बुलाता है।

राष्ट्रपति प्रति वर्ष संसद के समक्ष सरकार का बजट रखवाता है। संविधान में बजट को 'वार्षिक वित्तीय विवरण' कहा गया है। कुछ अन्य संवैधानिक कृत्यकारियों की रिपोर्ट भी राष्ट्रपति रखवाता है। वे हैं—भारत का नियंत्रक तथा महालेखापरीक्षक, वित्त आयोग, संघ लोक सेवा आयोग, अनुसूचित जातियों एवं अनुसूचित जनजातियों तथा पिछड़े वर्गों के आयोग के लिए विशेष अधिकारी। यह लोक सभा के लिए आंग्ल-भारतीय समुदाय के अधिक-से-अधिक दो सदस्यों को नामज़द कर सकता है, यदि उसकी राय हो कि उस समुदाय का पर्याप्त प्रतिनिधित्व लोक सभा में नहीं

हुआ है। राष्ट्रपति राज्य सभा के लिए 12 सदस्यों का नाम-निर्देशन भी करता है। वे ऐसे व्यक्ति होने चाहिए जिन्हें साहित्य, विज्ञान, कला और समाज-सेवा जैसे विषयों के बारे में विशेष ज्ञान या व्यवहारिक अनुभव हो। इसके अलावा, उसे यह अधिकार है कि यह निर्वाचन आयोग की राय जान लेने के बाद यह निर्णय करे कि क्या कोई विधिवत निर्वाचित सदस्य संविधान के अनुच्छेद-102 (1) में विहित निर्योग्यताओं की परिधि में आता है। इस मामले में उसका निर्णय अन्तिम होता है।

उच्चतम न्यायालय तथा उच्च न्यायालयों के न्यायाधीशों, भारत के महान्यायवादी, भारत के नियंत्रक तथा महालेखापरीक्षक, राज्यपालों आदि राज्य के अन्य सभी उच्च कृत्यकारियों की नियुक्ति राष्ट्रपति ही करता है।

उन सभी मामलों में जिनमें दंड सेना न्यायालय ने दिया हो, दंड संघीय कानून के विरुद्ध अपराध के लिए, अथवा दंड मृत्युदंड हो, किसी व्यक्ति के दंड को क्षमा, उसका प्रविलम्बन, विराम या परिहार अथवा दंड का निलम्बन, परिहार या लघुकरण, अनुच्छेद-72 के अधीन राष्ट्रपति की शक्ति न्यायपालिका का मुँह नहीं ताकती। वह अपीलीय न्यायालय के रूप में काम नहीं करता। उद्देश्य यह होता है कि यदि न्यायपालिका से कोई भूल हो जाए तो उसे सुधार दिया जाए। इसके अलावा वह ऐसी अवस्था में भी राहत देने का फैसला कर सकता है जहाँ उसे लगे कि दंड अति कठोर है।

अनुच्छेद-352 के अधीन राष्ट्रपति समूचे भारत में या उसके किसी भाग में आपात स्थिति की घोषणा कर सकता है, यदि वह सन्तुष्ट हो जाए कि ऐसी गम्भीर स्थिति विद्यमान है जिससे बाहरी हमले या सशस्त्र विद्रोह से भारत या उसके राज्य क्षेत्र के किसी भाग की सुरक्षा संकट में है। अनुच्छेद-354 के अधीन राष्ट्रपति राजस्वों के वितरण को सीमित या प्रतिबंधित कर सकता है। जब आपात की घोषणा लागू हो तो राष्ट्रपति अनुच्छेद-359 के अन्दर मूल अधिकारों के प्रवर्तन को निलम्बित कर सकता है। यदि किसी राज्य में संवैधानिक तंत्र विफल हो जाए तो अनुच्छेद-356 के अधीन राष्ट्रपति उद्घोषणा द्वारा उस राज्य में राष्ट्रपति का शासन लागू कर सकता है। अनुच्छेद-360 राष्ट्रपति को वित्तीय आपात की घोषणा करने का अधिकार प्रदान करता है। अत: राष्ट्रपति की आपात सम्बन्धी शक्तियों कठोर तथा दूरगामी प्रभाव वाली हैं।

संक्षेप में—

(1) राष्ट्रपति के पास कार्यपालिका शक्तियाँ हैं जिनका प्रयोग वह सीधे स्वयं या अपने अधिकारियों के माध्यम से कर सकता है।

(2) उसके पास उच्चतम न्यायालय तथा उच्च न्यायालयों के न्यायाधीशों तथा राज्य के अन्य उच्च कृत्यकारियों को नियुक्त करने की शक्तियाँ हैं।

(3) उसके पास सैन्य शक्तियाँ हैं, वह सशस्त्र बलों का सर्वोच्च कमांडर होता है। वह युद्ध तथा शान्ति की घोषणा कर सकता है।

(4) उसके पास क्षमा आदि प्रदान करने की शक्ति होती।

(5) उसके पास राजनयिक शक्तियाँ होती हैं—वह राजदूतों की नियुक्ति भी कर सकता है और देशी राजनयिक प्रतिनिधियों के पद के प्रमाणपत्र भी प्राप्त कर सकता है।

(6) उसके पास विधायी शक्तियाँ होती हैं यथा, वह दोनों सदनों की बैठकें बुला सकता और उनका सत्रावसान कर सकता है, लोक सभा को भंग कर सकता है, विधेयकों आदि को अनुमति दे सकता है और कानूनी शक्ति या अध्यादेश जारी कर सकता है।

(7) उसके पास आपात घोषणा की शक्ति होती है। यह कहना नितान्त अनुचित होगा कि वह तो केवल नाममात्र का अथवा नामधारी अध्यक्ष होता है। जैसा कि संविधानसभा में नेहरू ने कहा था, 'उद्देश्य यह नहीं है कि भारत के राष्ट्रपति को केवल नाममात्र का अध्यक्ष बनाया जाए।'

शानदार शक्तियों के इस पूरे ठाट-बाट के बावजूद हमारे राष्ट्रपति के पद के बारे में सोचा जाता है कि वह एक संवैधानिक राज्याध्यक्ष है। यह स्मरण रखना होगा कि स्वयं अनुच्छेद-53 में यह स्पष्ट कर दिया गया है कि संघ की कार्यपालिका शक्ति का प्रयोग राष्ट्रपति संविधान के अनुसार ही करेगा और सशस्त्र बलों के सर्वोच्च कमांडर के रूप में राष्ट्रपति की शक्तियों के प्रयोग पर भी विधि का अंकुश होगा (यूएन राव बनाम इंदिरा गांधी ए आई आर 1971 एस सी 1002 संजीव बनाम मद्रास राज्य, ए आई आर 1970 एस सी 1102)। अनुच्छेद-60 के अधीन भी राष्ट्रपति संविधान तया विधि के परीक्षण संरक्षण तथा रक्षण की शपथ लेता है। अनुच्छेद-74 (1) राष्ट्रपति से अपेक्षा करता है कि वह अपने सभी कृत्यों का निर्वहन करते समय केवल मंत्रि-परिषद् की सहायता तथा सलाह से ही काम करेगा। हमने मंत्रियों के उत्तरदायित्व वाली जिस संसदीय शासन प्रणाली को अपनाया है उससे भी यही निष्कर्ष निकलता है। उच्चतम न्यायालय ने अपने विभिन्न निर्णयों में इस स्थिति को मान्यता प्रदान की है कि राष्ट्रपति एक संवैधानिक अध्यक्ष है और उसके लिए अनिवार्य है कि वह मंत्रि-परिषद् की सलाह से काम करे। हमारी प्रणाली में वास्तविक कार्यपालिका-शक्ति मंत्रि-परिषद् में निहित है (शमशेर सिंह बनाम पंजाब, ए आई आर 1974 एस सी 2192 एनराब बनाम इंदिरा गांधी, ए आई आर 1971 एस सी 1002 : सर्वश्री विशम्भर दयाल चन्द्र मोहन बनाम उत्तर प्रदेश राज्य ए आई आर 1982 एस सी 33; रामजवाया बनाम पंजाब राज्य ए आई आर 1955 एस सी 544)। इसके अलावा राष्ट्रपति की शक्तियों के प्रयोग के मामले में सामान्य स्थिति तथा आपात स्थिति के बीच संविधान कोई विभेद नहीं करता। आपात स्थिति में शक्तियों के किसी प्रयोग के बारे में कोई विशेष प्रावधान नहीं है। राष्ट्रपति द्वारा किए जानेवाले सभी शक्तियों के प्रयोग

पर अनुच्छेद-74 का अंकुश है। अत: मंत्रि-परिषद् की सलाह से राष्ट्रपति समान रूप से अंधा हुआ है, चाहे स्थिति आपात स्थिति हो या सामान्य स्थिति। 44वें संविधान संशोधन ने अन्तत: स्थिति के सभी सन्देहों को मिटा दिया। उसने यह स्पष्ट कर दिया कि राष्ट्रपति आपात की घोषणा तभी कर सकता है जब लिखित रूप से उसे यह सन्देश प्राप्त हो जाए कि मंत्रिमंडल में उसे ऐसा करने की सलाह देने का निर्णय कर लिया है।

भले ही संविधान के अनुसार राष्ट्रपति का दायित्व है कि वह मंत्रि-परिषद् की सलाह से काम करे, फिर भी ऐसे कुछ धुँधले क्षेत्र हैं जहाँ अब भी राष्ट्रपति को अपने विवेक तथा बुद्धि का उपयोग करना पड़ता है। वे हैं—

1. प्रधानमंत्री की नियुक्ति [अनुच्छेद-75 (1)], जब ऐसी स्थिति पैदा हो जाए कि किसी भी एक पार्टी या गठबंधन को लोक सभा सदस्यों के बहुमत का स्पष्ट समर्थन प्राप्त न हो। जाहिर है कि राष्ट्रपति ऐसे पदावरोही प्रधानमंत्री की सलाह पर नए प्रधानमंत्री की नियुक्ति नहीं कर सकता, जो चुनाव में हार गया हो या जिसने लोक सभा का समर्थन गँवा दिया हो।
2. पदधारी की अचानक मृत्यु की दशा में प्रधानमंत्री की नियुक्ति (यथा, इंदिरा गांधी की हत्या से उत्पन्न स्थिति में) जहाँ सतारूढ़ विधानमंडल पार्टी नेता का चुनाव करने के लिए तत्काल बैठक न कर सकता हो। जहाँ मंत्रिमंडल में मंत्रियों के बीच कोई निश्चित वरिष्ठता क्रम न हो और जहाँ मंत्रिमंडल से बाहर के किसी नाम का सुझाव दिया गया हो।
3. ऐसे मंत्रि-परिषद् की सलाह पर लोक सभा का विघटन (अनुच्छेद-85) (2) जिसने लोक सभा में बहुमत का समर्थन गँवा दिया हो या जिसके विरुद्ध अविश्वास का प्रस्ताव पारित कर दिया गया हो।
4. उस स्थिति में मंत्रियों की बर्खास्तगी जब मंत्रि-परिषद् ने लोक सभा का विश्वास गँवा दिया हो पर वह इस्तीफा देने के लिए तैयार न हो।

राष्ट्रपति का चुनाव : देखिए अध्याय 11

महाभियोग की प्रक्रिया : अनुच्छेद-61 का उपबंध है कि संविधान के अतिक्रमण के आधार पर महाभियोग चलाकर राष्ट्रपति को उसके पद से हटाया जा सकता है। महाभियोग का आरोप संसद के किसी भी सदन में लगाया जा सकता है पर उसके लिए एक संकल्प प्रस्तुत करना होगा जिस पर उस सदन की कुल सदस्य-संख्या के कम-से-कम एक चौथाई सदस्यों के हस्ताक्षर हों। संसद के दोनों सदनों द्वारा दो-तिहाई बहुमत से पारित होने पर ही संकल्प प्रभावी हो सकता है।

राष्ट्रपति की अवधि : अनुच्छेद-62 (1) में कहा गया है कि राष्ट्रपति की पदावधि की समाप्ति से हुई रिक्ति को भरने के लिए निर्वाचन, पदावधि की समाप्ति से पहले ही पूरा कर लिया जाना चाहिए।

अनुच्छेद-56 (1) का उपबंध है कि राष्ट्रपति अपने पदग्रहण की तारीख से पाँच वर्ष की अवधि तक पद धारण करेगा। वह उप राष्ट्रपति को सम्बोधित अपने हस्ताक्षरयुक्त लेख द्वारा अपना पद त्याग सकेगा। राष्ट्रपति अपने पद की अवधि समाप्त हो जाने पर भी तब तक पद धारण करता रहेगा जब तक उसका उत्तराधिकारी अपना पद ग्रहण न कर ले।

उप-राष्ट्रपति

भारत के राष्ट्रपति के बाद अधिकृत अग्रता-अधिपत्र में सर्वोच्च स्थान उप-राष्ट्रपति को दिया गया है। अतः उसका पद उच्च गरिमा एवं प्रतिष्ठा वाला है। उप-राष्ट्रपति राज्य सभा का पदेन सभापति होगा। यह अमरीकी प्रथा का अनुसरण है। राज्य सभा के सभापति के रूप में वह राज्य सभा की कार्यवाहियों का सभापतित्व करता है और लोक सभा में अपने प्रतिरूप अध्यक्ष की भाँति ही सभा के सभी मामलों से सम्बद्ध कृत्यों का निर्वहन करता है। लेकिन जहाँ तक उप-राष्ट्रपति के कृत्यों का सम्बन्ध है, संविधान में उसे कोई कृत्य नहीं सौंपे गए हैं। वह राष्ट्रपति की मृत्यु, उसकी बर्खास्तगी अथवा पद-त्याग की स्थिति में उसका पद रिक्त होने पर राष्ट्रपति के कृत्यों का निर्वाह करेगा।

उप-राष्ट्रपति का निर्वाचन संसद के दोनों सदनों के सदस्यों से मिलकर बननेवाले निर्वाचक मंडल के सदस्यों द्वारा आनुपातिक प्रतिनिधित्व पद्धति के अनुसार एकल संक्रमणीय मत द्वारा किया जाता है।

मंत्रिपरिषद्

संविधान में प्रावधान है कि राष्ट्रपति को उसके कृत्यों में सहायता और सलाह देने के लिए एक मंत्रिपरिषद् होगी जिसका प्रधान, प्रधानमंत्री होगा और राष्ट्रपति उनकी सलाह के अनुसार कार्य करेगा। लेकिन राष्ट्रपति मंत्रिपरिषद् से ऐसी सलाह पर पुनर्विचार करने की अपेक्षा कर सकता है। राष्ट्रपति ऐसे पुनर्विचार के बाद दी गई सलाह के अनुसार ही कार्य करेगा।

'एक मंत्रिपरिषद् होगी', इसका अर्थ यही लगाया जाता है कि सदैव उसका अस्तित्व होगा ही। संविधान ऐसी स्थिति की कल्पना नहीं करता जहाँ न तो कोई प्रधानमंत्री हो और न ही कोई मंत्रिपरिषद्। संघीय स्तर पर संवैधानिक तंत्र के ठप्प हो

जाने तथा राष्ट्रपति के सीधे शासन के बारे में कोई उपबंध नहीं है, जैसा कि राज्यों के लिए अनुच्छेद-356 में है। 44वाँ संशोधन राष्ट्रपति को यह अवसर प्रदान करता है कि वह मंत्रिपरिषद् को सलाह एवं चेतावनी दे और किसी मामले पर पुनर्विचार किए जाने का आग्रह करे एवं उसके बाद ही प्रस्तावित कार्यविधि को स्वीकार करे और उस पर अपने अनुमोदन का ठप्पा लगाए।

मंत्रिमंडल के निर्णय गोपनीयता से किए जाते हैं। राष्ट्रपति को जो सलाह दी जाती है, वह भी राष्ट्रपति तथा मंत्रिपरिषद् के बीच गोपनीय रहती है। अत: उन्हें न्यायालय में चुनौती नहीं की जा सकती।

अनुच्छेद-75 के अधीन प्रधानमंत्री की नियुक्ति राष्ट्रपति करता है और अन्य मंत्रियों की नियुक्ति वह प्रधानमंत्री की सलाह पर करता है। मंत्री राष्ट्रपति के प्रसादपर्यंत पद धारण करते हैं। मंत्रिपरिषद् सामूहिक रूप से लोक सभा के प्रति उत्तरदायी होती है।

जहाँ राष्ट्रपति को अपने कृत्यों के निर्वहन में प्रधानमंत्री की अध्यक्षता में मंत्रिपरिषद् की सलाह से पूर्ण मार्गदर्शन मिलता है यह स्पष्ट नहीं है कि प्रधानमंत्री की नियुक्ति के सर्वाधिक नाज़ुक कृत्य का निर्वहन वह किसकी सलाह से करता है। जहाँ तक कि संविधान की शब्दावली का सम्बन्ध है, राष्ट्रपति किसी को भी प्रधानमंत्री के रूप में नियुक्त कर सकता है पर शर्त केवल यह है कि उसे लोक सभा सदस्यों के बहुमत का समर्थन प्राप्त होना चाहिए। यदि किसी पार्टी, मोर्चे अथवा गठबन्धन को लोक सभा में स्पष्ट बहुमत प्राप्त हो तो कोई कठिनाई नहीं होती, क्योंकि ऐसे मामलों में सुस्थापित संसदीय प्रथाओं तथा परिपाटियों के अनुसार राष्ट्रपति को बहुमत वाली पार्टी के नेता को आमंत्रित करना पड़ता है कि वह प्रधानमंत्री का पदभार सँभाले और सरकार बनाए। लेकिन जहाँ कोई एक पार्टी, मोर्चा अथवा गठबन्धन अपने बलबूते पर सरकार बनाने की स्थिति में न हो, वहाँ चयन में राष्ट्रपति की भूमिका बड़ी ही नाजुक तथा कठिन हो जाती है। हो सकता है कि यह निर्णय करने में उसे अपनी समूची प्रतिभा लगानी पड़े कि कौन सा नेता लोक सभा का विश्वास प्राप्त करने में सर्वाधिक सफल हो सकता है। अब तक का प्रचलित नियम यही रहा है कि सबसे बड़ी पार्टी या गठबन्धन के नेता को आमंत्रित किया जाए।

जहाँ यह कहा जाता है कि मंत्रियों की नियुक्ति भी राष्ट्रपति करता है और वे राष्ट्रपति के प्रसादपर्यंत पद धारण करते हैं, वहाँ वास्तव में स्थिति यह है कि उनका चयन प्रधानमंत्री करता है क्योंकि राष्ट्रपति ऐसे व्यक्ति की नियुक्ति नहीं कर सकता जिसकी सिफारिश प्रधानमंत्री ने न की हो। सभी मंत्री प्रधानमंत्री के प्रसादपर्यंत पद धारण करते हैं। यदि प्रधानमंत्री किसी मंत्री से असन्तुष्ट हो जाता है तो वह उसे पद-त्याग की सलाह दे सकता है, राष्ट्रपति को उसे बर्खास्त करने की सलाह दे

सकता है, अथवा अपनी मंत्रिपरिषद् का इस्तीफा दे सकता है और सम्बद्ध मंत्री का नाम काटकर उसका पुनर्गठन कर सकता है।

ब्रिटेन में संकल्पना मंत्रियों के व्यक्तिगत तथा सामूहिक उत्तरदायित्व की है। लेकिन हमारा संविधान केवल सामूहिक उत्तरदायित्व का प्रावधान करता है। इसका अर्थ यह है कि किसी एक मंत्री के प्रति अविश्वास प्रस्ताव नहीं लाया जा सकता। सरकार के सभी कार्यों के लिए समूची मंत्रिपरिषद् लोक सभा के प्रति संयुक्त रूप से उत्तरदायी है। अत: वह खड़ी भी होती है एक साथ और गिरती भी है एक साथ। यदि वह लोक सभा का विश्वास गँवा देती है तो समूची मंत्रिपरिषद् को इस्तीफा देना ही होगा। इसके अलावा, सामूहिक उत्तरदायित्व का अर्थ है कि मंत्रियों को सार्वजनिक रूप से अलग-अलग वाणियों में नहीं बोलना चाहिए। यदि किसी मंत्री का मतभेद मंत्रिमंडल के किसी निर्णय अथवा नीति से हो जाए तो उसके लिए अनिवार्य है कि या तो वह इस्तीफा दे दे या फिर बराबर के तथा संयुक्त उत्तरदायित्व को स्वीकार कर ले।

प्रधानमंत्री : प्रधानमंत्री को विशेष रूप से यह दायित्व सौंपा गया है कि वह राष्ट्रपति को प्रशासन एवं विधान से सम्बन्धित सभी निर्णयों से अवगत कराए. राष्ट्रपति द्वारा माँगी गई इन मामलों से सम्बन्धित सूचनाएँ उसे उपलब्ध कराए एवं यदि किसी मामले में कोई एक मंत्री निर्णय ले चुका है और राष्ट्रपति चाहता है कि उसे मंत्रिपरिषद् के समक्ष प्रस्तुत किया जाए तो प्रधानमंत्री उस मामले को मंत्रिपरिषद् के सम्मुख रखे (अनुच्छेद-78)।

कहा जाता है कि हर जगह संसदीय सरकार निरन्तर प्रधानमंत्रीय सरकार का रूप लेती जा रही है अन्ततः यह निष्कर्ष निकलता है कि काफी कुछ प्रधानमंत्री के व्यक्तित्व पर निर्भर है। यानी इस बात पर निर्भर है कि उसे देश, अपनी पार्टी अथवा गठबन्धन और राष्ट्र का कितना समर्थन हासिल है। प्रधानमंत्री को संरक्षण प्रदान करने के अधिकार व्यापक स्तर पर प्राप्त हैं। सभी मंत्री उसका संस्तुति पर नियुक्त किए जाते हैं और उसकी अपेक्षा के अनुसार पद मुक्त कर दिए जाते हैं। प्रधानमंत्री, मंत्रियों के बीच काम का बँटवारा करता है। वह अपनी इच्छानुसार उनके विभाग बदल सकता है। प्रधानमंत्री, राष्ट्रपति और मंत्रिपरिषद् के बीच संवाद सम्प्रेषण का माध्यम भी है।

विधायिका

संघ की विधायिका का नाम है भारतीय संसद। यह राष्ट्रपति और दो सदनों से मिलकर बनी है। सदनों के नाम हैं राज्य सभा और लोक सभा। संसद के तीन घटकों में केवल लोक सभा का ही विघटन हो सकता है। राज्य सभा एक स्थायी और निरन्तर चलनेवाली सभा है।

राज्य सभा

राज्य सभा अपने नाम के अनुरूप राज्यों की परिषद् है। वह अप्रत्यक्ष रूप से जनता का प्रतिनिधित्व करती है क्योंकि उसका समूहन संघ, राज्यों तथा संघ राज्य क्षेत्रों के अनेक अंगों के रूप में होता है और राज्य सभा के सदस्यों का निर्वाचन राज्य विधान सभाओं के निर्वाचित सदस्य आनुपातिक पद्धति के अनुसार एकल संक्रमणीय मत द्वारा करते हैं। संघ के विभिन्न राज्यों को राज्य सभा में बराबर का प्रतिनिधित्व नहीं दिया गया है। भारत के प्रत्येक राज्य के प्रतिनिधियों की संख्या अधिकतर उसकी आबादी पर निर्भर करती है।

राज्य सभा में इस समय 245 सदस्य हैं। विवरण इस प्रकार है—

कर्नाटक-12, केरल-9, महाराष्ट्र-19, मध्य प्रदेश-11, मणिपुर-1, मेघालय-1, मिज़ोरम-1, नागालैंड-1, ओड़िसा-10, पंजाब-7, राजस्थान-10, सिक्किम-1, आन्ध्र प्रदेश-11, अरुणाचल प्रदेश-1, असम-7, उत्तराखंड-3, बिहार-16, गोवा-1, गुजरात-11, छत्तीसगढ़-5, झारखंड-6, हरियाणा-5, हिमाचल प्रदेश-3, तेलंगाना-7, तमिलनाडु-18, त्रिपुरा-1, गिलनाड़-18, त्रिपुरा-1, उत्तर प्रदेश-31, पश्चिम बंगाल-16, दिल्ली-3, पुदुचेरी-1, जम्मू-कश्मीर-4, नामनिर्देशित-12।

जहाँ राज्य सभा के किसी एक सदस्य का कार्यकाल 6 वर्ष का होता है, वहाँ उसके सदस्यों में से यथासम्भव एक तिहाई सदस्य विधि द्वारा इस निमित्त किए गए उपबंधों के अनुसार प्रत्येक द्वितीय वर्ष की समाप्ति पर निवृत्त हो जाते हैं। उप-राष्ट्रपति का चुनाव संसद के दोनों सदनों के सदस्य करते हैं और वह राज्य सभा का पदेन सभापति होता है पर उपसभापति का चुनाव राज्य सभा के सदस्य अपने सदस्यों में से करते हैं।

लोक सभा

दूसरा सदन लोक सभा यानी लोक सदन है। इसका निर्वाचन जनता प्रत्यक्ष रूप से करती है। भारत का हर नागरिक जिसकी आयु 18 वर्ष से कम नहीं है, लोक सभा के चुनावों में वोट देने का अधिकारी है, जब तक कि विधि के अधीन उसे अन्यथा अयोग्य न ठहरा दिया जाए। संविधान का उपबंध है कि लोक सभा में राज्यों के प्रादेशिक निर्वाचन-क्षेत्रों के प्रत्यक्ष निर्वाचन द्वारा चुने गए 530 से अधिक तथा संघ राज्य क्षेत्रों का प्रतिनिधित्व करने के लिए ऐसी रीति से जो संसद विधि द्वारा उपबन्धित करे, चुने गए 20 से अधिक सदस्य नहीं होंगे। इसके अलावा राष्ट्रपति आंग्ल-भारतीय समुदाय को प्रतिनिधित्व प्रदान करने के लिए अधिक-से-अधिक दो सदस्य नामज़द कर सकता है। इस प्रकार, संविधान में लोक सभा के सदस्यों

की अधिकतम संख्या 552 निश्चित की गई है। इस समय लोक सभा में सदस्यों की कुल संख्या 545 है।

राज्य : आन्ध्र प्रदेश-25, अरुणाचल प्रदेश-2, असम-14, उत्तराखंड-5, बिहार-40, गोवा-2, गुजरात-26, छत्तीसगढ़-11, झारखंड-14, हरियाणा-10, हिमाचल प्रदेश-4, कनार्टक-28, केरल-20, महाराष्ट्र-48, मध्य प्रदेश-29, मणिपुर-2, मेघालय-2, मिज़ोरम-1, नागालैंड-1, ओड़िसा-21, पंजाब-13, राजस्थान-25, सिक्किम-1, तेलंगाना-17, तमिलनाडु-39, त्रिपुरा-2, उत्तर प्रदेश-80, पश्चिम बंगाल-42;

संघ राज्य क्षेत्र : अंडमान-निकोबार द्वीप समूह-1, चंडीगढ़-1, दादर तथा नागर हवेली-1 दिल्ली (राष्ट्रीय राजधानी क्षेत्र)-7, दमन तथा दीव-1, लक्षद्वीप-1, पुदुचेरी-1, जम्मू-कश्मीर-5, लद्दाख-1, मनोनीत आंग्ल-भारतीय-2

समस्त निर्वाचन सदस्य संख्या को राज्यों में इस प्रकार विभाजित किया गया है कि लोक सभा में प्रत्येक राज्य के आवंटित स्थानों की संख्या ऐसी हो कि उस संख्या से राज्य की जनसंख्या का अनुपात सभी राज्यों के लिए यथासाध्य एक-सा ही हो। इस प्रयोजन के लिए जनसंख्या से अभिप्राय है 1971 की जनगणना में निश्चित जनसंख्या। सन् 2006 तक लोकसभा की सीटों की संख्या में कोई परिवर्तन नहीं होना है।

लोक सभा में अनुसूचित जातियों तथा अनुसूचित जनजातियों के लिए स्थानों का आरक्षण राज्यवार जनसंख्या-अनुपात के आधार पर किया गया है। मूलतया आरक्षण दस वर्षों के लिए था लेकिन उसे हर बार अगले दस वर्षों के लिए बढ़ाया जा रहा है। उसे 2030 तक के लिए बढ़ा दिया गया है।

लोक सभा की अवधि उसकी प्रथम बैठक के लिए नियत तिथि से पाँच वर्षों की है। पाँच वर्ष की अवधि समाप्त हो जाने पर स्वत: विघटन हो जाता है। कुछ परिस्थितियों में लोक सभा की पूर्ण अवधि समाप्त होने से पूर्व ही उसका विघटन किया जा सकता है। जब आपात की घोषणा लागू हो तब संसद लोक सभा की अवधि को बढ़ा सकती है जो एक बार में एक वर्ष से अधिक नहीं होगी और घोषणा के लागू न रहने के बाद किसी भी दशा में उसका विस्तार छह मास की अवधि से अधिक नहीं होगा।

सदस्यता की अर्हता : कोई व्यक्ति सदस्य के रूप में चुने जाने का पात्र तभी होगा जब वह भारत का नागरिक हो। राज्य सभा की सदस्यता के लिए उसकी आयु कम-से-कम तीस वर्ष की और लोक सभा की सदस्यता के लिए उसकी आयु कम-से-कम 25 वर्ष की होनी चाहिए। अतिरिक्त अर्हताएँ विधि द्वारा विहित की जा सकती हैं। (अनुच्छेद-84)

सदस्यता के लिए निरर्हताएँ : कोई व्यक्ति संसद के किसी सदन का सदस्य

चुने जाने के और सदस्य होने के योग्य नहीं होगा यदि वह (1) भारत का नागरिक नहीं है अथवा किसी विदेशी राज्य के प्रति निष्टा रखता है; (2) अनुन्मोचित दिवालिया है अथवा विकृतचित है और उसके बारे में सक्षम न्यायालय की घोषणा विद्यमान है; (3) भारत सरकार के या राज्य सरकार के अधीन कोई लाभ का पद धारण करता है सिवाय मंत्री पद के अथवा उस पद के जिसके बारे में संसद ने विधि द्वारा छूट दी है, और (4) उसे संसद द्वारा बनाए गए किसी कानून के अधीन अयोग्य ठहराया गया है। दल-बल के आधार पर भी किसी व्यक्ति को अयोग्य ठहराया जा सकता है।

संसद के अधिकारी

संविधान में लोक सभा के लिए अध्यक्ष तथा उपाध्यक्ष का और राज्य सभा के लिए सभापति तथा उपसभापति का उपबंध किया गया है। भारत का उप-राष्ट्रपति राज्य सभा का प्रधान सभापति होता है। उपसभापति का चुनाव राज्य सभा अपने सदस्यों में से करती है। अध्यक्ष तथा उपाध्यक्ष का चुनाव लोक सभा अपने सदस्यों में से करती है।

संसद के सत्र

राष्ट्रपति समय-समय पर संसद के प्रत्येक सदन को अधिवेशन के लिए बुलाता है। लेकिन अनुच्छेद-85(1) क में उपबंध है कि सत्रों के बीच छह मास का अन्तर नहीं होगा। सामान्यतया प्रतिवर्ष तीन सत्र होते हैं अर्थात बजट-सत्र (फरवरी-मई), वर्षाकालीन-सत्र (जुलाई-सितम्बर) और शीतकालीन-सत्र (नवम्बर-दिसम्बर)। लेकिन राज्य सभा के बजट-सत्र का विभाजन दो सत्रों में कर दिया जाता है और उनके बीच तीन से चार सप्ताह का अन्तराल होता है। अत: उसके वर्ष में चार सत्र हो जाते हैं। बजट-सत्र के दौरान लोक सभा की कार्यवाही में भी 3-4 सप्ताह का अन्तराल कर दिया जाता है, ताकि विभागों से सम्बन्धित स्थायी समियाँ अनुदान-माँगों का परीक्षण कर सकें।

बजट

राष्ट्रपति से अपेक्षा की जाती है कि वह प्रत्येक वित्तीय वर्ष के सम्बन्ध में संसद के दोनों सदनों के समक्ष भारत सरकार की उस वर्ष के लिए अनुमानित प्राप्तियों तथा व्यय का विवरण रखवाएगा। इसे 'वार्षिक वित्तीय विवरण' या बजट कहा जाता है अनुच्छेद-112।

संसदीय विशेषाधिकार

संविधान का अनुच्छेद-105 संसद के सदनों, उसके सदस्यों तथा उनकी समितियों के अधिकारों, विशेषाधिकारों आदि के बारे उपबंध करता है। बुनियादी कानून यह है कि संसद सदस्यों समेत सभी नागरिकों को विधि के समक्ष समान समझा जाए। उनके भी अधिकार तथा उन्मुक्तियाँ साधारण नागरिकों जैसी ही हैं, सिवाय उस स्थिति के जब संसद में वे अपने कर्तव्यों का पालन करते हैं। सदस्यों को ये विशेषाधिकार केवल तभी और उसी सीमा तक उपलब्ध हैं जब तक वे संसद में जनप्रतिनिधियों के रूप में काम करते हैं और अपने संसदीय दायित्वों का निर्वाह करते हैं। ये विशेषाधिकार किसी भी दशा में उन्हें समाज के प्रति उनके दायित्व से मुक्त नहीं करते। इन दायित्वों का भार उन पर दूसरों जैसा ही है और सम्भवतया उसे हैसियत से कुछ अधिक ही।

अधिक महत्त्वपूर्ण विशेषाधिकारों का उल्लेख संविधान के अनुच्छेद-105 में किया गया है। वे हैं संसद में बोलने की आज़ादी तथा संसद में उनके द्वारा कही गई किसी बात या दिए गए मत के बारे में न्यायिक कार्यवाही से उन्मुक्ति।

दोनों सदनों की तुलनात्मक भूमिका

संसद के दोनों सदनों को सभी क्षेत्रों में समान शक्ति तथा दर्जा प्राप्त है केवल वित्तीय मामलों तथा मंत्रिपरिषद् के उत्तरदायित्व छोड़कर, जो केवल लोक सभा के अधिकर-क्षेत्र में आते हैं।

तदनुसार, धन विधेयक राज्य सभा में पुन:स्थापित नहीं किया जा सकता। राज्य सभा धन विधेयक को न तो अस्वीकार कर सकती है और न ही उसमें संशोधन कर सकती है। धन विधेयक के बारे में वह केवल सिफारिशें कर सकती है। यदि ऐसा विधेयक 14 दिन की अवधि के भीतर लोक सभा को नहीं लौटाया जाता है तो समझा जाएगा कि उसे उक्त अवधि की समाप्ति के बाद दोनों सदनों ने उसे उस रूप में पारित कर दिया है जिस रूप में उसे लोक सभा ने पारित कर दिया था। कोई विधेयक विशेष धन विधेयक है या नहीं, इसके बारे में निर्णय लोक सभा का अध्यक्ष करेगा। राज्य सभा वार्षिक वित्तीय विवरण पर चर्चा कर सकती है पर वह अनुदान की माँगों पर मतदान नहीं करा सकती और उसके पास मंत्रिपरिषद् के प्रति अविश्वास प्रस्ताव पारित करने की शक्ति नहीं है। इतना ही नहीं, राज्य सभा में कार्य स्थगन प्रस्ताव को भी प्रस्तुत नहीं किया जा सकता क्योंकि उसमें निंदा का तत्त्व समाहित माना जाता है।

लेकिन इसका यह अर्थ नहीं निकाला जाना चाहिए कि राज्य सभा कम महत्त्वपूर्ण

है, अथवा उसे लोक सभा की तुलना में दोयम स्थान दिया गया है। राज्य सभा की शक्तियाँ अधिकांशत: लोक सभा की शक्तियों के समान ही हैं। उसे गैर वित्तीय विधेयकों के बारे में वही शक्तियाँ प्राप्त हैं, जो लोक सभा को हैं। प्रत्येक गैर वित्तीय विधेयक को अधिनियम का रूप लेने से पहले दोनों सदनों के प्रांगण से गुज़रना होता है और दोनों सदनों द्वारा अलग-अलग पारित किया जाना अनिवार्य है। राज्य सभा को राष्ट्रपति पर महाभियोग, उप राष्ट्रपति की बर्खास्तगी, संविधान संशोधनों, और सर्वोच्च न्यायालय तथा उच्च न्यायालयों के जजों की पदमुक्ति जैसे महत्त्वपूर्ण मामलों में लोक सभा के समान ही अधिकार प्राप्त हैं। राष्ट्रपति के अध्यादेश, आपात की घोषणा और किसी राज्य विशेष में संवैधानिक तंत्र की असफलता की घोषणा को दोनों सदनों के सम्मुख प्रस्तुत किया जाना होता है। वित्त विधेयक एवं संविधान संशोधन विधेयक के अतिरिक्त अन्य किसी भी विधेयक पर दोनों सदनों के बीच असहमति की स्थिति में उनकी एक संयुक्त बैठक होती है, जहाँ मामले बहुमत द्वारा तय किए जाते हैं। दोनों सदनों की ऐसी बैठक की अध्यक्षता लोक सभा अध्यक्ष करता है।

संविधान ने राज्य सभा को कुछ विशेष शक्तियाँ प्रदान की हैं। केवल राज्य सभा ही यह घोषणा कर सकती है कि संसद के लिए राष्ट्रहित में यह ज़रूरी है कि वह राज्य सूची में शामिल किसी मामले के सम्बन्ध में कानून बनाए। यदि दो तिहाई बहुमत से राज्य सभा इस आशय का कोई संकल्प पारित कर देती है तो संसद समूचे भारत या उसके किसी भाग के लिए विधियाँ बना सकती है (अनुच्छेद-249)। इसके अलावा यदि राज्य सभा ने उपस्थित और मत देनेवाले सदस्यों में से कम-से-कम दो तिहाई सदस्यों द्वारा समर्थित संकल्प द्वारा यह घोषित कर दिया है कि राष्ट्रीय हित में ऐसा करना आवश्यक है या समीचीन है तो संसद विधि द्वारा संघ और राज्यों के लिए सम्मिलित एक या अधिक अखिल भारतीय सेवाओं का निर्माण कर सकती है।

दल-बदल विरोधी कानून

संविधान (52वाँ संशोधन) अधिनियम, 1985 ने संविधान में एक नई अनुसूची (दसवीं अनुसूची) जोड़ी है। उसमें दल-बदल के आधार पर सदन की सदस्यता के लिए अयोग्य ठहराया जा सकता है, बशर्ते वह दल बदल दलों के विलय का अंग न हो।

संसद एवं कार्यपालिका

जब नई लोक सभा का विधिवत निर्वाचन तथा गठन हो जाता है तो उसके बाद राष्ट्रपति लोक सभा के अधिकतम सदस्यों का समर्थन प्राप्त करनेवाली पार्टी या

पार्टियों के गठबन्धन के नेता को सरकार बनाने के लिए आमंत्रित करता है।

जहाँ प्रधानमंत्री सामान्यतया लोक सभा का सदस्य होता है, वहाँ मंत्री संसद के दोनों सदनों से लिए जाते हैं। संसद-सदस्य से भिन्न किसी व्यक्ति को भी मंत्री नियुक्त किया जा सकता है, लेकिन छह मास के बाद उसे पद छोड़ना होगा, यदि वह इस बीच दोनों में किसी सदन का सदस्य नहीं चुना जाता। चूँकि मंत्रिपरिषद् लोक सभा के प्रति सामूहिक रूप से उत्तरदायी है (अनुच्छेद-75), अत: मंत्रियों का यह संवैधानिक दायित्व होता है कि जैसे ही वे लोक सभा का विश्वास गँवा दें, वैसे ही सामूहिक रूप से इस्तीफा दे दें।

हमारे संविधान की योजना कार्यपालिका तथा विधायिका के सर्वोच्च प्राधिकारों का यथार्थ समन्वय दर्शाती है। कार्यपालिका तथा विधायिका का सम्बन्ध अति प्रगाढ़ तथा आदर्श प्रकृति का है। वह किसी वैर-विरोध या द्विभाजन की अनुमति नहीं देता। कार्यपालिका और विधायिका सत्ता की होड़ के केन्द्र नहीं माने गए हैं, बल्कि वे तो सरकार के कार्य में अभिन्न भागीदार या सहभागी माने गए हैं। स्पष्ट तौर पर कहें तो संसदीय प्रणाली की सरकार का अर्थ ही संसद की सरकार होना चाहिए। लेकिन संसद एक विशाल निकाय है। वह स्वयं न तो शासन करती है और न कर सकती है।

मंत्रिपरिषद् को एक प्रकार से संसद की एक ऐसी कार्यपालिका समिति कहा जा सकता है, जिसे मूल निकाय की ओर से प्रशासन का प्रभार सौंपा गया हो या यूँ कहें कि कार्यपालिका कोई अलग या बाहरी काम नहीं है कि मंत्रिपरिषद् के सदस्य संसद से लिए जाते हैं और वह संसद का अंग होती है और लोक सभा के प्रति उत्तरदायी होती है अत: उनके रिश्ते के बारे में कहा जा सकता है कि वह तो मेरा ही रिश्ता है जैसे अंश का पूर्ण से होता है। वह परस्पर निर्भरता का रिश्ता है। लेकिन कार्यपालिका तथा संसद के कृत्यों के बीच स्पष्ट विभेद है। संसद विधान बनाती है, सलाह देती है, आलोचना करती है तथा जनता की शिकायतों को मुखर करती है। भले ही संसद की ओर से हो, कार्यपालिका शासन करती है।

जहाँ कार्यपालिका को इस बारे में लगभग असीम अधिकार हैं कि वह संसद के समक्ष विधायी तथा वित्तीय प्रस्तावों का शुभारम्भ तथा प्रारूपण करे और अनुमोदित नीतियों के बिना किसी संसदीय अवरोध तथा विरोध के कार्य रूप दे। वहाँ संसद को भी इस बारे में असीम शक्ति है कि वह सूचना की माँग करे, चर्चा करे, छानबीन करे तथा कार्यपालिका के प्रस्तावों पर लोकानुमोदन का ठप्पा लगाए। कार्यपालिका संसद के प्रति उत्तरदायी होती है और प्रशासन जवाबदेह रहता है। संसद का कार्य है कि कार्यपालिका पर राजनीतिक तथा वित्तीय नियंत्रण रखे और प्रशासन की संसदीय निगरानी करे।

संसद तथा न्यायपालिका

संसद को अधिकार है कि वह न्यायालयों के गठन/संगठन, अधिकारिता तथा शक्तियों के विनियमन के बारे में विधियाँ बना सके। संसद विधि द्वारा किसी संघ-राज्य क्षेत्र पर से उच्च न्यायालय की अधिकारिता का विस्तार या उसका निस्तार कर सकती है; दो या उससे अधिक राज्यों के लिए या दो या अधिक राज्यों तथा किसी संघ-राज्य क्षेत्र के लिए साझे उच्च न्यायालय की स्थापना कर सकती है; और किसी संघ-राज्य क्षेत्र के लिए उच्च न्यायालय का गठन कर सकती है या ऐसे राज्य क्षेत्र के किसी न्यायालय को संविधान के सभी या किन्हीं प्रयोजनों के लिए उच्च न्यायालय घोषित कर सकती है।

उच्चतम न्यायालय या उच्च न्यायालय का कोई न्यायाधीश राष्ट्रपति को सम्बोधित कर अपने हस्ताक्षरयुक्त पत्र द्वारा अपना पद त्याग सकता है। उसे उसके पद से राष्ट्रपति तभी हटा सकता है जब विशेष बहुमत से (यानी प्रत्येक सदन द्वारा उस सदन की कुल सदस्य संख्या के बहुमत से तथा उस सदन के उपस्थित और मत देनेवाले सदस्यों के कम-से-कम दो तिहाई बहुमत से) संसद के दोनों सदनों द्वारा पारित समावेदन उसके सामने प्रस्तुत किया जाए [अनुच्छेद-124(4) तथा 218]। संसद इस प्रक्रिया का विधि द्वारा नियमन कर सकती है। संसद को अधिकार नहीं है कि वह उच्चतम न्यायालय अथवा उच्च न्यायालय के किसी न्यायाधीश के कर्तव्यपालन सम्बन्धी उसके आचरण के बारे में चर्चा कर सके सिवाय उस स्थिति के जब किसी न्यायाधीश को हटाए जाने की प्रार्थना करनेवाला कोई समावेदन राष्ट्रपति के सम्मुख प्रस्तुत किया जाए (अनुच्छेद-121)।

आम धारणा के विपरीत हमारे संविधान में किसी जज के महाभियोजन का कोई प्रावधान नहीं है। महाभियोजन का प्रावधान केवल राष्ट्रपति के लिए है। संसद विधि द्वारा इस प्रक्रिया का नियमन कर सकती है। इसके अलावा महाभियोजन प्रक्रिया एवं हटाने की प्रक्रिया के बीच मूल अन्तर है। इसी तरह महाभियोजन। के प्रस्ताव एवं राष्ट्रपति से किसी जज को हटाए जाने का आदेश प्राप्त करने के लिए समावेदन प्रस्तुत करने के उद्देश्य से प्रस्ताव पारित किए जाने के बीच काफी अन्तर है। राष्ट्रपति के महाभियोजन प्रस्ताव का सम्बन्ध 'संविधान की अवहेलना' से होना चाहिए जबकि किसी जज को हटाए जाने के समावेदन का आधार 'कदाचार अथवा अक्षमता' होती है। महाभियोग के मामले में जिस क्षण दोनों सदन प्रस्ताव पारित कर देते हैं उस क्षण से राष्ट्रपति पदच्युत मान लिया जाता है, लेकिन जज की बर्खास्तगी के प्रस्ताव के मामले में आवश्यक आदेश जारी करना राष्ट्रपति पर निर्भर है।

संसद विधि द्वारा उपबंध कर सकती है कि संघ के लिए प्रशासनिक अधिकरण

की और हर राज्य या दो या दो से अधिक राज्यों के लिए अलग से प्रशासनिक अधिकरण की स्थापना की जाए। इस उपबंध के अधीन बनाई गई विधि अधिकरणों की अधिकारिता तथा शक्तियों का विनिर्देश कर सकती है। ऐसी विधि कतिपय विनिर्दिष्ट मामलों के बारे में, अनुच्छेद-136 के अधीन उच्चतम न्यायालय की अधिकारिता के सिवाय, सभी न्यायालयों की अधिकारिता का अपवर्जन कर सकती है (अनुच्छेद-323 क तथा 323 ख)। इसके अलावा, संविधान के अधीन संसद एक अखिल भारतीय न्यायिक सेवा का सृजन कर सकती है। उसमें जिला न्यायाधीश से अवर पद का कोई पद नहीं होगा अनुच्छेद-312(1) तथा (3)।

संसद की दोनों सभाओं की किसी कार्यवाही की वैधता को किसी न्यायालय के समक्ष प्रक्रिया की किसी कथित अनियमितता के आधार पर चुनौती नहीं दी जा सकती [अनुच्छेद-122(1) तथा 212(1)]। प्रत्येक सदन का पीठासीन अधिकारी या कोई अधिकारी या संसद सदस्य जिनमें अस्थायी रूप में प्रक्रिया या कार्य-संचालन को विनियमित करने की तथा संसद के किसी सदन के निर्णय को लागू करने की शक्तियाँ निहित हों, इन शक्तियों के प्रयोग के विषय में किसी न्यायालय की अधिकारिता के अधीन नहीं होगा [अनुच्छेद-122(2) तथा 105(3)]। किसी विधि की संवैधानिक वैधता को भारत में इस आधार पर चुनौती दी जा सकती है कि विधान की विषयवस्तु उस विधानमंडल की सक्षमता में नहीं है जिसने उसे पारित किया है, संविधान के प्रावधानों के प्रतिकूल है, अथवा किसी मूल अधिकार का उल्लंघन करती है।

उच्चतम न्यायालय के निर्णय के विरुद्ध कोई अपील नहीं की जा सकती। वह तब तक देश की सभी अदालतों के लिए मान्य विधि बना रहता है, जब तक कि उसके निर्वचन की पुनरीक्षा या उसमें परिवर्तन स्वयं उच्चतम न्यायालय नहीं कर देता या संसद के किसी अधिनियम को न्यायपालिका रद्द कर देती है तो संसद उन रद्द किए जाने के कारणों को दूर करके उसे पुनः अधिनियमित कर सकती है। साथ ही, संसद अपनी संविधानी शक्तियों की सीमाओं के भीतर संविधान में इस प्रकार संशोधन कर सकती है कि विधि संविधान के विरुद्ध न रहे।

अतः भारतीय संसद ब्रिटिश संसद जैसी सर्वोच्च नहीं है। ब्रिटिश संसद विधान की किसी न्यायिक पुनरीक्षा की अनुमति नहीं देती। साथ ही, भारत की न्यायपालिका उतनी सर्वोच्च नहीं है जितनी कि अमरीका की न्यायपालिका है। अमरीकी न्यायपालिका न्यायिक पुनरीक्षा के क्षेत्र पर वस्तुतया कोई सीमा स्वीकार नहीं करती।

न्यायपालिका

पूरे भारत के लिए एकीकृत न्याय प्रणाली है। अधीनस्थ न्यायालयों से लेकर सर्वोच्च न्यायालय तक न्यायालयों का एक अधिक्रम है। शीर्ष पर उच्चतम न्यायालय है। उच्चतम न्यायालय द्वारा स्थापित विधि देश के सभी अन्य न्यायालयों के लिए बाध्यकारी है।

सर्वोच्च न्यायालय

जजों की नियुक्ति अनुच्छेद-124 का उपबंध है कि भारत का एक उच्चतम न्यायालय होगा। इसमें एक मुख्य न्यायमूर्ति तथा सात अन्य न्यायाधीश होंगे। लेकिन संसद को अधिकार है कि वह विधि द्वारा न्यायाधीशों की संख्या में वृद्धि कर सकती है। 1986 से विधि द्वारा निश्चित संख्या मुख्य न्यायमूर्ति के अलावा 25 कर दी गई थी। अनुच्छेद-124(2) के अनुसार राष्ट्रपति, "उच्चतम न्यायालय के और राज्यों के उच्च न्यायालयों के ऐसे न्यायाधीशों से परामर्श करने के बाद, जिनसे वह परामर्श करना उचित समझे," उच्चतम न्यायालयों के सभी न्यायाधीशों की नियुक्ति करेगा। अनुच्छेद के उपबंधों के अनुसार मुख्य न्यायमूर्ति के अन्तता न्यायमूर्ति से सदैव परामर्श किया जाएगा। सरकार पर केवल इतना उत्तरदायित्व है कि वह मुख्य न्यायाधीश एवं अन्य जजों से सम्पर्क करे। उल्लेखनीय है कि संवैधानिक उपबंधों में यह अपेक्षा नहीं की गई कि नियुक्ति 'परामर्श से' की जाएगी, बल्कि यह कहा गया कि नियुक्ति 'परामर्श के बाद' की जाएगी। कुछ वर्ष पूर्व तक प्रचलित प्रक्रिया यह थी कि मुख्य न्यायाधीश की राय प्राप्त करने के बाद मंत्रिपरिषद् मामले पर विचार करती थी और राष्ट्रपति को इस सम्बन्ध में सलाह देती थी कि किन लोगों की नियुक्ति की जाए। राष्ट्रपति सलाह के अनुसार कार्य करता था। मुख्य न्यायाधीश के मामले में, आमतौर पर वरिष्ठतम न्यायाधीश की नियुक्ति की जाती थी। लेकिन 1970 के दशक में कुछ काल के लिए इस परिपाटी की उपेक्षा की गई और कुछ मुख्य न्यायाधीशों की नियुक्ति वरिष्ठताक्रम की अवहेलना करके की गई।

एस. पी. गुप्ता बनाम भारतसंघ (ए आई आर 1982 एस सी 149) के मामले में न्यायालय ने यह मत व्यक्त किया कि न्यायाधीशों के चयन के विषय में परामर्श प्रभावी होना चाहिए और गुण-दोषों पर विचार करने के बाद परस्पर विचारों का आदान-प्रदान होना चाहिए लेकिन इसका यह अर्थ वही है कि परस्पर सहमति होनी ही चाहिए। लेकिन इस मामले में व्यक्त विचार को सन् 1993 में बदल दिया गया। सुप्रीम कोर्ट एडवोकेट्स ऑन रिकार्ड एसोसिएशन बनाम भारतीय संघ

(ए. आई. आर. 1994 एस. सी. 268) के मामले में सर्वोच्च न्यायालय ने जजों की नियुक्ति का अधिकार वस्तुतः अपने हाथों में ले लिया। एहतियात के तौर पर इस मामले में निर्देश दिया गया कि मुख्य न्यायाधीश चयन प्रक्रिया में अपने दो वरिष्ठतम सहयोगियों को भी शामिल करेगा। इस निर्णय के प्रकाश में जजों की नियुक्ति के मामले में भारत के मुख्य न्यायाधीश का मत निर्णायक होगा और मुख्य न्यायाधीश का पद रिक्त होने की स्थिति में, वरिष्ठतम न्यायाधीश को भारत का मुख्य न्यायाधीश नियुक्त किया जाएगा।

न्यायाधीश द्वारा उच्चतम न्यायालय के जजों की नियुक्ति के बारे में की गई कतिपय संस्तुतियों के बारे में सरकार द्वारा अपना निर्णय सुरक्षित रख लिए जाने से मामला अत्यधिक विवादास्पद हो गया। सरकार ने मसले पर परामर्श लेने के लिए उसे संविधान के अनुच्छेद-143 के अन्तर्गत उच्चतम न्यायालय को सन्दर्भित कर दिया। न्यायालय ने अपनी सलाहकारी राय (1998 की विशेष, सन्दर्भ संख्या 1) 28 अक्टूबर, 1998 [(1998) 7 एन एस सी सी 739] में मूलतः अपनी पूर्व स्थिति की ही पुष्टि की, लेकिन उसने सतर्कता बरतने के लिए कुछ और प्रावधान किए। मुख्य न्यायाधीश को उच्चतम न्यायालय के चार वरिष्ठतम जजों से परामर्श करना होगा, और यदि किसी नाम पर चार में से दो जजों ने असहमति व्यक्ति की तो नियुक्ति के लिए उसकी संस्तुति नहीं की जा सकेगी। अब प्रचलित रीति यह है कि निर्णय यथासम्भव सर्वसम्मति से लिए जाने चाहिए और किसी नाम की संस्तुति के लिए मुख्य न्यायाधीश एवं अन्य चार में से कम-से-कम तीन जजों को सहमत होना चाहिए।*

पदावधि : उच्चतम न्यायालय का हर जज 65 वर्ष की आयु तक अपने पद पर बना रहेगा। वह राष्ट्रपति को पत्र लिखकर अपने पद को त्याग सकता है। किसी जज को संसद के दोनों सदनों में उसकी बर्खास्तगी के लिए पारित प्रस्ताव के बाद जारी राष्ट्रपति के आदेश के माध्यम से ही हटाया जा सकता है।

उच्चतम न्यायालय का अधिकार क्षेत्र : अनुच्छेद-129 में कहा गया है कि उच्चतम न्यायालय अभिलेख न्यायालय होगा और उसे ऐसे न्यायालय की सभी शक्तियाँ प्राप्त होंगी। यह न्यायालय देश का सर्वोच्च न्यायालय है। अतः उसकी कार्यवाहियों, कार्यों तथा निर्णयों के अभिलेख रखे जाते हैं ताकि कानून क्या है, इसके समर्थन में ज़रूरत पड़ने पर उन्हें साक्ष्य के रूप में प्रस्तुत किया जा सके और उनका अक्षय स्मृति भंडार बना रहे। अभिलेख न्यायालय होने का अर्थ यह है कि उसके अभिलेखों को साक्ष्य के रूप में इस्तेमाल किया जा सकता है और किसी न्यायालय में उनकी प्रामाणिकता को चुनौती नहीं दी जा सकती।

---

* 99वाँ संविधान संशोधन और तत्सम्बन्धी उच्चतम न्यायालय का निर्णय भी देखें।

अभिलेख न्यायालय का यह अर्थ भी है कि वह अपनी मानहानि के लिए दंड दे सकता है। लेकिन इस संक्षिप्त शक्ति का उपयोग कभी-कभार अत्यावश्यक परिस्थितियों में ही किया जाता है। इसका अर्थ यह कदापि नहीं है कि न्यायालय तथा उसके कार्य की खरी तथा सदाशयपूर्ण आलोचना पर कोई पाबन्दी है। लोकहित में न्यायिक कार्य की उचित तथा युक्तियुक्त आलोचना से किसी की मानहानि नहीं होती।

उच्चतम न्यायालय को आरम्भिक अथवा मूल, अपीलीय तथा मंत्रणा देने की अधिकारिता होती है। मूल अधिकारिता का अर्थ है प्रथमतया किसी विवाद को सुनने तथा उस पर निर्णय देने की शक्ति। उच्चतम न्यायालय को अनन्य मूल अधिकारिता दी गई है। वह ऐसे विवादों पर लागू होती है यथा, (क) जो भारत सरकार तथा एक या उससे अधिक राज्यों के बीच हो; (ख) जहाँ एक ओर भारत सरकार तथा एक या उससे अधिक राज्य हों और दूसरी ओर एक या उससे अधिक राज्य हों, (ग) जो दो या उससे अधिक राज्यों के बीच हों।

उच्चतम न्यायालय की मूल अधिकारिता व्यक्तियों के मूल अधिकारों के उल्लंघन सम्बन्धी मामलों पर भी लागू होती है और न्यायालय इन अधिकारों के प्रवर्तन के लिए अनेक आदेश (रिट) जारी कर सकता है। हमारे संविधान का यह विशेष लक्षण है कि कोई व्यक्ति अपने मूल अधिकारों के उल्लंघन के मामले में सीधे ही सर्वोच्च न्यायालय के द्वार खटखटा सकता है।

उच्चतम न्यायालय की अपीलीय अधिकारिता दीवानी, फौजदारी तथा संवैधानिक मामलों पर लागू होती है। दीवानी मामले में उच्च न्यायालय के किसी निर्णय, डिक्री अथवा अन्तिम आदेश की अपील उच्चतम न्यायालय में हो सकती है यदि उच्च न्यायालय अनुच्छेद-134 क के अधीन प्रमाणित कर देता है कि इस मामले में संविधान के निर्वचन के बारे में सार्वजनिक महत्त्व का कोई सारवान प्रश्न अन्तर्ग्रस्त है और उस प्रश्न का विनिश्चय उच्चतम न्यायालय द्वारा आवश्यक है।

फौजदारी मामलों में अपील उच्चतम न्यायालय में हो सकेगी, यदि उच्च न्यायालय ने (क) किसी अभियुक्त की दोषमुक्ति के आदेश को उलट दिया है और उसको मृत्युदंड का आदेश दे दिया है या (ख) अपने अधिकार के अधीन किसी न्यायालय से किसी मामले को विचारण के लिए अपने पास मँगा लिया है और ऐसे विचारण में अभियुक्त को सिद्धदोष ठहराया है और उसे मृत्युदंड का आदेश दे दिया है।

न्यायालय के किसी निर्णय के विरुद्ध अपील की जा सकेगी, बशर्ते उच्च न्यायालय ने प्रमाणित कर दिया हो कि यह मामला सर्वोच्च न्यायालय में अपील के लिए उपयुक्त है। उच्चतम न्यायालय अपने विवेकानुसार भारत के राज्य क्षेत्र के किसी न्यायालय या न्यायाधिकरण द्वारा किसी वाद या मामले में पारित किए गए या दिए गए किसी निर्णय, डिक्री, अवधारणा, दंडादेश या आदेश की अपील

के लिए विशेष इजाज़त दे सकेगा। अनुच्छेद-134 के अधीन उच्चतम न्यायालय में अपील के लिए प्रमाणपत्र देने की जो शक्ति उच्च न्यायालय को प्राप्त है, उससे कहीं अधिक व्यापक उच्चतम न्यायालय की ये शक्तियाँ अपील की विशेष इजाजत देने के बारे में हैं। सैनिक न्यायालयों के अलावा राज्य क्षेत्र के किसी भी न्यायालय या न्यायाधिकरण के निर्णयों के खिलाफ या दीवानी, फौजदारी या राजस्व सम्बन्धी किसी भी प्रकार के मामले में अपील की विशेष इजाज़त उच्चतम न्यायालय दे सकता है। लेकिन उच्चतम न्यायालय ने स्वयं कहा है कि वह केवल उन्हीं मामलों की अपील की विशेष इजाज़त देगा जिनमें घोर अन्याय हुआ है अथवा जहाँ उच्च न्यायालय या न्यायाधिकरण ने कोई त्रुटि की हो। यदि अधीनस्थ न्यायालय का निर्णय विवेक को झकझोरता है और न्यायिक चेतना को आघात पहुँचाता है तो उच्चतम न्यायालय उस मामले में हस्तक्षेप कर सकता है।

संविधान का अनुच्छेद-143 उच्चतम न्यायालय को परामर्श की अधिकारिता प्रदान करता है। सार्वजनिक महत्त्व की विधि या तथ्य के किसी ऐसे प्रश्न पर उच्चतम न्यायालय की राय राष्ट्रपति माँग सकता है जिसके बारे में उसका विचार हो कि ऐसी राय प्राप्त करना समीचीन है। राष्ट्रपति से प्राप्त ऐसे निर्देश के बाद उच्चतम न्यायालय, ऐसी सुनवाई के बाद जो वह ठीक समझे, राष्ट्रपति को उस पर अपनी राय के बारे में रिपोर्ट देगा। राय केवल सलाह के रूप में होती है। राष्ट्रपति को छूट है कि वह उसे माने या न माने।

उच्चतम न्यायालय के निर्देशों तथा निर्णयों को प्रभावी बनाने के प्रयोजनों के लिए भारत के राज्य क्षेत्र के सभी सिविल तथा न्यायिक प्राधिकारियों को उच्चतम न्यायालय के प्राधिकार के अधीन कर दिया गया है, क्योंकि इन सभी से अपेक्षा की जाती है कि वे उच्चतम न्यायालय की सहायता करें। संविधान देश की मूल विधि है अत: हर विधायी अधिनियम को, चाहे वह संघ का हो या राज्यों का, इस मूल विधि के अनुरूप होना ही चाहिए। भारत में केवल अपवाद यह है कि जब विधि को असंवैधानिक घोषित कर दिया जाए तो उसके बाद अधिकांश मामलों में संविधान में संशोधन किया जा सकता है ताकि न्यायिक निर्वचन की रक्षा की जा सके और विधि को अनुज्ञेय बनाया जा सके।

संविधान में मूल अधिकारों सम्बन्धी अध्याय का समावेश न्यायिक पुनर्विलोकन को विशेष संगतता प्रदान करता है। अनुच्छेद-12 मूल अधिकारों के बारे में यह गारंटी देता है कि राज्य की किसी भी प्रकार की कार्यवाही उसका अपहरण नहीं करेगी। इस अनुच्छेद के अधीन 'राज्य' की परिभाषा इस प्रकार की गई है कि उसमें भारत की सरकार, संसद तथा राज्यों में से प्रत्येक राज्य की सरकार और विधानमंडल तथा भारत के राज्य क्षेत्र के भीतर या भारत सरकार के नियंत्रण के अधीन सभी स्थानीय और अन्य प्राधिकारी आ जाते हैं।

मूल अधिकारों सम्बन्धी अध्याय के अनुच्छेद-32 में उच्चतम न्यायालय को न्यायिक पुनर्विलोकन की शक्ति विशेष रूप से प्रदान की गई है। इस अनुच्छेद के अधीन हर नागरिक को अधिकार है कि वह अध्याय 3 में दिए गए अधिकारों का प्रवर्तन कराने के लिए उच्चतम न्यायालय का दरवाजा खटखटा सके। उच्चतम न्यायालय अपनी आरम्भिक अधिकारिता में याचिका की सुनवाई कर सकता है। उच्चतम न्यायालय को यह शक्ति दी गई है कि वह प्रदत्त अधिकारों में से किसी को प्रवर्तित कराने के लिए, ऐसे निर्देश या आदेश या रिट जिनके अन्तर्गत बन्दी प्रत्यक्षीकरण, परमादेश, प्रतिषेध, अधिकार-पृच्छा और उत्प्रेषण रिट हैं, जो भी समुचित हो, जारी कर सके।

विधि द्वारा स्थापित क्रिया : अमरीकी संविधान के अनुसार केवल विधि की सम्यक प्रक्रिया के अनुसार ही किसी व्यक्ति को स्वातंत्र्य आदि के उसके अधिकार से वंचित किया जा सकता है, अन्यथा नहीं। लेकिन भारतीय संविधान का प्रावधान है कि केवल विधि द्वारा स्थापित प्रक्रिया के अनुसार ही किसी व्यक्ति को स्वातंत्र्य आदि के उसके अधिकार से वंचित किया जा सकता है, अन्यथा नहीं।

सम्यक प्रक्रिया अमरीकी उच्चतम न्यायालय को इस बारे में भारी गुंजाइश प्रदान करती है कि वह अपने नागरिकों के अधिकारों की रक्षा कर सके। वह इन अधिकारों का उल्लंघन करनेवाले कानूनों को न केवल गैर कानूनी होने के सारभूत आधारों पर बल्कि अनुचित होने के प्रक्रियात्मक आधारों पर भी शून्य घोषित कर सकती है। लेकिन किसी विधि की संवैधानिकता का निश्चय करते समय हमारे उच्चतम न्यायालय को केवल इस मूल प्रश्न पर विचार करना होता है कि कानून सम्बद्ध प्राधिकार की शक्तियों के भीतर है या नहीं। उससे यह आशा नहीं की जाती कि वह उसकी युक्तियुक्तता, अनुकूलता अथवा नीति सम्बन्धी जटिलताओं पर विचार करे।

उच्चतम न्यायालय विनिर्दिष्ट याचिका द्वारा विनिर्दिष्ट मामले में अपना निर्णय देता है। वह सामान्य निर्देश पर राय या सलाह नहीं देता। कोई व्यथित व्यक्ति होना चाहिए जो अपने अधिकारों पर प्रतिकूल प्रभाव डालनेवाले कानून की संवैधानिकता को चुनौती देने के लिए याचिका दायर करे। उसे दिखाना पड़ेगा कि कानून को लागू किए जाने के कारण उसे कोई सीधी क्षति पहुँची है या तत्काल पहुँचने का खतरा है और जिस क्षति के बारे में शिकायत की गई है, वह वाद-योग्य है।

लोकहित सम्बन्धी मुकदमे : न्यायाधीशों के स्थानांतरण के मामले में अपने ऐतिहासिक निर्णय में उच्चतम न्यायालय की सात न्यायाधीशों वाली संविधान पीठ ने निर्णय दिया कि जनता का कोई भी व्यक्ति, भले ही उसका वाद से सीधा सम्बन्ध न हो पर उसमें उसकी पर्याप्त रुचि हो, अनुच्छेद-226 के अधीन उच्च न्यायालय में

गुहार कर सकता है अथवा मूल अधिकारों के उल्लंघन के मामले में उन व्यक्तियों की शिकायतों को दूर कराने के लिए जो 'गरीबी, लाचारी या असमर्थता या सामाजिक एवं आर्थिक विपन्नता' के कारण न्यायालय का द्वार नहीं खटखटा सकते, उच्चतम न्यायालय में फरियाद कर सकता है। ऐसे मामले में एक पत्र के द्वारा भी न्यायालय के द्वार तक पहुँचा जा सकता है। इस निर्णय से लोकसेवी व्यक्ति/नागरिक को या समाजसेवी संगठनों को छूट मिल गई है कि वे आम जनता के हित में न्यायिक राहत की माँग कर सकें।

हाल के वर्षों में न्यायिक सक्रियता का दौर रहा है। उच्चतम न्यायालय ने इस दौरान प्रदूषण नियंत्रण, बाल वेश्यावृत्ति को रोकने, दस हज़ार कर्मचारियों की रोजी-रोटी बचाने के लिए एक बीमार कम्पनी को पुनर्जीवित करने, किसी बाँध को बनाते समय उसके निर्माण के कारण उत्पन्न होनेवाले संभावित खतरों पर निगाह रखने, माचिस-फैक्ट्री के कर्मचारियों को बीमा सुविधा देने, वेश्याओं से उनके बच्चों को पृथक करने, पर्यावरणीय प्रदूषण से ताजमहल को बचाने आदि के बारे में कई निर्देश जारी किए हैं। लेकिन न्यायालय ने यह भी स्पष्ट कर दिया है कि गैर वाद-योग्य मामलों को जनहित याचिका का छद्म रूप देकर न्यायालय के समक्ष नहीं लाया जा सकता। यदि व्यक्तिगत हित वाली याचिका को जनहित याचिका के रूप में प्रस्तुत करके मुकदमा लड़ा जाता है, तो ऐसा वाद कायम करनेवाले व्यक्ति से वाद की कार्यवाही पर होनेवाला खर्च वसूला जा सकता है। अदालत किसी बेईमान व्यक्ति को जनहित याचिका की आड़ में अपना व्यक्तिगत वैमनस्य साधने का अवसर नहीं दे सकती।

न्यायालय की स्वाधीनता : व्यक्तियों के अधिकारों को कार्यपालिका एवं विधायिका के हस्तक्षेप से बचाने में न्याय प्रशासन का विशेष महत्त्व होता है। संविधान ने इस संरक्षण न्यायपालिका को सरकार के अन्य दो अंगों से स्वाधीन एवं अपने क्षेत्र में सर्वोच्च बना कर दिया है। संघात्मक राज्य व्यवस्था में स्वाधीन तथा सर्वोच्च न्यायपालिका एक अनिवार्य अपेक्षा है क्योंकि संघात्मक सरकार तथा उसके संघटक एककों की सरकारों के बीच शक्तियों का कार्यात्मक विभाजन होता है। मानव अधिकारों को सुनिश्चित करने तथा लोकतंत्र की सुरक्षा करने के लिए भी स्वाधीन तथा निष्पक्ष न्यायपालिका एक अनिवार्य अपेक्षा है। केवल एक स्वाधीन न्यायपालिका ही व्यक्ति तथा संविधान के अधिकारों के अभिभावक के रूप में प्रभावशाली ढंग से कार्य कर सकती है। न्यायालयों की स्वाधीनता को सुनिश्चित करने के लिए भारत के संविधान में अनेक युक्तियाँ हैं जैसे, न्यायाधीशों की नियुक्ति तथा उन्हें हटाए जाने के बारे में, कार्यकाल की सुरक्षा के बारे में, न्यायाधीशों के वेतन तथा सेवा की शर्तों और उनके वेतन तथा भर्ती को संचित निधि पर प्रभारित करने के बारे में, उच्चतम न्यायालय द्वारा

अपने निजी कर्मचारियों की भर्ती तथा नियुक्ति के बारे में, उच्चतम न्यायालय के न्यायाधीशों पर सेवानिवृत्ति के बाद भारत के किसी भी न्यायालय में प्रैक्टिस करने पर प्रतिबंध लगाने तथा मानहानि के लिए दंडित करने आदि के बारे में संवैधानिक उपबंध।

उच्च न्यायालय

संविधान में कहा गया है कि हर राज्य के लिए एक उच्च न्यायालय होगा। लेकिन, संसद विधि द्वारा दो या अधिक राज्यों के लिए या दो या अधिक राज्यों और किसी संघ राज्य क्षेत्र के लिए साझे उच्च न्यायालय की स्थापना कर सकती है। उच्चतम न्यायालय की भाँति प्रत्येक उच्च न्यायालय भी अभिलेख और आरम्भिक तथा अपीली अधिकारिता वाला न्यायालय होगा और उसको अपने अध्ययन के लिए दंड देने की शक्ति सहित ऐसे न्यायालय की सभी शक्तियाँ प्राप्त होंगी।।

उच्च न्यायालय के न्यायाधीशों की नियुक्ति राष्ट्रपति, भारत के मुख्य न्यायाधीश, राज्य के राज्यपाल और सम्बन्धित उच्च न्यायालय के मुख्य न्यायाधीश (स्वयं मुख्य न्यायाधीश की नियुक्ति को छोड़कर) से परामर्श करके करता है। एस. पी. गुप्ता बनाम भारत संघ (ए आई आर 1982, एस सी आर 149) में यह निर्णय दिया गया था कि इस परामर्श की प्रक्रिया में तीनों कृत्यकारियों को समान महत्त्व देना होगा लेकिन उसके बाद एडवोकेट्स ऑन रिकार्ड एसोसिशन के मामले में उच्चतम न्यायालय के निर्णय और उसके बाद राष्ट्रपति को दी गई उसकी सलाहकारी राय से स्थिति बदल गई है (उच्चतम न्यायालय शीर्षक वाला अंश देखें)।*

उच्च न्यायालय के न्यायाधीश के रूप में नियुक्ति के लिए अनिवार्य है कि कोई व्यक्ति भारत का नागरिक हो, कम-से-कम दस वर्ष तक न्यायिक पद धारण कर चुका हो या दस वर्ष तक उच्च न्यायालय का अधिवक्ता रहा हो। नियुक्त हो जाने पर हर उच्च न्यायालय के न्यायाधीश के लिए पद की शपथ लेना अनिवार्य है। उच्च न्यायालय का प्रत्येक न्यायाधीश तब तक पद धारण करेगा जब तक वह बासठ वर्ष की आयु प्राप्त नहीं कर लेता है। उसे अपने पद से केवल उसी रीति से हटाया जा सकता है जिसकी व्यवस्था उच्चतम न्यायालय के न्यायाधीश के लिए की गई है। इसके अलावा, उच्च न्यायालय के न्यायाधीश के पद की स्वाधीनता को सुनिश्चित करने के लिए व्यवस्था की गई है कि कोई व्यक्ति, उच्च न्यायालय के स्थायी न्यायाधीश पद को धारण करने के बाद उच्चतम न्यायालय और अन्य उच्च न्यायालयों के सिवाय भारत के किसी न्यायालय में वकालत

* देखिए 99वाँ संविधान संशोधन और तत्सम्बन्धी उच्चतम न्यायालय का निर्णय।

नहीं करेगा। उच्च न्यायालय का हर न्यायाधीश ऐसे वेतन तथा भत्तों का हकदार होगा जिन्हें संसद विधि द्वारा निर्धारित करे अथवा जिनका विनिर्देश संविधान की दूसरी अनुसूची में हो।

राष्ट्रपति भारत के मुख्य न्यायमूर्ति से परामर्श करने के बाद न्यायाधीशों को एक उच्च न्यायालय से दूसरे उच्च न्यायालय में स्थानांतरित कर सकता है। लेकिन उच्चतम न्यायालय का निर्णय है कि उच्च न्यायालय के किसी न्यायाधीश को उसकी सहमति के बिना स्थानांतरित नहीं किया जा सकता। लेकिन इस सम्बन्ध में कोई आपत्ति केवल प्रभावित जज ही कर सकता है।

प्रत्येक उच्च न्यायालय मुख्य न्यायमूर्ति और ऐसे अन्य न्यायाधीशों से मिलकर बनेगा जिन्हें राष्ट्रपति समय-समय पर नियुक्त करना आवश्यक समझे (अनुच्छेद-216)। प्रत्येक उच्च न्यायालय अपनी अधिकारिता वाले क्षेत्र में, सशस्त्र बलों से सम्बन्धित किसी विधि के अधीन गठित न्यायालयों तथा अधिकरणों को छोड़कर, अन्य सभी न्यायालयों तथा अधिकरणों का अधीक्षण करेगा।

अनुच्छेद-226 के अनुसार प्रत्येक उच्च न्यायालय अपनी अधिकारिता वाले समूचे राज्य क्षेत्र में मूल अधिकारों को लागू कराने के लिए या किसी अन्य प्रयोजन के लिए किसी व्यक्ति या प्राधिकारी को ऐसे निर्देश, आदेश या रिट जैसे, बन्दी प्रत्यक्षीकरण, परमादेश, प्रतिषेध, अधिकार-पृच्छा और उत्प्रेषण रिट या उनमें से किसी को जारी कर सकेगा। अत: जहाँ उच्चतम न्यायालय की रिट अधिकारिता का विस्तार केवल मूल अधिकारों के उल्लंघन के मामलों पर है, वहाँ उच्च न्यायालयों को अनुच्छेद-226 के अधीन कहीं अधिक व्यापक शक्तियाँ प्राप्त हैं और वे किसी भी अधिकार के उल्लंघन के मामलों में रिट जारी कर सकते हैं। 'किसी अन्य प्रयोजन के लिए' पद इस बात को स्पष्ट कर देता है। उच्च न्यायालय किसी अवैध आदेश को रद्द कर सकता है, किसी कानून या अधिकार की घोषणा कर सकता है और अवैध कर आदि की वापसी के रूप में राहत का आदेश दे सकता है। जिस प्रकार उच्चतम न्यायालय द्वारा घोषित विधि भारत के सभी न्यायालयों के लिए वेदवाक्य है, ठीक उसी प्रकार उच्च न्यायालय द्वारा घोषित विधि राज्य के भीतर या उच्च न्यायालय की अधिकारिता में आनेवाले राज्य क्षेत्र के भीतर के सभी अधीनस्थ न्यायालयों के लिए वेदवाक्य है।

रिट जारी करने की शक्ति उच्चतम न्यायालय तथा उच्च न्यायालयों में निहित की गई है। इसका उद्देश्य उन व्यक्तियों के लिए त्वरित न्याय तथा त्वरित राहत सुनिश्चित कराना है जिनके अधिकारों का उल्लंघन बिना किसी दंडभय के किया गया है और परिहार्य तकनीकी बातों की उपेक्षा करके तत्काल फलदायी त्वरित

उपचार उपलब्ध नहीं कराया जाता तो उन्हें अपूरणीय शति होगी। पाँच प्रकार की जानी-मानी रिटें हैं—

1. बन्दी प्रत्यक्षीकरण का अर्थ है व्यक्ति को सशरीर उपस्थित करने की माँग। यह उस मामले में लागू होती है जहाँ किसी व्यक्ति के बारे में कहा जाता है कि उसे अवैध रूप से निरुद्ध किया गया है। रिट को जारी करने का अर्थ है कि निरुद्ध करानेवाले प्राधिकारी या व्यक्ति को आदेश दिया जाता है कि वह निरुद्ध व्यक्ति को सशरीर न्यायालय के सामने प्रस्तुत करे और निरोध का कारण बताए ताकि न्यायालय उसकी वैधता या अवैधता का निर्धारण कर सके। यदि निरोध को अवैध पाया जाता है तो निरुद्ध व्यक्ति को तत्क्षण आज़ाद कर दिया जाता है। चूँकि अब 44वें संशोधन के बाद अनुच्छेद-21 का आपात की घोषणा के काल में भी निलम्बन नहीं किया जा सकता, अतः व्यक्ति के व्यक्तिगत स्वातंत्र्य की सुरक्षा के लिए यह एक अति महत्त्वपूर्ण रिट हो गई है।

   जहाँ उच्चतम न्यायालय बन्दी प्रत्यक्षीकरण की रिट को केवल मूल अधिकारों के उल्लंघन की दशा में राज्य के विरुद्ध जारी कर सकता है, वहाँ उच्च न्यायालय उसे उन व्यक्तियों के खिलाफ भी जारी कर सकता है जो अवैध या मनमाने ढंग से किसी अन्य व्यक्ति को निरुद्ध करते हैं।

2. परमादेश वैध रूप से कार्य करने का आदेश है। इसके अधीन अवैध कार्य को रोका जाता है। जहाँ 'क' को ऐसा कानूनी अधिकार है जो 'ख' पर कतिपय कानूनी दायित्व डालता है, वहाँ 'क' इस आशय के परमादेश की माँग कर सकता है कि 'ख' को उसका कानूनी कर्तव्य-पालन करने का निर्देश दिया जाए। परमादेश की माँग ऐसे किसी भी प्राधिकारी, अधिकारी की, सरकारी या कानूनी दायित्व के पालन में चूक से इनकार करती है। किसी के मूल अधिकार का प्रयास करने के लिए उच्चतम न्यायालय परमादेश जारी कर सकता है, यदि कहा जाता है कि किसी सरकारी आदेश या कार्य से उसका उल्लंघन हुआ है इस रिट को जारी करके उच्च न्यायालय किसी अधिकारी को उसके संवैधानिक तथा कानूनी अधिकारों के प्रयोग के बारे में निर्देश दे सकते हैं। वे किसी व्यक्ति को विवश कर सकते हैं कि वह संविधान या कानून द्वारा उसे सौंपे गए कर्तव्यों का पालन करे। वे किसी न्यायिक प्राधिकारी को उसकी अधिकारिता के प्रयोग के लिए विवश कर सकते हैं और सरकार को किसी संविधान-विरुद्ध कानून को लागू न करने का आदेश दे सकते हैं।

3. प्रतिषेध कोई उच्चतर न्यायालय किसी अवर न्यायालय या न्यायाधिकरण को जारी करता है और उसका उद्देश्य होता है कि उसे उसकी अधिकारिता का उल्लंघन करने से मना किया जाए। प्रतिषेध की रिट प्रशासनिक एजेंसियों के खिलाफ जारी नहीं की जाती। वह केवल न्यायिक और अर्द्ध-न्यायिक निकायों के विरुद्ध जारी की जाती है।
4. अधिकार-पृच्छा की रिट प्रश्न करती है—किस प्राधिकरण या अधिकार से? रिट में माँग की जा सकती है कि लोक पद को धारण करने से किसी व्यक्ति के दावे के बारे में लोक हित में कानूनी स्थिति को स्पष्ट किया जाए। ऐसी रिट की माँग करने का आवेदन कोई भी व्यक्ति कर सकता है, बशर्ते प्रश्नगत पद संविधान या विधि द्वारा सर्जित स्थायी स्वरूप का अधिष्ठायी लोक पद हो और व्यक्ति की नियुक्ति बिना किसी कानूनी प्राधिकार के तथा संविधान या कानूनों का उल्लंघन करके की गई हो!
5. उत्प्रेषण रिट भी न्यायिक और अर्द्ध-न्यायिक प्राधिकारियों, न्यायालयों एवं न्यायाधिकरणों के खिलाफ जारी की जाती है और उसका अर्थ है 'सूचनार्थ प्रेषण'। यथा जब कोई न्यायाधिकरण बिना अधिकारिता के या उसका उल्लंघन करके कार्य करता हैं और कोई अवैध आदेश जारी करता है तो उत्प्रेषण की रिट द्वारा उसे रद्द किया जा सकता है। इस तरह की रिट व्यक्तिगत अधिकारों को प्रभावित करनेवाली किसी प्रशासनिक एजेंसी के विरुद्ध भी जारी की जा सकती है। रिटों के अलावा, उच्च न्यायालय अनुच्छेद-226 के अधीन लोगों को न्याय के हित में अन्य निर्देश तथा आदेश जारी कर सकते हैं।

अधीनस्थ न्यायालय : अनुच्छेद-236 व्याख्यात्मक अनुच्छेद है और जिला जज, न्यायिक सेवा आदि जैसे शब्दों की व्याख्या करता है। अनुच्छेद-237 राज्यपाल को अधीनस्थ न्यायालयों से सम्बन्धित प्रावधानों को राज्य की किसी श्रेणी अथवा किन्हीं श्रेणियों के मजिस्ट्रेटों के बारे में लागू करने का अधिकार देता है। ज़िला न्यायाधीशों की नियुक्ति उच्च न्यायालय के परामर्श से राज्यपाल करता है। वह व्यक्ति जो सरकारी सेवा में पहले से ही नहीं है, उसके पास जिला न्यायाधीश के पद का पात्र होने के लिए 'बार' का कम-से-कम सात वर्ष का अनुभव चाहिए (अनुच्छेद-233)। 20वें संशोधन अधिनियम द्वारा जोड़ा गया अनुच्छेद-233 क कतिपय जिला न्यायाधीशों की नियुक्ति को तथा उनके द्वारा दिए गए निर्णयों आदि को वैध ठहराता है (अनुच्छेद-233 क)। किसी राज्य की न्यायिक सेवा में जिला न्यायाधीशों से इतर व्यक्तियों की नियुक्ति इस निमित्त बनाए गए नियमों के अनुसार

राज्यपाल ही करेगा। ऐसी नियुक्तियों के मामले में राज्य लोक सेवा आयोग के अलावा उच्च न्यायालय से भी सलाह लेनी होगी (अनुच्छेद-234)। ज़िला न्यायालयों तथा उनके अधीनस्थ अन्य न्यायालयों पर उच्च न्यायालय का पूर्ण प्रशासनिक नियंत्रण होगा। यहाँ तक कि राज्य की न्यायिक सेवा के किसी व्यक्ति और जिला न्यायाधीश के पद से अवर किसी पद को धारण करनेवाले व्यक्ति की तैनाती, पदोन्नति और उसकी छुट्टी की व्यवस्था भी वही करेगा।

7

राज्य कार्यपालिका और विधायिका

अध्याय 4 में हमने देखा कि इस समय भारत गणराज्य में 28 राज्य और 9 राज्यक्षेत्र हैं। अध्याय 6 में हमने संघ के स्तर पर संवैधानिक ढाँचे—कार्यपालिका और विधायिका की भूमिका का विवेचन किया। राज्यों के स्तर पर भी एक संवैधानिक मुखिया वाली संसदीय प्रणाली की सरकार तथा जन-प्रतिनिधिक विधान-मंडल के प्रति उत्तरदायी मंत्रिपरिषद् होती है। कार्यपालिका की वास्तविक शक्ति का प्रयोग मंत्रिपरिषद् करती है। राज्यपाल के समाधान का आशय भी साधारणतया मंत्रिपरिषद् का समाधान ही समझना चाहिए। कुछ राज्यों के सम्बन्ध में कतिपय 'विशेष' उपबंध हैं और वे केवल उनमें से हरेक पर अलग-अलग लागू होते हैं। जैसे, महाराष्ट्र तथा गुजरात (अनु. : 371), नागालैंड (371क), असम (371ख), मणिपुर (371ग), मिजोरम (371घ), सिक्किम (371च), मिज़ोरम (371छ), अरुणाचल (371ज), गोवा (371झ)।

इन 'विशेष' अनुच्छेदों के आतिरिक्त एक 'अस्थायी' अनुच्छेद-370 था जो जम्मू-कश्मीर के बारे में था। अगस्त 2019 तक जम्मू-कश्मीर एक अकेला राज्य ऐसा था जिसका एक अपना अलग संविधान भी था। हालाँकि उस संविधान और भारत के संविधान के अनुसार भी वह भारत का अभिन्न अंग था। अनुच्छेद-370 के अनुसार भारत के संविधान के सारे अनुच्छेद एकदम जम्मू-कश्मीर पर लागू नहीं होते थे किन्तु राष्ट्रपति आदेश के द्वारा किन्हीं अनुच्छेदों को लागू कर सकते थे। अनुच्छेद-370 इस तरह न विशेष था और न ही जम्मू-कश्मीर को विशेष दर्जा देता था। इसे अस्थायी और स्वत: ही विलुप्त होने के लिए अन्तर्निमित प्रक्रिया के रूप में देखा जाना चाहिए। 5 अगस्त, 2019 के आदेश ने भारत के संविधान की सभी धाराओं को जम्मू-कश्मीर पर लागू कर दिया। पुनर्गठन अधिनियम के द्वारा राज्य को दो इकाइयों—(1) जम्मू-कश्मीर और (2) लद्दाख—में विभाजित कर दोनों को संघ राज्य क्षेत्र बना दिया।

राज्य-कार्यपालिका

राज्यपाल : हर राज्य के लिए एक राज्यपाल होगा (अनुच्छेद-153)। एक ही व्यक्ति को कभी-कभी दो या दो से अधिक राज्यों का राज्यपाल नियुक्त किया जा सकता है। राज्यपाल की नियुक्ति राष्ट्रपति करता है। राज्यपाल के लिए विहित पदावधि पाँच वर्ष की है लेकिन वह वास्तव में राष्ट्रपति के प्रसादपर्यंत पद धारण करता है। किसी व्यक्ति को राज्यपाल के रूप में तभी नियुक्त किया जा सकता है जब यह भारत का नागरिक हो और 35 वर्ष की आयु पूरी कर चुका हो। इसके अलावा राज्यपाल संसद या किसी राज्य विधानमंडल का सदस्य नहीं हो सकता। राज्यपाल लाभ का कोई अन्य पद धारण नहीं कर सकता। हर राज्यपाल बिना किराया दिए सरकारी आवास का तथा ऐसी अन्य उपलब्धियों आदि का हकदार होगा जिनका निर्धारण संसद द्वारा विधि के ज़रिये अथवा संविधान की दूसरी अनुसूची के अधीन किया जाए। राज्यपाल तथा राज्यपाल के कृत्यों का निर्वाह करनेवाला हर व्यक्ति यह शपथ लेगा कि वह श्रद्धापूर्वक पद का कार्यपालन करेगा और संविधान एवं विधि का परिरक्षण, संरक्षण और प्रतिरक्षण करेगा (अनुच्छेद-159)।

राज्य की कार्यपालिका-शक्ति राज्यपाल में निहित होती है और इसका प्रयोग वह संविधान के अनुसार स्वयं या अपने अधीनस्थ अधिकारियों के द्वारा करता है। संविधान के अनुसार राज्यपाल कतिपय मामलों में कुछ अपवादों को छोड़कर, अपने सभी कृत्यों का निर्वाह मंत्रिपरिषद् की सहायता तथा सलाह से करेगा। लेकिन राज्यपाल के मामले में 'सहायता और सलाह' से काम करने की बात केवल उन विषयों पर लागू होती है जहाँ राज्यपाल से यह अपेक्षा न की जाती हो कि वह 'अपने विवेकानुसार कार्य करेगा' (अनुच्छेद-163)। 42वें संशोधन द्वारा अनुच्छेद-74 में संशोधन करके यह उपबंध कर दिया गया है कि राष्ट्रपति सलाह के अनुसार कार्य करेगा ही लेकिन राज्यपालों पर लागू तदनुरूप अनुच्छेद-163 में ऐसा कोई संशोधन नहीं किया गया है। पर यह निर्णय दिया गया है कि सामान्यतया राज्यपाल अपने मंत्रियों की सलाह के अनुसार ही कार्य कर सकता है, अन्यथा नहीं। कतिपय ऐसे क्षेत्र हैं जहाँ राज्यपाल को अपनी बुद्धि तथा विवेक का इस्तेमाल करना पड़ सकता है यथा, (क) जहाँ किसी एक पार्टी या नेता को बहुमत का समर्थन प्राप्त न हो, उस स्थिति में नए मुख्यमंत्री की नियुक्ति। (ख) उस स्थिति में मंत्रिमंडल की बर्खास्तगी जहाँ सदन में बहुमत का समर्थन गँवा देने पर भी या अविश्वास-प्रस्ताव पर हार जाने पर भी वह मंत्रिमंडल इस्तीफा देने से इनकार कर दे। (ग) बहुमत का समर्थन गँवानेवाले मुख्यमंत्री की सलाह पर विधानसभा का विघटन। (घ) छठी अनुसूची के अधीन असम के जनजातीय क्षेत्रों की ज़िला परिषदों के लिए खनिज लाइसेंसों की रॉयल्टी का निर्धारण। (ड) राष्ट्रपति को इस बारे में सलाह कि संवैधानिक तंत्र

विफल हो गया है और राष्ट्रपति का शासन लागू कर दिया जाए; तथा (च) विधेयकों पर अनुमति। कुछ राज्यपालों को अनुच्छेद-371 से 371 (झ) के अधीन कतिपय विशेष दायित्वों का निर्वाह भी करना पड़ सकता है।

जिन राज्यों में विधान परिषदें हैं, वहाँ राज्यपाल राज्य की विधान परिषद् के लिए सदस्यों के छठवें भाग को नामज़द कर सकता है। ये सदस्य उन लोगों में से होंगे जिन्हें साहित्य, विज्ञान, कला, सहकारी आन्दोलन एवं समाज-सेवा का विशेष ज्ञान अथवा व्यावहारिक अनुभव होगा। वह विधानसभा के लिए आंग्ल-भारतीय समुदाय के एक व्यक्ति को भी नामज़द कर सकता है, यदि उसकी राय में वहाँ समुदाय का प्रतिनिधित्व ज़रूरी हो और विधानसभा में उसे पर्याप्त प्रतिनिधित्व न मिला हो। राज्यपाल राज्य विधानमंडल का अंग है जहाँ दो सदनों वाले विधानमंडल हैं, वहाँ वह विधानमंडल के दोनों सदनों की बैठकें बुलाता है और उनका सत्रावसान करता है। वह राज्य विधानसभा का विघटन कर सकता है। वह विधानमंडल के सदस्यों को सम्बोधित करता है और सन्देश भेज सकता है। राज्यपाल की अनुमति के बिना कोई भी विधेयक कानून नहीं बन सकता, भले ही उसे दोनों सदन पारित कर दें।

राज्यपाल अध्यादेश जारी कर सकता है जब विधानसभा अथवा दोनों सदनों का (जहाँ विधानमंडल के दोनों सदन हों) सत्र न चल रहा हो। यह शक्ति वैसी ही है जैसी कि राष्ट्रपति को अनुच्छेद-123 के अधीन प्राप्त है। अध्यादेशों का वैसा ही बल तथा प्रभाव जैसा कि विधान-मंडल द्वारा पारित तथा राज्यपाल द्वारा अनुमति प्राप्त विधियों का होता है। इसके अलावा, उन पर भी विधानमंडल द्वारा पारित विधियों जैसे प्रतिबंध होते हैं।

राज्यपाल द्वारा जारी किए गए हर अध्यादेश को राज्य विधानसभा के समक्ष (दो सदनों वाले राज्य विधानमंडल की दशा में दोनों सदनों के समक्ष) रखना होगा तथा वह विधानमंडल के पुन: समवेत होने से छह सप्ताह की समाप्ति पर या उससे पूर्व भी लागू नहीं रहेगा यदि उसके निरनुमोदन का संकल्प पारित कर दिया जाता है। अध्यादेश को राज्यपाल किसी भी समय वापस ले सकता है (अनुच्छेद-213)। राज्यपाल की अध्यादेश जारी करने की शक्तियों के कुख्यात दुरुपयोग को डी.सी. वधवा बनाम बिहार: राज्य (1987) 1 एस सी सी 378 में उजागर किया गया था। 1967-1981 के दौरान बिहार के राज्यपाल ने 256 अध्यादेश जारी किए थे। इन सभी को बार-बार जारी करके बनाए रखा गया। न्यायालय का निर्णय था कि यह कार्य 'लोकतांत्रिक प्रक्रिया का उन्मूलन' था और 'संविधान के प्रति धोखाधड़ी' था। इस शक्ति का उपयोग तो असाधारण परिस्थितियों का सामना करने के लिए यदा-कदा ही किया जाना चाहिए। राजनीतिक स्वार्थ-पूर्ति के लिए उसके दुरुपयोग की अनुमति नहीं दी जा सकती!

राज्यपाल से अपेक्षा की जाती है कि वह विधानमंडल के सदन अथवा सदनों के समक्ष बजट या वार्षिक वित्तीय विवरण रखवाए। राज्यपाल की सिफारिश के बिना न तो धन विधेयक का पुन:स्थापन किया जा सकता है और न ही अनुदान की माँग को प्रस्तुत किया जा सकता है। संशोधनों के लिए भी राज्यपाल की सिफारिश चाहिए।

राज्यपाल को क्षमा आदि प्रदान करने की शक्ति दी गई है। वह उस विषय के सम्बन्ध में, जिस विषय पर उस राज्य की कार्यपालिका-शक्ति का विस्तार है, किसी विधि के विरुद्ध किसी अपराध के लिए सिद्धदोष ठहराए गए किसी व्यक्ति के दंडादेश का निलम्बन, परिहार या लघुकरण कर सकता है। के. एम. नानावती बनाम बम्बई (ए आई आर 1961 एस सी 99) में उच्चतम न्यायालय का निर्णय था कि राज्यपाल को छूट है कि यह किसी भी समय, यहाँ तक कि उस समय भी जब मामला उच्चतम न्यायालय में लम्बित हो, पूर्ण क्षमा प्रदान कर सकता है। लेकिन जब मामला उच्चतम न्यायालय के विचाराधीन हो, उस अवधि के लिए राज्यपाल दंडादेश के निलम्बन की अपनी शक्ति का ऐसा प्रयोग नहीं कर सकता। यह कहा गया कि राज्यपाल की निलम्बन की शक्ति उच्चतम न्यायालय द्वारा बनाए गए नियमों के अधीन होगी।

राज्य विधानमंडल

किसी राज्य का विधानमंडल राज्यपाल तथा विधानसभा से मिलकर बनेगा, सिवाय उन कुछ राज्यों के जहाँ विधानसभा और विधान परिषद् के रूप में दो सदन हैं। फिलहाल केवल बिहार, उत्तर प्रदेश, महाराष्ट्र, तमिलनाडु और कर्नाटक में विधान परिषदें हैं। इस प्रश्न का निर्णय हर राज्य की विधानसभा पर छोड़ दिया गया है कि वह चाहे तो संसद से सिफारिश करे कि जहाँ विधान परिषद् है, वहाँ उसका विघटन कर दिया जाए और जहाँ विधान परिषद् नहीं है, वहाँ उसकी स्थापना कर दी जाए।

किसी राज्य की विधानसभा में पाँच सौ से अधिक तथा साठ से कम सदस्य नहीं होंगे। उन्हें प्रादेशिक निर्वाचन क्षेत्रों से प्रत्यक्ष निर्वाचन द्वारा चुना जाएगा। विधान परिषद् की सदस्य संख्या उस राज्य की विधानसभा के सदस्यों की कुल संख्या के एक तिहाई से अधिक नहीं होगी, लेकिन किसी भी दशा में चालीस से कम नहीं होगी। उसके एक तिहाई सदस्यों का निर्वाचन नगरपालिकाएँ, ज़िला बोर्ड तथा अन्य स्थानीय प्राधिकारी संसद द्वारा विधि के ज़रिये विनिर्दिष्ट रूप में करेंगे। उसके बारहवें भाग का निर्वाचन स्नातक-निर्वाचन क्षेत्र करेगा। उसके एक तिहाई भाग का निर्वाचन विधानसभा के सदस्य करेंगे और शेष यानी छठे भाग का नामनिर्देशन राज्यपाल करेगा। परिषद् के निर्वाचन आनुपातिक प्रतिनिधित्व पद्धति के अनुसार एकल संक्रमणीय मत द्वारा होंगे।

सदन होगा उसका विघटन नहीं होगा, लेकिन उसके एक तिहाई सदस्य हर दो वर्ष के बाद निवृत्त हो जाएँगे।

विधानमंडल की सदस्यता का पात्र होने के लिए अनिवार्य है कि कोई व्यक्ति भारत का नागरिक हो, वह संविधान के प्रति शपथ ले, विधानसभा के लिए नामांकन की तिथि पर कम-से-कम 25 वर्ष की आयु का हो और विधान परिषद् के लिए कम-से-कम 30 वर्ष की आयु का हो। राज्य सूची की मदों पर विधान बनाने के बारे में राज्य विधानमंडल की अनन्य अधिकारिता है और तीसरी अनुसूची की मदों के बारे में उसकी समवर्ती अधिकारिता है।

राज्य में विधान परिषद् की स्थिति संघ स्तर पर राज्य सभा जैसी ही है। अन्य बातों के अलावा, यही स्थिति विधानमंडलों की उन्मुक्तियों एवं उनके विशेषाधिकारों, सदस्यों की अनर्हता, दोनों सदनों के आपसी सम्बन्धों, विधायी प्रक्रिया, धन विधेयकों के उद्गम आदि के बारे में है। विधानसभा का एक अध्यक्ष तथा एक उपाध्यक्ष होता है। उनका निर्वाचन विधानसभा करती है और उनका पद तथा उनके कृत्य लोक सभा के अध्यक्ष तथा उपाध्यक्ष जैसे ही होते हैं। लेकिन विधान परिषद् का भी एक सभापति तथा उपसभापति होता है और उनका निर्वाचन परिषद् करती है।

संघ-राज्य क्षेत्र

संघ-राज्य क्षेत्रों की परिभाषा इस प्रकार की जा सकती है कि वे ऐसे क्षेत्र होते हैं जिनका सीधा प्रशासन संघ के हाथ में होता है। सम्प्रति नौ संघ राज्य क्षेत्र हैं अर्थात दिल्ली, अंडमान और निकोबार द्वीप समूह, लक्षद्वीप, दादरा और नगर हवेली, दमन और दीव, पुदुचेरी, जम्मू-कश्मीर, लद्दाख तथा चंडीगढ़ (प्रथम अनुसूची)। पहले जो महानगर परिषद् तथा कार्यकारी पार्षदों वाला दिल्ली संघ-राज्य क्षेत्र कहलाता था, अब वह विधानमंडल तथा मंत्रिपरिषद् वाला राष्ट्रीय राजधानी क्षेत्र बन गया है।

संसद विधि द्वारा संघ-राज्य क्षेत्रों के प्रशासन की व्यवस्था कर सकती है। उसके अधीन संघ-राज्य क्षेत्रों का प्रशासन राष्ट्रपति अपने द्वारा नियुक्त प्रशासक के माध्यम से करेगा। प्रशासक को सामान्यतया उपराज्यपाल कहा जाता है। राष्ट्रपति किसी पड़ोसी राज्य के राज्यपाल को भी किसी संघ-राज्य क्षेत्र का प्रशासक नियुक्त कर सकता है। इस प्रकार नियुक्त राज्यपाल प्रशासक के कृत्यों का निर्वाह राज्य की मंत्रिपरिषद् की सलाह के बिना स्वतंत्र रूप से करेगा (अनुच्छेद-239)। संसद विधि द्वारा किसी संघ-राज्य क्षेत्र के लिए विधानमंडल तथा मंत्रिपरिषद् का सृजन कर सकती है। ऐसा विधानमंडल तथा मंत्रिपरिषद् पुदुचेरी संघ-राज्य क्षेत्र, जम्मू-कश्मीर संघ-राज्य क्षेत्र एवं दिल्ली के राष्ट्रीय राजधानी क्षेत्र के लिए बन चुका है। लेकिन कानून व्यवस्था, पुलिस और भूमि के सम्बन्ध में सभी विधायी और

कार्यकारी शक्तियाँ तथा तीनों क्षेत्रों से सम्बन्धित सभी मामले केन्द्र ने अपने अधीन रखे हैं और इनका निष्पादन एवं निस्तारण उपराज्यपाल के माध्यम से किया जाता है। अंडमान और निकोबार द्वीपों के संघ-राज्य क्षेत्र के लिए विधानमंडल के स्थान पर एक नामनिर्देशित निकाय है। सिवाय उन संघ-राज्य क्षेत्रों के जहाँ विधानमंडल कार्य कर रहा हो, अन्य सभी ऐसे राज्य क्षेत्रों की शान्ति, प्रगति तथा सुशासन के लिए राष्ट्रपति को नियम बनाने की शक्ति प्राप्त है। संसद विधि द्वारा किसी संघ-राज्य क्षेत्र के लिए उच्च न्यायालय का गठन कर सकेगी या उसके प्रयोजनों के लिए किसी न्यायालय को उच्च न्यायालय घोषित कर सकेगी।*

* राज्यपाल, अध्यक्ष और उपाध्यक्ष की भूमिका पर विशेष चर्चा के लिए देखिए सुभाष काश्यप, भारतीय राजनीति और संविधान, राजकमल, नई दिल्ली, 2016, पृष्ठ 120-123, 203-220।

8

संघ एवं राज्यों के बीच सम्बन्ध

संविधान के अनुच्छेद-1 में भारत को राज्यों का संघ कहा गया है। भारत के संघ होने पर ज़ोर देने के पीछे आशय यह था कि यह संघटक इकाइयों के बीच किसी संविदा या समझौते की उपज नहीं था, बल्कि उस संविधानसभा की घोषणा था जिसने अपना प्राधिकार भारत के लोगों से प्राप्त किया था। इसके अलावा, संकल्पना का स्पष्ट उद्देश्य था कि राज्य व्यवस्था के संघात्मक स्वरूप को दर्शाया जाए, पर उसमें राज्यों की स्थिति गौण हो और संरक्षना एवं संचालन का सन्तुलन संघ की सर्वोच्चता के पक्ष में हो। इस बात को उच्चतम न्यायालय ने पश्चिमी बंगाल बनाम भारत संघ, (ए. आई. आर. 1953 एस. सी. 1241) में उचित ठहराया था।

चाहे संविधान निर्माता हों या राज्यों के पुनर्गठन एवं संघ तथा राज्यों के आपसी सम्बन्धों पर विचार के लिए आज़ादी के बाद नियुक्त विभिन्न आयोग तथा समितियाँ हों यथा जे.वी.पी. आयोग, दर आयोग, राज्य पुनर्गठन आयोग, राजमन्नार समिति, सरकारिया आयोग, संविधान आयोग आदि, सभी की सर्वोपरि चिन्ता का विषय भारत की एकता तथा अखंडता रहा है। राज्य पुनर्गठन समिति की रिपोर्ट का निष्कर्ष था—

> "भारत का संघ ही हमारी राष्ट्रीयता का आधार है—राज्य तो केवल संघ के अंग हैं और जहाँ हम यह मानते हैं कि अंगों को स्वस्थ एवं सशक्त होना ही चाहिए...वहाँ संघ की सशक्तता तथा स्थिरता तथा विकास एवं संवर्धन की उसकी क्षमता ही वह तत्त्व है जिसे देश के सभी परिवर्तनों का नियामक आधार माना जाए।"

कोई भी राज्य संघ से अलग नहीं हो सकता और न ही अपनी मर्ज़ी से संविधान की प्रथम अनुसूची में निर्धारित अपने राज्यक्षेत्र में परिवर्तन कर सकता है। डॉ. आंबेडकर ने संविधानसभा में कहा था—

> "अमरीकियों को यह सिद्ध करने के लिए गृहयुद्ध छेड़ना पड़ा था कि राज्यों को अलग होने का कोई अधिकार नहीं है तथा उनका फेडरेशन

अविनाशी है। प्रारूपण समिति का विचार था कि इसे अटकलबाजी या विवाद के लिए छोड़ देने की बजाय बेहतर यही है कि इसे आरम्भ में ही स्पष्ट कर दिया जाए।"

संविधान का ढाँचा परिसंघीय है। इसमें संघ तथा राज्यों के बीच कार्यपालक एवं विधायी शक्तियों के वितरण की व्यवस्था है। संघ और राज्यों की सांविधानिक शक्तियों और संघ तथा राज्य के सम्बन्धों को प्रभावित करनेवाले प्रावधानों में राज्यों के अनुसमर्थन के बिना संशोधन नहीं किए जा सकते। संघ और राज्यों के बीच विवादों का निपटारा करने के लिए उच्चतम न्यायालय है। किन्तु दूसरी ओर संविधान की व्यवस्था में अनेक एकात्मक तत्त्व भी हैं। कुछ लोगों का कहना है कि यह शरीर से परिसंघात्मक और आत्मा से एकात्मक है। इसे अर्द्ध-परिसंघीय भी कहा गया है क्योंकि शक्तियों का वितरण करने के बाद अवशिष्ट शक्तियों का वास संघ में रखा गया है।

संघ राज सम्बन्धों के क्षेत्र में इस बात पर विशेष बल दिया जाना चाहिए कि संघ-राज्य' के स्थान पर 'केन्द्र-राज्य' शब्द के गलत प्रयोग के कारण भारी नुकसान हुआ है और व्यापक गलतफहमी फैली है। संविधान में 'केन्द्र' शब्द का इस्तेमाल नहीं किया गया। वास्तविकता यह है कि केन्द्रीय सरकार', 'केन्द्रीय विधानमंडल', 'केन्द्रीय विधियाँ' आदि शब्द औपनिवेशिक शासन के केन्द्र प्रधान शासनकाल की अशुभ थाती के रूप में चले आ रहे हैं। 'केन्द्र' तथा 'संघ' शब्द नितान्त भिन्न छवियाँ प्रस्तुत करते हैं और अति भिन्न संकल्पनाओं को दर्शाते हैं। 'केन्द्र' किसी परिधि के मध्य का बिंदु हैं और 'संघ' पूर्ण परिधि है। संघ तथा राज्यों का आपसी सम्बन्ध वैसा ही है जैसा कि समग्र देह का अपने अंगों से होता है, न कि प्राधिकार के केन्द्र और उसके बाहरी परिसर के बीच जैसा (अध्याय 4 और 13 भी देखें)।

विधायी सम्बन्ध

संसद भारत के समूचे राज्य क्षेत्र या उसके किसी भाग के लिए विधियाँ बना सकती है। किसी राज्य का विधानमंडल समूचे राज्य या उसके किसी भाग के लिए विधियाँ बना सकता है। अनुच्छेद-245-255 में संघ तथा राज्यों के बीच विधायी शक्तियों के वितरण का घोषणा-पत्र है। राज्य की कोई विधि शून्य हो जाएगी, यदि उसका राज्य क्षेत्रातीत प्रवर्तन होता है लेकिन संसद द्वारा बनाए गए कानूनों के बारे में राज्य क्षेत्रातीत प्रवर्तन के आधार पर आपत्ति नहीं की जा सकती (अनुच्छेद-245)। संविधान की सातवीं अनुसूची में तीन सूचियाँ हैं अर्थात संघ सूची, राज्य सूची और समवर्ती सूची जिनमें क्रमश: 97, 66 तथा 47 मदें

हैं। समवर्ती सूची में शामिल मदों के बारे में संघ तथा राज्यों के विधानमंडल, दोनों ही विधान बना सकते हैं। यदि समवर्ती सूची की मदों के बारे में संसद तथा राज्यों के विधानमंडलों द्वारा बनाई गई विधियों के बीच कोई असंगति हो तो संघ की विधियाँ प्रभावी होंगी और राज्य की विधि उस विसंगति की मात्रा तक शून्य होगी, सिवाय उस स्थिति के जहाँ राज्य की विधि राष्ट्रपति के विचार के लिए आरक्षित रखी गई हो और उस पर उसकी अनुमति मिल गई हो (अनुच्छेद-245)। संसद को यह शक्ति दी गई है कि वह किसी अन्तर्राष्ट्रीय सन्धि, करार, अभिसमय अथवा विनिश्चय को कार्यरूप देने के लिए समूचे देश या उसके किसी भाग के लिए कोई विधि बना सके (अनुच्छेद-253)।

संघ सूची में ऐसे विषय शामिल हैं जिनका सम्बन्ध संघ के सामान्य हित से है और जिनके बारे में समूचे संघ के भीतर विधान की एकरूपता अनिवार्य है। राज्य सूची में ऐसे विषय शामिल हैं जो हित तथा व्यवहार की विविधता की छूट देते हैं। समवर्ती सूची में ऐसे विषय शामिल हैं जिनके बारे में समूचे संघ के भीतर विधान की एकरूपता वांछनीय तो है, पर अनिवार्य नहीं है। पुनः अनुच्छेद-250 के अधीन, जब आपात की घोषणा लागू है तो संसद को अधिकार दिया गया है कि वह समूचे भारत या उसके किसी भाग के वास्ते राज्य सूची में शामिल किसी भी मद पर कानून बना सकती है। ऐसी विधियों की वैधता की अधिकतम अवधि आपात की समाप्ति के बाद छह मास की होगी। यदि अनुच्छेद-249 तथा 250 के अधीन संसद द्वारा बनाई गई विधियों तथा राज्यों के विधानमंडलों द्वारा बनाई गई विधियों के बीच कोई असंगति हो तो संसद द्वारा बनाई गई विधि अभिभावी होगी और राज्य की विधि विरोध की मात्रा तक अप्रवर्तनीय होगी और संसद द्वारा बनाई गई विधि प्रभावी रहेगी (अनुच्छेद-251)।

अनुच्छेद-252 के अनुसार दो या दो से अधिक राज्यों के विधानमंडल एक संकल्प पारित करके संसद से अनुरोध कर सकते हैं कि वह राज्य सूची के विषय के बारे में विधि बनाए। ऐसी विधियों का विस्तार अन्य राज्यों पर किया जा सकता हैं बशर्ते कि सम्बद्ध राज्यों के विधानमंडल उस आशय के संकल्प पारित करें।

प्रशासनिक सम्बन्ध

अनुच्छेद-256 से 265 तक संघ तथा राज्यों के बीच प्रशासनिक सम्बन्धों के विनियमन की व्यवस्था करते हैं। संघात्मक प्रणालियों में सामान्यतया ऐसा होता है कि संघ तथा राज्यों के आपसी प्रशासनिक सम्बन्ध झमेलों से ग्रस्त रहते हैं। भारत के संविधान का उद्देश्य है कि दोनों स्तरों के बीच सम्बन्धों का निर्वाह सहज रूप से होता रहे। वह उपबंध करता है कि राज्य सरकार की कार्यपालिका-शक्ति का

प्रयोग इस प्रकार हो कि संसद द्वारा बनाई गई विधियों का पालन सुनिश्चित हो सके। संघ की कार्यपालिका को राज्यों को ऐसे निर्देश देने का भी अधिकार प्राप्त है जो भारत सरकार को इस प्रयोजन के लिए आवश्यक प्रतीत हों।

इसी प्रकार, अनुच्छेद-257 का उपबंध है कि हर राज्य की कार्यपालिका-शक्ति का प्रयोग इस प्रकार किया जाए कि वह संघ की कार्यपालिका-शक्ति के प्रयोग में बाधक न हो। संघ इस सम्बन्ध में तथा रेलों के संरक्षण एवं राष्ट्रीय या सैनिक महत्त्व के संचार-साधनों को बनाए रखने के बारे में आवश्यक निर्देश जारी कर सकता है। केन्द्रीय निर्देशों के पालन में जो अतिरिक्त व्यय राज्य करेगा। केन्द्र उसकी भरपाई राज्य को करेगा। अनुच्छेद-261 का उपबंध निर्देश देता है कि भारतीय राज्य क्षेत्र के सभी भागों में संघ तथा राज्यों के सार्वजनिक कार्यों, अभिलेखों तथा न्यायिक कार्यवाहियों को पूरा विश्वास एवं पूरी मान्यता दी जाएगी। यह बात संघ एवं राज्यों के आपसी सम्बन्धों के सुचारु निर्वाह में अति सहायक होती है। अन्तर्राज्यिक नदियों पर संसदीय नियंत्रण तथा अन्तर्राज्यिक जल-विवादों के न्याय-निर्णयन सम्बन्धी उपबंधों के द्वारा संघ तथा राज्यों के बीच तथा स्वयं राज्यों के बीच संघर्ष की ढेर सारा समस्याएँ सुलझाने का प्रयास किया गया है (अनुच्छेद-262)। वास्तविकता तो यह है कि संविधान निर्माता किसी बात की संभावना नहीं छोड़ना चाहते थे। अत: उन्होंने अन्तर्राज्यिक परिषदों की व्यवस्था की। अनुच्छेद-263 राष्ट्रपति को अन्तर्राज्यिक परिषद् की स्थापना का अधिकार प्रदान करता है। इन परिषदों का उद्देश्य है कि वे राज्यों के आपसी विवादों तथा राज्यों के या संघ एवं राज्यों के सामान्य हित के आपसी मामलों के बारे में जाँच करें और उन्हें सलाह दें और नीति एवं कार्यवाही के बेहतर समन्वय के बारे में सिफारिशें करें।

अनुच्छेद-258 के अधीन राष्ट्रपति किसी राज्य सरकार की सहमति से उस सरकार को या उसके अधिकारियों को ऐसे किसी विषय से सम्बन्धित कृत्य सौंप सकेगा जिन पर संघ की कार्यपालिका-शक्ति का विस्तार है। इसी प्रकार, अनुच्छेद-258 क के अधीन किसी राज्य का राज्यपाल भारत सरकार की सहमति से उस सरकार को या उसके अधिकारियों को ऐसे किसी विषय से सम्बन्धित कृत्य सौंप सकेगा जिन पर उस राज्य की कार्यपालिका-शक्ति का विस्तार है। (अनुच्छेद-356 तथा राज्यों में राष्ट्रपतीय शासन की उद्घोषणा के लिए अध्याय 10 देखिए।)

वित्तीय सम्बन्ध

संघ तथा राज्यों के बीच वित्तीय सम्बन्धों के बारे में भी हम केन्द्रीय प्रधानता वाले भारतीय संघवाद की सामान्य प्रवृत्ति के दर्शन कर सकते हैं। यह कहा जा सकता

है कि वित्तीय दृष्टि से संघ अधिक सशक्त है। सुनियोजित अर्थव्यवस्था के माध्यम से देश की उन्नति की जरूरतों के स्वरूप को देखते हुए यह स्थिति न केवल वांछनीय, बल्कि नितान्त आवश्यक हो सकती है। लेकिन राज्यों के अपने संसाधन हैं। सहायता-अनुदानों, कतिपय करों के अंश-आगमों आदि के रूप में राज्यों के लिए संघ सारवान राशियों की व्यवस्था करता है। संविधान का उपबंध है कि हर पाँचवें वर्ष की समाप्ति पर वित्त आयोग का गठन किया जाए और वह संघ तथा राज्यों के बीच कर-आगमों के वितरण की जाँच करे एवं सहायता अनुदान का नियमन करनेवाले सिद्धान्तों का निर्धारण करे। यह भारतीय संविधान की एक नई देन है, इसने संघ तथा राज्यों के बीच सामान्यतया सुचारु सम्बन्धों को और भी सहज बनाया है।

9

पंचायती राज

गांधी जी स्वाधीन भारत में ऐसी व्यवस्था के पक्षधर थे जिसमें सत्ता धरातल पर आम आदमी के पास हो, सम्प्रभु शक्ति नीचे से ऊपर उठे—ऊपर से नीचे नहीं (bottom up-not top down), और यह तभी होगा जब सत्ता गाँव और स्थानीय जनता केन्द्रित हो। पंचायत राज अथवा स्थानीय शासन की संकल्पना के पीछे मूल भावना यही रही है। स्थानीय स्व-शासन और पंचायत राज से अभिप्राय वह प्रथा है जिसके द्वारा नगर, कस्बा और ग्रामों में निवास करनेवाली जनता को अपनी निर्वाचित संस्थाओं द्वारा अपना शासन आप करने का अधिकार दिया जाता है। जहाँ तक स्थानीय मामलों का सम्बन्ध होता है, जनता उनका अपनी निर्वाचित संस्थाओं द्वारा स्वत: प्रबन्ध कर लेती है। साधारण रूप से स्थानीय स्व-शासन में दो बातें समाविष्ट हैं। पहली बात यह है कि स्वास्थ्य, स्वच्छता, बिजली, पानी, सार्वजनिक पार्कों, सड़कों और बालक तथा बालिकाओं की प्रारम्भिक शिक्षा आदि का प्रबन्ध स्थान-विशेष की जनता के ही हाथों में छोड़ देना चाहिए। चूँकि ये मामले स्थानीय हित के हैं, अत: इनका शासन-प्रबन्ध वे ही लोग सुचारु रूप से कर सकते हैं जिनका कि इनसे निकट सम्पर्क रहता है। यदि संघ सरकार अपने पदाधिकारियों के द्वारा इन मामलों का प्रबन्ध करना चाहे, तो उसे सफलता नहीं मिलेगी क्योंकि ये पदाधिकारी क्षेत्र-विशेष की स्थितियों एवं आवश्यकताओं से अनभिज्ञ होंगे। दूसरी बात यह है कि इन मामलों का प्रबन्ध करनेवाली स्थानीय संस्थाओं को अपने कार्य के संचालन में पर्याप्त स्वतंत्रता मिलनी चाहिए। राज्य सरकार और संघ सरकार उनके क्रियाकलापों की ऊपरी देखभाल तो अवश्य रखें, लेकिन जहाँ तक सम्भव हो, उनके कार्य में हस्तक्षेप न करें।

यूरोप में स्थानीय शासन शब्द प्राय: उन स्थानीय संस्थाओं के लिए प्रयुक्त होता है जो भारत में स्थानीय स्व-शासन शब्द के अन्तर्गत आती हैं। इस अन्तर का कारण यह है कि भारत में स्थानीय शासन शब्द राज्य सरकार के लिए प्रयुक्त होने लगा है। इसलिए भ्रम को दूर करने के लिए भारत में ज़िला बोर्डों (अब ज़िला

परिषदों तथा), नगरपालिकाओं आदि स्थानीय संस्थाओं के लिए स्थानीय स्व-शासन शब्द का प्रयोग किया जाता है। आधुनिक राज्य की रचना में स्थानीय संस्थाओं को अत्यन्त महत्त्वपूर्ण स्थान प्राप्त है। इन संस्थाओं के द्वारा जनता सामुदायिक जीवन के लाभ उठाती है। शासन का मूल उद्देश्य समुदाय की भौतिक और नैतिक उन्नति करना है। स्थानीय स्व-शासन से इस उद्देश्य की प्राप्ति में अपूर्व सहायता मिलती है। देश के करोड़ों निवासियों की आवश्यकताओं की पूर्ति करना अत्यन्त कठिन काम है। स्थानीय संस्थाएँ अपने मामलों का स्वयं प्रबन्ध करके संघ सरकार और राज्य सरकारों के कार्यभार को हल्का कर देती हैं। स्थानीय संस्थाओं के द्वारा शासन-प्रबन्ध में सुचारुता आती है। चूँकि प्रत्येक स्थान की समस्याएँ विशेष होती हैं, इसलिए वहाँ के निवासी ही उन्हें अच्छी तरह से सुलझा सकते हैं। स्थानीय संस्थाओं के कारण सरकार के खर्च में काफी बचत हो जाती है। यदि सारी बातों का प्रबन्ध राज्य की सरकार को करना पड़े, तो इसके लिए उसे बहुत से कर्मचारी रखने पड़ेंगे। स्थानीय स्व-शासन से सबसे बड़ा लाभ यह है कि यह जनता को व्यावहारिक राजनीति की शिक्षा देता है। किसी क्षेत्र के निवासी केन्द्रीय तथा प्रान्तीय विधानमंडलों से उतना सम्पर्क नहीं रखते जितना अपने यहाँ की स्थानीय संस्थाओं से। स्थानीय बातों का उनके जीवन पर तत्काल प्रभाव पड़ता है। हर बात उनकी दृष्टि के सामने रहती है, फलत: उनमें राजनीतिक चेतना उदित होती है। स्थानीय संस्थाओं के निर्वाचन में भाग लेने और स्थानीय मामलों का प्रबन्ध करने से जनता लोकतंत्र की हितकारी शिक्षा प्राप्त करती है।

भारत में स्थानीय शासन की संस्थाएँ अत्यन्त प्राचीनकाल से चली आ रही हैं। प्राचीन भारत में पंचायतों तथा विभिन्न शिल्प संघों की सुदृढ़ व्यवस्था थी। लेकिन मुगल काल में स्थानीय शासन की संस्थाओं को धक्का पहुँचा तथा ब्रिटिश शासन के प्रारम्भिक अवस्थानों में उनकी बहुत अवनति हुई। 1687 में ईस्ट इंडिया कम्पनी ने मद्रास में स्थानीय सेवाओं के प्रबन्ध के लिए म्युनिसिपल शासन की स्थापना की। इसी प्रकार के प्रयत्न बम्बई और कलकत्ता में किए गए। लेकिन स्थानीय संस्थाओं द्वारा विकास की ओर विशेष ध्यान उन्नीसवीं शताब्दी में ही दिया गया। 1870 में लॉर्ड मेयो की सरकार ने यह सिद्धान्त स्वीकार किया कि भारत में स्थानीय संस्थाओं का विकास किया जाए जिससे कि भारतीयों को स्व-शासन का प्रशिक्षण प्राप्त हो सके। 1882 में लॉर्ड रिपन के संकल्प में स्वीकार किया गया कि भारत में सार्वजनिक भावना से प्रेरित विवेकशील व्यक्तियों का एक पूरा वर्ग उत्पन्न हो गया है जिसकी सेवाओं का उपयोग न करना शक्ति का पूर्ण अपव्यय होगा। इस संकल्प के आधार पर स्थानीय संस्थाओं में निर्वाचित लोगों की संख्या पर्याप्त बढ़ गई और ग्रामीण क्षेत्रों में भी स्थानीय स्व-शासन का प्रवर्तन किया गया। लेकिन स्थानीय संस्थाओं पर प्रशासनिक नियंत्रण सरकार का ही बना रहा। 1919 में मोंटेग्यू-चेम्सफोर्ड सुधारों

के लागू होने पर ही स्थानीय संस्थाओं के गठन में महत्त्वपूर्ण परिवर्तन हुए और उन्हें इस बात की अनुमति मिल गई कि वे गैर-सरकारी लोगों को अपना अध्यक्ष निर्वाचित कर सकती हैं तथा उनमें निर्वाचित प्रतिनिधियों का बहुमत हो सकता है। स्वतंत्रता के पश्चात भारत में स्थानीय स्व-शासन का स्वरूप और क्षेत्र बहुत बदला।

वर्तमान भारत में प्रशासन की इकाई ज़िला है। विधि और व्यवस्था, राजस्व, न्याय, चिकित्सा और स्थानीय शासन, इन सबकी प्रशासनिक संस्थाएँ जिले में ही हैं। स्थूल रूप से जिले में दो प्रकार के कार्य होते हैं—(क) राज्य की ओर से किए जानेवाले कार्य जैसे राजस्व एकत्रित करना, विधि और व्यवस्था बनाए रखना और विभिन्न प्रकार के प्रशासनिक कार्य, (ख) स्थानीय संस्थाओं द्वारा किए जानेवाले कार्य जैसे सफाई, रोशनी और प्रारम्भिक शिक्षा का प्रबन्ध। पहली श्रेणी के कार्य जिला प्रशासन का प्रधान जिलाधीश अथवा डिप्टी कमिश्नर करता है। वह भारतीय प्रशासनिक सेवा अथवा राज्य सिविल सेवा का सदस्य होता है। वह लगान-संचयन व्यवस्था का प्रधान होने के नाते कलक्टर कहलाता है और उसे अपने इस कार्य में असिस्टेंट कलक्टरों, डिप्टी कलक्टरों, तहसीलदारों, कानूनगो और लेखपालों से सहायता मिलती है। ज़िला दंडाधिकारी होने के नाते जिले में विधि और व्यवस्था बनाए रखने की ज़िम्मेदारी उसके कंधों पर होती है और वह असिस्टेंट कमिश्नर, सब डिवीजनल मजिस्ट्रेट और जिला पुलिस की सहायता से अपने कृत्यों का निर्वहन करता है। संघ सरकार और राज्य सरकारें अपने-अपने आदेशों और निर्णयों को उसी के माध्यम से कार्यान्वित कराती हैं। जिले का प्रशासनिक प्रधान होने के नाते कलक्टर तथा जिला दंडाधिकारी को व्यापक शक्तियाँ प्राप्त हैं। यद्यपि स्वतंत्रता के पश्चात उसकी शक्तियों में कमी हो गई है फिर भी उसका पद अत्यधिक प्रतिष्ठा और सम्मान का पद है।

स्थानीय शासन की दृष्टि से प्रत्येक जिले में नगर-क्षेत्र, अर्द्धनगर-क्षेत्र और ग्राम्य-क्षेत्र होता है। इन क्षेत्रों की आवश्यकताएँ और समस्याएँ एक-दूसरे से भिन्न होती हैं। और उनके समाधान के लिए विभिन्न प्रकार की स्थानीय शासन संस्थाओं का सृजन किया गया है।

1. मुम्बई, लखनऊ, आगरा, कानपुर, नागपुर, प्रयागराज आदि बड़े-बड़े नगरों में नगर निगमों की स्थापना की गई है। नगर निगम स्थानीय शासन के उच्चतम प्रकार हैं।
2. उन्नाव, बरेली और बुलन्दशहर जैसे छोटे-छोटे शहरों में म्युनिसिपल बोर्डों की स्थापना की गई है। म्युनिसिपल बोर्डों को नगर निगमों की अपेक्षा कम शक्तियाँ प्राप्त हैं।
3. कुछ सैनिक छावनियों वाले नगरों में रक्षा-मंत्रालय ने कैन्टोनमेंट बोर्डों की स्थापना की है।

4. छोटे नगरों को अधिसूचित क्षेत्रों (नोटीफाइड एरियाज़) का रूप दे दिया गया है। ये क्षेत्र छोटी-छोटी नगरपालिकाओं के रूप में होते हैं और म्युनिसिपल अधिनियम के अधीन, लेकिन कुछ कम मात्रा में, शक्तियों का प्रयोग करते हैं।
5. कुछ राज्यों में नगर क्षेत्र हैं। अधिसूचित क्षेत्रों और नगर क्षेत्रों के स्वरूप में कोई अन्तर नहीं है।
6. इस प्रकार स्पष्ट है कि ज़िले की एक-एक इंच भूमि जो नगरीय या अर्द्ध नगरीय है, स्थानीय शासन संस्थाओं के अन्तर्गत आ गई है। जो भूमि इन संस्थाओं के अन्तर्गत नहीं है, वह ग्रामीण भूमि है और उसे जिला परिषद् के रूप में गठित किया गया है।
7. प्रशासनिक सुविधा की दृष्टि से जिला परिषद् को चार या पाँच समितियों में बाँट दिया जाता है। प्रत्येक समिति स्थानीय शासन की इकाई है।
8. समिति के क्षेत्र में अनेक ग्राम पंचायतें होती हैं जो स्थानीय शासन की इकाइयाँ भी हैं। ग्रामीण क्षेत्रों के लिए स्थानीय शासन की यह त्रिस्तरीय व्यवस्था प्रायः सभी राज्यों में लागू कर दी गई है। इस प्रकार, कुल मिलाकर भारत में स्थानीय शासन के आठ प्रकार उपलब्ध होते हैं : तीन नगर क्षेत्रों के लिए, दो अर्द्धनगर क्षेत्रों के लिए और तीन ग्रामीण क्षेत्रों के लिए।

नीचे इन सभी प्रकारों का संक्षिप्त परिचय दिया जा रहा है—

1. **नगर निगम :** क वर्ग या **ख** वर्ग के नगरों में नगर निगम के रूप में स्थानीय शासन का उच्चतम प्रकार उपलब्ध होता है। स्वतंत्रता के पश्चात भारत में नगर-निगमों की संख्या तीव्र गति से बढ़ी है। संघ राज्यक्षेत्र में निगम की स्थापना संसद के अधिनियम से होती है और राज्य के क्षेत्र में राज्य विधानमंडल के अधिनियम द्वारा। कभी-कभी एक अधिनियम द्वारा एक ही निगम की स्थापना होती है। उदाहरण के लिए दिल्ली नगर निगम की स्थापना संसद के एक अधिनियम द्वारा की गई थी। इसके विपरीत उत्तर प्रदेश में नगर महापालिका अधिनियम 1959 के द्वारा आगरा, बनारस, लखनऊ, कानपुर और प्रयागराज में एक-एक निगम की स्थापना की गई।

   निगम की परिषद् में तीन तत्त्व होते हैं—पार्षद, एल्डरमैन और अध्यक्ष। पार्षद जनता द्वारा चार वर्ष के लिए निर्वाचित किए जाते हैं। पार्षद कुछ एल्डरमैनों का चुनाव करते हैं। एल्डरमैनों का कार्यकाल पार्षदों के कार्यकाल से कुछ अधिक होता है। एल्डरमैनों तथा पार्षदों की शक्तियाँ प्रायः समान हैं तथापि एल्डरमैनों की प्रतिष्ठा अधिक है। एल्डरमैन और

पार्षद एक बैठक में उपस्थित होकर अध्यक्ष और उपाध्यक्ष चुनते हैं जो क्रमश: मेयर तथा डिप्टी मेयर का निर्वाचन करते हैं। इन दोनों अधिकारियों का कार्यकाल एक वर्ष होता है। मेयर, एल्डरमैनों और पार्षदों के योग से परिषद् बनती है जो निगम का विचारात्मक अभिकरण है। वह निगम के सुशासन के लिए उपविधियों का निर्माण करती है, बजट पास करती है। समितियाँ कुछ और महत्त्वपूर्ण अधिकारियों की नियुक्तियाँ करती हैं तथा निगम के कार्य की देखभाल करती हैं। मेयर निगम का नाममात्र का प्रधान होता है तथा वह समारोहों में नगर का प्रतिनिधित्व करता है। निगम की कार्यकारी शक्ति कमिश्नर में निहित होती है। उसे सरकार नियुक्त करती है और वह अनुभवी प्रशासक होता है।

2. **म्युनिसिपल बोर्ड :** छोटे-छोटे नगरों में म्युनिसिपल बोर्ड की स्थापना की जाती है। म्युनिसिपल बोर्डों की स्थापना संसद अथवा राज्य विधानमंडल द्वारा पास किए सामान्य अधिनियम के द्वारा की जाती है। म्युनिसिपल बोर्डों में तीन अंग होते हैं—परिषद्, अध्यक्ष और कार्यकारी अधिकारी। परिषद् का निर्वाचन सीधे जनता द्वारा होता है। वह अध्यक्ष का निर्वाचन करती है जो उसकी बैठकों की अध्यक्षता करता है। अधिकांश राज्यों में कार्यकारी अधिकारी की नियुक्ति राज्य सरकार करती है। म्युनिसिपल बोर्ड उपविधियों का निर्माण करता है, बजट को अनुमोदित करता है, कुछ महत्त्वपूर्ण नियुक्तियाँ करता है और प्रशासन की देखभाल करता है। वह अपने द्वारा नियुक्त समितियों के माध्यम से कार्य करता है। म्युनिसिपल बोर्ड का कार्य सार्वजनिक स्वास्थ्य, सफाई व प्रारम्भिक शिक्षा, सड़कों की रोशनी की व्यवस्था करना और जन्म तथा मृत्यु का पंजीकरण करना है।
3. **कैंटोनमेंट बोर्ड :** जिन क्षेत्रों में सेना रहती है, वहाँ के स्थानीय मामलों का प्रबन्ध करने के लिए कैंटोनमेंट बोर्डों की स्थापना की जाती है। कैंटोनमेंट संघीय रक्षा मंत्रालय के अधीन होता है, अत: उसकी स्थापना संसद के अधिनियम द्वारा होती है। कैंटोनमेंट वार्ड में समान्यत: आधे सदस्य मनोनीत होते हैं और आधे निर्वाचित। कैंटोनमेंट क्षेत्र का ऑफिसर कमांडिंग पदेन बोर्ड का अध्यक्ष होता है। कैटोनमेंट बोर्ड का कार्यकारी अधिकारी सरकार द्वारा नियुक्त किया जाता है। कैंटोनमेंट बोर्ड के कार्य म्युनिसिपल बोर्ड की भाँति ही हैं।
4. **अधिसूचित क्षेत्र :** अधिसूचित क्षेत्र छोटी नगरपालिका हैं। उन्हें छोटे-छोटे नगरों अथवा औद्योगिक क्षेत्रों में स्थापित किया जाता है जहाँ की जनसंख्या अर्द्धनगरीय होती है। अधिसूचित क्षेत्र के शासन के लिए एक

अध्यक्ष और एक सचिव होता है। वह म्युनिसिपल बोर्ड अधिनियम के अधीन केवल वही कार्य करता है जो सरकार उसे सौंपती है।

5. **नगर क्षेत्र :** नगर क्षेत्र की स्थापना प्राय: ऐसे क्षेत्रों में की जाती है जो शहरी कम ग्रामीण अधिक होते हैं। उसका प्रशासन जनता द्वारा निर्वाचित समिति, एक अध्यक्ष और एक सचिव करता है। उसके कार्य मुख्य रूप से सार्वजनिक स्वास्थ्य से सम्बद्ध होते हैं।

6. **ज़िला परिषदें :** जिले का समूचा ग्रामीण क्षेत्र ज़िला परिषदों के अन्तर्गत आता है। 1957 में योजना आयोग ने श्री बलवंत राय मेहता की अध्यक्षता में सामुदायिक विकास योजनाओं और राष्ट्रीय विस्तार सेवाओं के क्रियान्वयन पर विचार करने तथा उनमें सुधार के उपाय सुझाने के लिए एक समिति की नियुक्ति की थी। समिति ने ग्रामीण क्षेत्रों के लिए त्रिस्तरीय स्थानीय शासन का सुझाव दिया। सबसे नीचे ग्राम पंचायतें, फिर समितियाँ और फिर ज़िला परिषदें। केन्द्रीय सरकार ने बलवंत राय मेहता समिति की सिफारिशें स्वीकार कर लीं। और उन्हें क्रियान्वयन के लिए राज्य सरकारों के पास भेज दिया क्योंकि भारतीय संविधान में स्थानीय शासन राज्य-सूची का विषय है। राजस्थान सरकार ने मेहता समिति की सिफारिशों को सबसे पहले कार्यरूप में परिणत किया। इसके बाद एक-एक करके प्राय: सभी राज्यों ने इस व्यवस्था को अपना लिया।

    ज़िला परिषद् में पंचायत समितियों के प्रतिनिधि, विधानसभा अथवा विधान परिषद् के स्थानीय सदस्य तथा संसद सदस्य होते हैं। उनका एक निर्वाचित अध्यक्ष और सरकार द्वारा नियुक्त एक सचिव होता है। ज़िला परिषद् निर्वाचित समितियों के माध्यम से कार्य करती है। ज़िला परिषदों की शक्तियाँ विभिन्न राज्यों में अलग-अलग हैं। तमिलनाडु और कर्नाटक में वह समन्वयकारी संस्था है और पंचायत समितियों के क्रियान्वयन पर सामान्य निगरानी रखती है। आन्ध्र प्रदेश में वह इन कार्यों के अलावा माध्यमिक, व्यावसायिक और औद्योगिक विद्यालयों का भी प्रबन्ध करती है।

7. **समिति :** जिला परिषद् के अधीन जो क्षेत्र होता है, उसे कई इलाकों में विभाजित कर दिया जाता है और प्रत्येक इलाके में शासन समिति नामक संस्था करती है। समिति का क्षेत्र सामुदायिक विकास खंड के क्षेत्र के अनुरूप होता है। समिति में उसके क्षेत्र के अन्तर्गत आनेवाली पंचायतों के प्रधान सम्मिलित होते हैं। समिति के अध्यक्ष और उपाध्यक्ष समिति की परिषद् द्वारा चुने जाते हैं। अध्यक्ष समिति की बैठकें बुलाता है और उनकी अध्यक्षता करता है। सरकार खंड विकास अधिकारी को

समिति का सचिव नियुक्त करती है। समितियाँ मुख्य रूप से विकास कार्यों को करती हैं।

8. **ग्राम पंचायत :** प्रत्येक समिति के क्षेत्र में ग्राम पंचायतें हैं। प्रत्येक गाँव-समूह के लिए एक पंचायत होती है जो गाँव या गाँवों के समस्त वयस्क लोगों द्वारा निर्मित गाँव सभा द्वारा निर्वाचित होती है। पंचायत सरपंच का निर्वाचन करती है जो उसकी बैठकों की अध्यक्षता करता है। पंचायतें कार्यकारी और न्यायिक कार्य करती हैं।

उपर्युक्त स्थानीय संस्थाओं के अतिरिक्त घनी आबादी वाले बड़े-बड़े नगरों में सफाई, रोशनी तथा हवा आदि के समुचित प्रबन्ध के लिए कभी-कभी एक और संस्था की भी स्थापना की जाती है जिसे इम्प्रूवमेंट ट्रस्ट कहते हैं। भारत के अनेक बड़े नगरों में जनसंख्या की अधिकता के कारण कई नई समस्याएँ पैदा हो गई हैं। इम्प्रूवमेंट ट्रस्टों का कार्य यह है कि वे शहरों को नए ढंग से बसाने का प्रयास करें। इम्प्रूवमेंट ट्रस्टों का सृजन और नियंत्रण सरकार के हाथ में रहता है। लेकिन उनमें नगरपालिकाओं को भी कुछ प्रतिनिधित्व मिलता है। इन ट्रस्टों के अध्यक्ष और सचिव प्राय: सरकारी अधिकारी होते हैं।

उन बड़े-बड़े नगरों में जो समुद्र के किनारे स्थित हैं, पोर्ट ट्रस्टों की स्थापना की गई है। कोलकाता, मद्रास (चेन्नई) और बम्बई आदि समुद्रतटीय नगरों में पोर्ट ट्रस्ट विद्यमान हैं। इन ट्रस्टों का मुख्य कार्य समुद्र के किनारे घाट बनवाना, मालगोदाम बनवाना तथा व्यापार की सुविधा के लिए नाव और जहाजों का प्रबन्ध करना है। बन्दरगाहों में विदेशों से नाना प्रकार का माल असबाब आता रहता है। पोर्ट ट्रस्ट इनकी निगरानी का पूरा प्रबन्ध करता है। ट्रस्ट की आय के मुख्य साधन माल की लदाई तथा उतराई, गोदाम के लिए किराए तथा जहाजों के कर हैं।

संघ सरकार का संघीय राज्य-क्षेत्रों और राज्य सरकारों का अपने क्षेत्र की स्थानीय संस्थाओं पर नियंत्रण रहता है। सरकार स्थानीय संस्थाओं को सहायता अनुदान देती है और उनकी उपविधियों तथा संकल्पों का अनुमोदन करती है।

दिसम्बर, 1992 में पारित संविधान 73वें और 74वें संशोधन के द्वारा अनुच्छेद-243 से लेकर 243 तक कुल 34 नए अनुच्छेद तथा 11वीं और 12वीं दो नई अनुसूचियाँ संविधान का अंग बन गई हैं। 73वाँ संशोधन पंचायत सम्बन्धी उपबंध करता है और 74वाँ नगरपालिकाओं के बारे में है।

अनुच्छेद-40 कहता है कि राज्य ग्राम पंचायतों का संगठन करने के लिए कदम उठाएगा और उनको ऐसी शक्तियाँ और प्राधिकार प्रदान करेगा जो उन्हें स्वायत्त शासन की इकाइयों के रूप में कार्य करने योग्य बनाने के लिए आवश्यक हों। इस अनुच्छेद को कई दशकों तक कोई महत्त्व नहीं दिया गया। प्रधानमंत्री राजीव गांधी ने पंचायतों के सशक्तीकरण में विशेष रुचि ली और संविधान में आवश्यक

संशोधन करने की दिशा में एक ठोस और गम्भीर कदम उठाया। ग्राम पंचायतों और नगरपालिकाओं के लिए दो सविधान संशोधनों (64 और 65) का प्रारूप तैयार किया गया। किन्तु, इसकी यह कहकर कड़ी आलोचना की गई कि यह राज्यों की सत्ता को किनारे कर सीधे पंचायतों से संघ सरकार का तालमेल बैठाने की कोशिश थी। अन्ततः प्रधानमंत्री नरसिम्हा राव के कार्यकाल में 73वें और 74वें संशोधनों के द्वारा पहली बार पंचायतों को संवैधानिक मान्यता मिली और हमारी राजनीतिक व्यवस्था के साँचे-ढाँचे में कुछ मौलिक परिवर्तन किए गए तथा स्थानीय संस्थाओं के रूप में बदलाव आया।

अब इन संस्थाओं को संवैधानिक प्रतिष्ठा और संरक्षण मिल गया है। 73वें और 74वें संविधान संशोधनों में उपबंध है कि राज्यों के विधानमंडल, पंचायतों और नगरपालिकाओं आदि के लिए अपने-अपने कानून बनाएँगे। हरेक राज्य में गाँव तथा जिला और दोनों के बीच के स्तर पर पंचायतें स्थापित की जाएँगी। जिन राज्यों की जनसंख्या 20 लाख से अधिक नहीं है, उनमें बीच के स्तर पर पंचायतों की आवश्यकता नहीं होगी। महत्त्वपूर्ण बात यह है कि अब पंचायतों को अधिक समय के लिए स्थगित अथवा निरस्त नहीं किया जा सकेगा क्योंकि 6 महीने के भीतर चुनाव कराना अनिवार्य होगा। दूसरे सभी पंचायतों में महिलाओं को, अनुसूचित जातियों और अनुसूचित जनजातियों को आरक्षण प्राप्त होगा। पंचायतों का 5 वर्ष का निश्चित कार्यकाल होगा। उनका अपना बजट होगा, कर लगाने की शक्ति होगी तथा उनकी अपने विषय और अधिकार क्षेत्रों की सूची (11वीं सूची) होगी। पंचायतें अपने-अपने क्षेत्रों के लिए आर्थिक विकास की योजनाएँ बना सकेंगी और उन्हें कार्यान्वित कर सकेंगी। पंचायतों के चुनाव कराने के लिए प्रत्येक राज्य में एक राज्य निर्वाचन आयुक्त की नियुक्ति होगी तथा हर पाँचवें वर्ष पंचायतों की आर्थिक स्थिति को जायजा लेने के लिए वित्त आयोग बैठाया जाएगा।

इसी प्रकार 74वें संविधान संशोधन में नगर पंचायत, नगरपालिका आदि के विषय में रूपरेखा दी गई है और प्रत्येक राज्य से अपेक्षा की गई है कि वह अपने-अपने कानून बनाए। आरक्षण, निर्वाचन, कर लगाने की शक्ति, आर्थिक विकास के लिए योजना बनाने और लागू करने की शक्ति, वित्त आयोग की स्थापना, निश्चित कार्यकाल आदि के मामलों में उपबंध लगभग वैसे ही हैं जैसे 73वें संशोधन में पंचायतों के लिए दिए गए हैं।

संघ तथा राज्यों के बीच विधायी शक्तियों के वितरण में ग्रामीण और शहरी दोनों इलाकों में, स्थानीय शासन को पूर्णतया राज्य सूची में रखा गया है। 73वें और 74वें संशोधनों में भी यह दायित्व राज्यों की विधायिकाओं को सौंपा गया था कि वे पंचायतों, नगरपालिकाओं आदि की स्थापना के लिए तथा उन्हें अधिकार

देने के लिए आवश्यक विधियाँ बनाएँ। जो वर्तमान स्थिति है उसमें सभी राज्यों ने अपनी-अपनी विधियाँ बना ली हैं। यह अवश्य है कि कुछ राज्यों ने यह काफी विलम्ब से और किंचित अनिच्छापूर्वक किया। लेकिन अब सभी स्थानीय संस्थाओं के लिए कम-से कम एक बार प्राय: सभी राज्यों में आम चुनाव भी हो गए हैं।

मेघालय, मिज़ोरम, नागालैंड, दिल्ली राजधानी संघ राज्य क्षेत्र, मणिपुर के पर्वतीय क्षेत्र तथा पश्चिम बंगाल के दार्जिलिंग पर 73वाँ और 74वाँ संशोधन लागू नहीं होता। अनुच्छेद-244 के अन्तर्गत आनेवाले किसी राज्य के अनुसूचित क्षेत्रों और अनुसूचित जनजातियों के प्रशासन पर भी ये संशोधन लागू नहीं होंगे, जब तक कि इन्हें स्पष्टतया लागू न किया जाए। 83वें संविधान संशोधन ने सन् 2000 में अनुच्छेद-243ड में एक नया खंड जोड़कर कहा है कि अनुच्छेद-243घ के अन्तर्गत होनेवाले स्थानों के आरक्षण अरुणाचल प्रदेश पर लागू नहीं होंगे।

आशा की जाती थी कि नई पंचायतें और नगरपालिकाएँ एक सार्थक और सच्चे प्रतिनिधित्व लोकतंत्र के युग का सूत्रपात करेंगी स्थानीय संस्थाओं में अब लगभग 32 लाख चुने हुए प्रतिनिधि हैं। इनमें कम-से-कम एक-तिहाई महिलाएँ हैं। इन सबके शासन की प्रक्रिया में भागीदार बनने से सारे देश में शक्ति जनता के हाथों में आनी चाहिए जिसकी वह अधिकारणी है।

10

आपात की उद्घोषणा

हमारे संविधान निर्माताओं का विचार था कि असाधारण परिस्थितियाँ पैदा हो सकती हैं और उनमें संविधान की सामान्य योजना नहीं चल सकेगी और संविधान के कतिपय भागों या उपबंधों के प्रवर्तन का निलम्बन ज़रूरी हो जाएगा ताकि राष्ट्र की स्वाधीनता एवं सुरक्षा तथा संविधान एवं लोकतंत्र प्रणाली का संरक्षण किया जा सके।

डॉ. आंबेडकर का दावा था कि भारतीय संघ अनोखा है क्योंकि किसी अन्य संघ के विपरीत, आपातकाल में वह अपना रूपांतर पूर्णतया एकात्मक राज्य के रूप में कर सकता है। इस दृष्टिकोण को उच्चतम न्यायालय ने गुलाम सरवर बनाम भारत संघ (ए आई आर 1967 एस सी 1335) में उचित ठहराया।

संक्षेप में, संविधान के आपात उपबंधों में दो प्रकार की आपात स्थितियों की परिकल्पना की गई है अर्थात (1) युद्ध, बाह्य आक्रमण या सशस्त्र विद्रोह के कारण अनुच्छेद-352 के अधीन राष्ट्रीय आपात और (2) अनुच्छेद-360 के अधीन वित्तीय आपात। तीसरे प्रकार की स्थिति वह स्थिति है जो अनुच्छेद-356 के अधीन किसी राज्य में संवैधानिक तंत्र विफल हो जाने से पैदा होती है और वहाँ राष्ट्रपति का शासन आवश्यक हो जाता है। भले ही इस स्थिति का समावेश आपात उपबंध सम्बन्धी भाग के अधीन किया गया है पर वस्तुतः उसे आपातस्थिति नहीं माना जा सकता।

अनुच्छेद-352 उपबंध कहता है कि यदि मंत्रिमंडल के निर्णय की लिखित संसूचना प्राप्त होने के बाद राष्ट्रपति का समाधान हो जाता है कि ऐसा गम्भीर आपात विद्यमान है जिससे युद्ध या बाह्य आक्रमण या सशस्त्र विद्रोह से भारत अथवा उसके किसी भाग की सुरक्षा संकट में है तो वह समूचे भारत या उसके किसी भाग के बारे में आपात की उद्घोषणा कर सकेगा। वह विभिन्न आधारों पर विभिन्न उद्घोषणाएँ जारी कर सकता है। यह अपेक्षा की जाती है कि आपात की हर उद्घोषणा को संसद के प्रत्येक सदन के समक्ष रखा जाएगा और राष्ट्रपति द्वारा उसे जारी किए

जाने की तिथि से एक मास की समाप्ति पर वह प्रवर्तन में नहीं रहेगी यदि इस बीच दोनों सदनों के संकल्पों द्वारा उसका अनुमोदन न कर दिया गया हो। लेकिन एक बार संसद द्वारा अनुमोदित कर दिए जाने पर उद्घोषणा एक बार में छह मास के लिए प्रवर्तन में बनी रह सकती है, यदि उससे पहले किसी उत्तरवर्ती उद्घोषणा द्वारा उसे राष्ट्रपति रद्द न कर दे। आपात की उद्घोषणा को या उसे जारी रखने का अनुमोदन करनेवाले संकल्पों को संसद के प्रत्येक सदन द्वारा उस सदन की कुल सदस्य संख्या के बहुमत द्वारा तथा उस सदन के उपस्थित और मत देनेवाले सदस्यों के कम-से-कम दो-तिहाई बहुमत द्वारा पारित करना होगा। यदि लोक सभा उद्घोषणा का या उसे जारी रखने का अनुमोदन करनेवाला संकल्प पारित कर दे तो वह तत्काल रद्द हो जाएगी। यदि लोक सभा की कुल सदस्य संख्या के कम-से-कम दसवें भाग द्वारा हस्ताक्षर कर किसी संकल्प की सूचना राष्ट्रपति/अध्यक्ष को दी जाती है तो उस पर विचार करने के लिए 14 दिन के भीतर लोक सभा की विशेष बैठक की जाएगी।

संविधान (44वाँ संशोधन) अधिनियम, 1978 द्वारा 1978-79 में अनुच्छेद-352 के उपबंधों को और कठोर बना दिया गया। उक्त अधिनियम 20 जून, 1979 से लागू हुआ। आन्तरिक अव्यवस्था के आधार पर 25 जून, 1975 को घोषित आपात के कटु अनुभव के बाद ऐसा किया गया आपात उपबंधों के दुरुपयोग को रोकने के लिए 'आन्तरिक अव्यवस्था' के स्थान पर 'सशस्त्र विद्रोह' शब्द रखे गए। राष्ट्रपति द्वारा उद्घोषणा जारी किए जाने के लिए संघीय मंत्रिमंडल के निर्णय की लिखित संसूचना को अनिवार्य पूर्व-शर्त बना दिया गया। आपात उपबंधों की समूची प्रक्रिया को सुव्यवस्थित कर दिया गया ताकि संसद के विशेषतया लोक सभा के अनुमोदन पर निर्भरता को सुनिश्चित किया जा सके।

अनुच्छेद-365 के साथ पठित अनुच्छेद-353 का उपबंध है कि एक बार जब आपात की उद्घोषणा कर दी जाती है तो संघ की कार्यपालिका शक्ति का विस्तार राज्य की कार्यपालिका शक्तियों के प्रयोग के सम्बन्ध में किसी राज्य को निर्देश दिए जाने पर हो जाता है और निर्देशों का पालन करने में असफलता को अनुच्छेद-365 के अधीन राष्ट्रपति का शासन लागू किए जाने के लिए पर्याप्त औचित्य माना जाएगा।

आपात के प्रवर्तन के लिए संसद को यह विधायी शक्ति भी मिल जाती है कि वह उन मामलों के बारे में जिनका समावेश संघ सूची में नहीं है, संघ के प्राधिकारियों को विधि द्वारा शक्तियाँ प्रदान करे और उन्हें कर्तव्य सौंपे।

अनुच्छेद-354 के अधीन, आपात के प्रवर्तन के दौरान (अनुच्छेद-268-279) राजस्वों के वितरण के सम्बन्ध में उपबंधों की प्रयुक्ति में समुचित उपांतरण किए जा सकते हैं। अनुच्छेद-358 आपात की स्थितियों के दौरान अनुच्छेद-19 के उपबंधों

के निलम्बन का उपबंध करता है जबकि अनुच्छेद-359 राष्ट्रपति को अधिकार देता है कि वह संविधान के भाग 3 के प्रत्याभूत सभी मूल अधिकारों के प्रवर्तन को आदेश द्वारा निलम्बित कर दे, पर अनुच्छेद-20-21 के अधीन अपराधों की दोषसिद्धि के संरक्षण तथा जीवन एवं स्वातंत्र्य के संरक्षण से सम्बन्धित अधिकार इसके अपवाद होंगे।

अनुच्छेद-358 और 359 के अधीन पारित किसी विधि की वैधता के लिए अनिवार्य है कि उसमें इस आशय का कथन हो कि उसका सम्बन्ध प्रवर्तमान आपात की उद्घोषणा से है।

भारत में राष्ट्रीय आपात की तीन उद्घोषणाएँ की गई हैं। एक अक्तूबर, 1962 में चीनी आक्रमण के समय की गई, दूसरी दिसम्बर, 1971 में पाकिस्तान युद्ध के समय की गई और तीसरी जून, 1975 में आन्तरिक अव्यवस्था पर की गई। आपात की अवधियों के दौरान अनेक विधियों के अधीन संघ सरकार ने असाधारण शक्तियाँ ग्रहण कर लीं और संसद ने संविधान संशोधन पारित किए।

विशेषतया आन्तरिक आपात की अवधि के दौरान शक्तियों के दुरुपयोग की व्यापक आलोचना की गई। उसके बाद हुए आम चुनावों में इंदिरा गांधी वाली सत्तारूढ़ कांग्रेस (आई) हार गई और जनता दल की सरकार बनी। संविधान (44वाँ संशोधन) अधिनियम, 1978 (जो 20 जून, 1979 से लागू हुआ) द्वारा अनुच्छेद-19 के निलम्बन को युद्ध या बाह्य आक्रमण की स्थिति तक सीमित कर दिया गया यानी उन अवस्थाओं में जहाँ आपात की उद्घोषणा सशस्त्र विद्रोह के आन्तरिक आधार पर की जाए, वहाँ अनुच्छेद-19 के अधीन स्वतंत्रता के अधिकार को छीना नहीं जा सकता। उसी संशोधन में यह भी उपबंध किया गया कि किसी भी परिस्थिति में यहाँ तक कि आपात में भी, अनुच्छेद-20 और 21 के अधीन अधिकारों के प्रवर्तन को रोका नहीं जा सकता।

1978 के संशोधन से पूर्व उच्चतम न्यायालय ने आपात उपबंधों से सम्बन्धित अनेक मामलों का फैसला किया। इनका सम्बन्ध उन मामलों से था जो 1962 और 1971 में उद्घोषित पहले और दूसरे आपातों के दौरान पैदा हुए। न्यायालय ने राष्ट्रपति के उस आदेश को वैध ठहराया जिसमें अनुच्छेद-21 और 22 के उपबंधों के प्रवर्तन के लिए न्यायालय में जाने के नागरिक के अधिकार का निलम्बित कर दिया गया था (मोहन चौधरी बनाम मुख्य आयुक्त, ए आई आर 1964 एस सी 173)। माखन सिंह बनाम पंजाब राज्य, ए आई आर 1984 एस सी 381 में न्यायालय ने प्रयास किया कि नागरिकों के मूल अधिकारों का सन्तुलन आपात के उपबंधों तथा राज्य की सुरक्षा सम्बन्धी जरूरतों से किया जाए। जहाँ उसने यह स्वीकार किया कि यदि राष्ट्र की सुरक्षा खतरे में हो तो व्यक्तिगत अधिकारों को राज्य के लिए मार्ग छोड़ना ही होगा। न्यायालय ने कहा—

"आपात की उद्घोषणा कब तक जारी रहे और आपात के दौरान नागरिकों के मूल अधिकारों पर क्या प्रतिबंध लगाए जाएँ, ये ऐसे मामले हैं जिनका भार अनिवार्यतया कार्यपालिका पर ही छोड़ना होगा। क्योंकि कार्यपालिका स्थिति की जरूरतों को जानती है। वही जानती है कि गम्भीर संकटों के दौरान बाध्यकारी कारणों का प्रभाव क्या होगा।"

लेकिन न्यायालय ने यह भी कहा कि उसे उस आपात विधान की वैधता को निरखने एवं परखने का अधिकार है, जिसके अधीन व्यक्तियों को दुर्भावना से या कार्यपालिका को अत्यधिक अधिकार दिए जाने के कारण निरुद्ध किया गया हो। एक अन्य मामले में न्यायालय ने उस कानून की वैधता को उचित ठहराया जिसके अधीन कार्यपालिका को कठोर शक्तियाँ दी गईं और विचार प्रकट किया कि मुकदमा चलाए बिना निरुद्ध करने की शक्ति मूलतया कार्यपालिका का कार्य है और उसकी न्यायिक पुनरीक्षा नहीं की जा सकती (साधू सिंह बनाम दिल्ली प्रशासन, ए आई आर 1966 एस सी 91)। महाराष्ट्र राज्य बनाम प्रभाकर पांडुरंग सांझगिरि, ए आई आर 1966 एस सी 424 में कहा कि वह अपनी पुस्तक को प्रकाशन के लिए जेल से बाहर भेज सकता है, क्योंकि इसे रोकने के सरकारी आदेश और आपात नियमों को लागू करने के प्रयोग के बीच कोई सम्बन्ध नहीं है। इस दृष्टिकोण को आनन्द नंबियार बनाम मुख्य सचिव, ए आई आर 1968 एस सी 657 में दोहराया गया। वहाँ न्यायमूर्ति गजेन्द्र गडकर ने इस बात पर बल दिया कि आपात के प्रवर्तन के दौरान भी, मूल अधिकारों के प्रवर्तन को निलम्बित करनेवाले राष्ट्रपति के आदेश के प्रभाव पर विचार करते समय, आदेश को कठोरता से नागरिक के मूल अधिकारों के पक्ष में होना चाहिए। राममनोहर लोहिया बनाम बिहार राज्य, ए आई आर 1966 एस सी 740 में यह निर्णय दिया गया कि निरोध का आदेश प्रथम दृष्ट्या उचित होना चाहिए। विधि एवं व्यवस्था बनाए रखने को लोक व्यवस्था बनाए रखने के बराबर नहीं माना जा सकता और भारत सुरक्षा नियमों के अधीन की गई कार्रवाई तभी वैध होगी जब उसे लोक व्यवस्था के हित में किया जाए, न कि केवल विधि एवं व्यवस्था की सहायता में किया जाए। आपात के दौरान राज्य-सुरक्षा के सर्वोच्च हित का संरक्षण करते समय स्वतंत्रता सम्बन्धी नागरिक के अधिकारों को छीना नहीं जा सकता। उसके लिए भारत सुरक्षा नियमों में विनिर्दिष्ट औचित्यपूर्ण आवश्यकता होनी ही चाहिए। इस आधार पर न्यायालय ने कहा कि निरोध स्पष्टतया तथा प्रत्यक्षतया दुर्भावनापूर्ण है (जी. सदानन्दन बनाम केरल राज्य, 1966 एस सी 1925)। पी. एल. लखनपाल बनाम भारत संघ, ए आई आर 1967 एस सी 1507 में, साधु सिंह के मामले में निर्णय को अनुचित ठहराया और कहा कि निरोध के आदेश की पुनरीक्षा के लिए

दिए जानेवाले निर्णय पर नैसर्गिक न्याय के सिद्धान्त लागू किए जाने चाहिए। मध्य प्रदेश राज्य बनाम भारत सिंह, ए आई आर 1967 एस सी 1170 में न्यायालय ने और आगे बढ़कर कहा—

"कार्यपालिका की कोई भी कार्रवाई, जो किसी व्यक्ति के प्रतिकूल पड़ती हो, निश्चय ही विधि के प्राधिकार से समर्थित होनी चाहिए। अनुच्छेद-358 की शर्तें इस नियम के प्रभाव को कम नहीं करतीं। अनुच्छेद-358 का आशय यह नहीं है कि नागरिक तथा अन्य लोगों के विरुद्ध कार्यवाही करने के लिए राज्य को मनमाना प्राधिकार दे दिया जाए। वह केवल यह उपबंध करता है कि जब तक आपात की उद्‍घोषणा जारी रहती है, विधियाँ बनाई जाएँ और वैध प्राधिकार के अनुसार कार्यपालिका की कार्यवाही की जाए जो यदि अनुच्छेद-19 के उपबंध लागू होती तो अवैध होती।"

मोहम्मद याकूब बनाम जम्मू-कश्मीर राज्य, ए आई आर 1968 एस सी 765 में उच्चतम न्यायालय ने स्पष्टतया कहा कि इस बात को देखते हुए राष्ट्रपति ने राज्य-सुरक्षा के हित में मूल अधिकारों के प्रवर्तन का निलम्बन कर दिया है। अनुच्छेद-359 के अधीन शक्ति के प्रयोग तथा भारत की सुरक्षा के बीच कोई सम्बन्ध खोजने के लिए नागरिक पुनरीक्षा की कोई गुंजाइश नहीं है। भूतनाथ बनाम पश्चिमी बंगाल राज्य, ए आई आर 1974 एस सी 806 में भी न्यायालय ने कहा कि आपात को जारी रखना अवैध नहीं है। न्यायमूर्ति अय्यर ने कहा कि यह तर्क कि वास्तव में कोई आपात नहीं है, न्यायिक नियंत्रण की परिधि से बाहर है। इस दृष्टिकोण को हैदराबाद के कलक्टर बनाम इब्राहिम एंड कम्पनी, ए आई आर 1970 एस सी 1275 में दोहराया गया। न्यायालय ने कहा—

"केवल उसी कार्यपालिका आदेश की आलोचना नहीं की जा सकती जो, अनुच्छेद-19 में निहित उपबंधों के अलावा राज्य देने के लिए सक्षम है। कार्यपालिका का कोई काम जो अन्यथा या अवैध हो, आलोचना से केवल इसलिए नहीं बच सकता कि उस समय किया गया जब आपात की उद्‍घोषणा प्रवर्तन में थी।"

अनुच्छेद-358 में स्पष्ट रूप से कहा गया है कि आपात के दौरान की गई या न की गई कार्रवाइयों को आपात की समाप्ति के बाद भी इस आधार पर चुनौती नहीं दी जा सकती कि सम्बद्ध आपात-विधि ने अनुच्छेद-19 का उल्लंघन किया (माखनसिंह का मामला, पूर्व उद्धृत; बेनेट कोलमैन एंड कम्पनी लिमिटेड बनाम भारत संघ, ए आई आर 1973 एस सी 106; ए. कोऑपरेटिव

एग्रीकल्चरल एवं इंडस्ट्रियल सोसाइटी लिमिटेड बनाम भारत संघ, ए आई आर 1976 एस सी 958)।

आन्तरिक आपात (1975-77) की उद्घोषणा के दौरान आपात उपबंधों के सन्दर्भ में उठनेवाले मूल अधिकारों के उल्लंघन के मामलों के प्रति उच्चतम न्यायालय के दृष्टिकोण में काफी बदलाव दीख पड़ा। बन्दी प्रत्यक्षीकरण की दशा में, न्यायालय ने व्यक्तियों के निरोध के मामलों में हस्तक्षेप करने से इनकार कर दिया, क्योंकि उसके विचार में स्पष्ट मंतव्य यह था कि निवारक निरोध पर कार्यपालिका का अनन्य नियंत्रण रहे। निरुद्ध व्यक्ति बन्दी प्रत्यक्षीकरण की रिट के लिए किसी न्यायालय में नहीं जा सकते, यदि प्रथम दृष्ट्या वैध निरोध आदेश विद्यमान था (अतिरिक्त जिला मजिस्ट्रेट बनाम शिवकांत शुक्ला, ए आई आर 1976 एस सी 1207)।

भारत संघ बनाम भानुदास, ए आई आर 1976 एस सी 1027 में पुनः न्यायालय ने निर्णय दिया कि अनुच्छेद-259 के अधीन राष्ट्रपति के आदेशों के कारण राष्ट्रीय आपात के दौरान अनुच्छेद-19, 21 और 22 के अधीन व्यक्तिगत आज़ादी के सभी अधिकारों का निलम्बन किया जा सकता है। न्यायालय के इन निर्णयों में से अधिकांश की वैधता समाप्त हो गई जब 44वें संशोधन द्वारा अन्य बातों के अलावा अनुच्छेद-352, 358 और 359 का संशोधन कर दिया गया।

मिनर्वा मिल्स के मामले में यह निर्णय दिया गया कि न्यायपालिका हस्तक्षेप कर सकती है, यदि यह सिद्ध कर दिया जाए कि संघ सरकार ने दुर्भावना से या सम्बद्ध तथ्यों के अभाव में कारवाई की। अन्यथा, उपचार केवल राजनीतिक हो सकता है। राष्ट्रपति के समाधान जैसा मामला न्यायालय की परिधि से परे है। शक्ति का प्रयोग केवल तभी संविधान के विरुद्ध होगा जब यह दर्शा दिया जाए कि वस्तुतः कोई समाधान था ही नहीं अथवा समाधान बेतुका, विकृत अथवा दुर्भावनापूर्ण था। निश्चय ही ऐसे मामले में न्यायालय, सीमित न्यायिक पुनरीक्षा कर सकते हैं (मिनर्वामिल्स बनाम भारत संघ ए आई आर 1980 एस सी 1789)।

वित्तीय आपात

वित्तीय आपात के प्रवर्तन के दौरान संघ की कार्यपालिका का प्राधिकार इस बारे में भी होगा कि वह राज्य को वित्तीय औचित्य सम्बन्धी कतिपय विनिर्दिष्ट सिद्धान्तों का पालन करने के लिए निर्देश दे सके और ऐसे अन्य निर्देश दे सके जिन्हें राष्ट्रपति ज़रूरी और उचित समझे। ये निर्देश इस बारे में भी हो सकते हैं कि राज्य की सेवा करनेवाले सभी व्यक्तियों के वेतनों तथा भत्तों में कटौती कर दी जाए और अनुच्छेद-207 के अधीन धन विधेयकों तथा अन्य विधेयकों को राष्ट्रपति के विचारार्थ

आरक्षित रखा जाए जब वे राज्य विधानमंडलों द्वारा पारित कर दिए जाएँ। राष्ट्रपति संघ के कार्यकलापों के सम्बन्ध में सेवा करनेवाले सभी व्यक्तियों के वेतनों तथा भत्तों में कमी करने का निर्देश भी दे सकता है और उनमें उच्चतम न्यायालय तथा उच्च न्यायालयों के न्यायाधीश भी शामिल होंगे।

सौभाग्य से, अभी संविधान के प्रवर्तन के विगत लगभग 70 वर्षों (1950-2000) के दौरान वित्तीय आपात लागू करने का एक भी अवसर नहीं आया है।

संविधान के अनुच्छेद-360 में राष्ट्रपति को अधिकार दिया गया है कि वह उद्घोषणा द्वारा वित्तीय आपात की घोषणा कर सकता है, यदि उसका समाधान हो जाए कि भारत या उसके राज्यक्षेत्र के किसी भाग का वित्तीय स्थायित्व या साख संकट में है। बाद की उद्घोषणा द्वारा इस उद्घोषणा को वापस लिया जा सकता है या उसमें परिवर्तन किया जा सकता है। इसे संसद के दोनों सदनों के समक्ष रखना होगा। वह दो मास की समाप्ति पर प्रवर्तन में नहीं रहेगी, यदि इस बीच दोनों सदनों के संकल्पों द्वारा उसका अनुमोदन न कर दिया जाए। एक बार यदि संसद उसका अनुमोदन कर दे तो अनुच्छेद-352 के अधीन की गई उद्घोषणाओं के विपरीत उसे अनिश्चित काल तक जारी रखा जा सकता है, जब तक कि उसे वापस न ले लिया जाए या उसमें परिवर्तन न कर दिया जाए।

राष्ट्रपति शासन

यदि किसी राज्यपाल से रिपोर्ट मिलती है या राष्ट्रपति का समाधान हो जाता है कि उस राज्य का शासन संविधान के अनुसार नहीं चलाया जा सकता या संवैधानिक तंत्र विफल हो गया है तो वह उद्घोषणा जारी करके राज्य सरकार के कोई भी कृत्य तथा शक्तियाँ अपने हाथ में ले सकता है। उनमें राज्यपाल तथा राज्य के अन्य प्राधिकारियों की शक्तियाँ भी शामिल होंगी। निश्चय ही, राष्ट्रपति के समाधान का अर्थ है संघ सरकार का समाधान और राष्ट्रपति का शासन वस्तुत: संघ सरकार का शासन है। यदि कोई राज्य अनुच्छेद-256, 257 या 353 के अधीन संघ सरकार द्वारा जारी किए गए निर्देशों का पालन नहीं करता तो राष्ट्रपति यह धारणा बना सकता है कि उस राज्य में संवैधानिक तंत्र विफल हो गया है और अनुच्छेद-356 के अधीन राज्य का शासन वह अपने हाथ में ले सकता है (देखिए अनुच्छेद-365)।

यह आवश्यक लगता है कि अनुच्छेद-356 को अनुच्छेद-355, 256, 257, और 365 के साथ पढ़ा-समझा जाए। प्राय: ऐसा नहीं किया जाता। अनुच्छेद-355 कहता है कि यह संघ सरकार का दायित्व है कि वह सुनिश्चित करे कि प्रत्येक राज्य का शासन संविधान के अनुसार चलाया जाए। अत: यह स्पष्ट है कि अनुच्छेद-356

ही ऐसा अकेला अनुच्छेद नहीं है जो किसी राज्य में संवैधानिक तंत्र की विफलता के विषय में हो। संघ सरकार अनुच्छेद-355 के अन्तर्गत भी यथावश्यक कदम उठा सकती है अर्थात बिना राष्ट्रपति शासन लागू करे। अनुच्छेद-355 अपने में स्वतंत्र रूप से प्रभावी हो सकता है। संघ सरकार अनुच्छेद-256, 257 और 353 के अन्तर्गत कुछ निर्देश भी जारी कर सकती है।

यह सही है कि अनुच्छेद-356 स्पष्टतया राष्ट्रपति को यह अधिकार देता है कि अगर वह इस बात से सन्तुष्ट हो कि ऐसी स्थिति उत्पन्न हो गई है जिसमें राज्य का शासन संविधान के अनुच्छेदों के अनुसार नहीं चल सकता तो वह राष्ट्रपति शासन की उद्घोषणा कर सकता है। किन्तु प्रश्न उठता है कि राष्ट्रपति कब यह मान सकता है कि ऐसी स्थिति सचमुच आ गई है? इस प्रश्न का एक बिल्कुल साफ और सीधा उत्तर संविधान में ही अनुच्छेद-365 में दिया गया है, जहाँ कहा गया है कि जब कोई राज्य संघ शासन के द्वारा अनुच्छेद-256, 257 आदि के द्वारा दिए गए निर्देशों का पालन न करे, तो राष्ट्रपति के लिए यह मानना विधि सम्मत होगा कि राज्य में ऐसी स्थिति आ गई है जब उसका शासन संविधान के अनुच्छेदों के अनुरूप नहीं चलाया जा सकता। संवैधानिक समस्याएँ और विसंगतियाँ तब उत्पन्न होती हैं जब राष्ट्रपति शासन की उद्घोषणा करने की जल्दबाज़ी में, यह सुनिश्चित करने का प्रयास नहीं किया जाता कि—

1. क्या संघ सरकार ने वह सब कुछ करके देख लिया जो वह अनुच्छेद-355 के अन्तर्गत कर सकती थी, और
2. क्या राज्य संघ सरकार के निर्देशों का पालन करने में असफल रही मानी जा सकती है।

कई बार होता यह है कि अनुच्छेद-356 के अन्तर्गत राष्ट्रपति शासन लगाने से पहले संघ सरकार ने कोई निर्देश दिए ही नहीं होते। इस प्रकार स्पष्ट है कि अनुच्छेद-356 का बहुत बार अनुचित उपयोग हुआ है और दूसरे सम्बद्ध अनुच्छेदों की ओर ध्यान नहीं दिया गया।

उद्घोषणा के अधीन, राज्य विधानमंडल की शक्तियों का प्रयोग संसद या संसद द्वारा प्राधिकृत व्यक्ति कर सकता है। राज्य विधानसभा का विघटन किया जा सकता है या उसे निलम्बित अवस्था में रखा जा सकता है। राष्ट्रपति अन्य सभी आवश्यक उपाय कर सकता है। उसमें उच्च न्यायालयों के सिवाय राज्य के किसी निकाय या प्राधिकारी से सम्बद्ध किन्हीं संवैधानिक उपबंधों का निलम्बन भी शामिल है। निश्चय ही, दो मास की समाप्ति पर हर उद्घोषणा समाप्त हो जाएगी यदि उसका अनुमोदन दोनों सदनों के संकल्पों द्वारा न कर दिया जाए। संसद के अनुमोदन के बाद भी कोई उद्घोषणा एक बार में 6 मास से अधिक समय तक और कुल मिलाकर तीन वर्ष से अधिक समय तक जारी नहीं रह सकती।

इसका एक अपवाद वह उद्घोषणा रही जो पंजाब के सम्बन्ध में हुई। 1987 में संविधान (68वाँ संविधान) अधिनियम, 1991 के अधीन पाँच वर्ष के लिए जारी रहा (अनुच्छेद-356)।

अनुच्छेद-356 के अधीन राष्ट्रपति शासन के प्रवर्तन के दौरान संसद, राज्य की विधायी शक्तियाँ राष्ट्रपति को सौंप सकती है और उसे अधिकार दे सकती है कि वह इन शक्तियों को अन्य प्राधिकारियों को दे दे (अनुच्छेद-357)।

अनुच्छेद-356 जिसके अधीन संघ, राज्यों पर राष्ट्रपति का शासन लागू कर सकता है, संविधान का सर्वाधिक आलोचित एवं विवादग्रस्त उपबंध रहा है। इस उपबंध के अधीन लगभग 60 वर्षों में संघ ने राज्यों का शासन कोई सवा सौ बार अपने हाथ में लिया है। विरोध पक्ष के सदस्यों तथा आलोचकों ने कहा है कि संघ-स्तर पर सत्तारूढ़ दल ने बहुधा इस अनुच्छेद का प्रयोग राजनीतिक तथा दलगत प्रयोजनों के लिए किया है और सामान्यतया विरोध पक्ष के दलों की राज्य सरकारों को बर्खास्त किया है। संविधानसभा में इस प्रावधान के आलोचकों को उत्तर देते समय डॉ. आंबेडकर ने आशा व्यक्त की थी कि हो सकता है कि कभी अनुच्छेद-356 का प्रयोग ही न किया जाए, सिवाय अन्तिम चारे के रूप में जब हर अन्य उपाय विफल हो जाए। राजस्थान राज्य बनाम भारत संघ, ए आई आर 1977 एस सी 1361 में उच्चतम न्यायालय का निर्णय था कि अनुच्छेद-356 के अधीन उद्घोषणा का आधार है। राष्ट्रपति का आत्मपरक समाधान और न्यायालय न तो राष्ट्रपति के समाधान के स्थान पर अपना समाधान रख सकता है और न ही वह अनुच्छेद-74 (2) को दृष्टि में रखते हुए मंत्रिपरिषद् द्वारा राष्ट्रपति को दी गई सलाह के बारे में जाँच-पड़ताल कर सकता है। लेकिन न्यायालय ने एक महत्त्वपूर्ण बात कही कि यदि राष्ट्रपति का समाधान दुर्भावनापूर्ण हो, विषयेतर या असंगत आधारों पर टिका हो या समाधान का नितान्त अभाव हो तो वह हस्तक्षेप कर सकता है। इस प्रकार अनुच्छेद-356 के अधीन राष्ट्रपति की शक्ति के प्रयोग को उस हद तक न्यायिक पुनरीक्षा के अधीन लाया गया।

उच्चतम न्यायालय ने एस. आर. बोम्मई बनाम भारत संघ (ए आई आर 1994 एस सी 1918) के निर्णय में 11 मार्च, 1994 को कहा कि राष्ट्रपति शासन केवल ऐसी स्थिति में लागू किया जाना चाहिए जब और कोई इलाज न बचे, हालत असाध्य हो जाए और राज्य का शासन संविधान के अनुसार चल सकना असम्भव हो जाए। न्यायालय ने स्पष्टतया निर्णय दिया है कि राष्ट्रपति शासन लागू करने के राष्ट्रपतीय निर्णय की न्यायिक पुनरीक्षा की जा सकती है और यह देखा जा सकता है कि निर्णय सचमुच किसी सामग्री पर आधारित था और क्या यह सामग्री मामले से सम्बद्ध थी। एक और महत्त्वपूर्ण बात यह कही गई कि राज्य की विधानसभा का विघटन जब तक नहीं किया जा सकता जब तक

कि राष्ट्रपतीय उद्घोषणा का संसद के दोनों सदनों द्वारा अनुमोदन न कर दिया जाए। न्यायालय के अनुसार, यदि विधानसभा भंग कर दी गई हो और सरकार भी बर्खास्त कर दी गई हो और बाद में राष्ट्रपतीय उद्घोषणा को अवैध घोषित किया जाए तो न्यायालय विधानसभा को पुनर्जीवित कर सकता है तथा बर्खास्त की हुई सरकार को बहाल कर सकता है। ऐसा करते समय न्यायालय कह सकता है कि उद्घोषणा के लागू रहते जो निर्णय लिए जा चुके हों या जो काम किए जा चुके हों, वे सब वैध और प्रभावी रहेंगे। निर्णय में आगे कहा गया है कि मंत्रिपरिषद् को सदन के बहुमत का समर्थन प्राप्त है या नहीं, इसका निर्णय सदन में ही किया जा सकता है। यह मामला किसी के भी, भले ही वह राज्यपाल हो या राष्ट्रपति, व्यक्तिगत अथवा निजी मत का नहीं है।

11

निर्वाचन

अनुच्छेद-324 कहता है कि एक निर्वाचन आयोग होगा। वह संसद और प्रत्येक राज्य विधानमंडल के वास्ते तथा राष्ट्रपति एवं उप राष्ट्रपति के पदों के वास्ते सभी निर्वाचनों का अधीक्षण, निदेशन और नियंत्रण करेगा। निर्वाचन आयोग में मुख्य निर्वाचन आयुक्त और उतने अन्य निर्वाचन आयुक्त होंगे, यदि कोई हो जितने राष्ट्रपति समय-समय पर नियत करे। जब अन्य निर्वाचन आयुक्त नियुक्त किए जाते हैं तब मुख्य निर्वाचन आयुक्त अध्यक्ष के रूप में कार्य करेगा।

अनुच्छेद-324 का यह उपबंध भी है कि आम चुनावों के समय मुख्य निर्वाचन आयुक्त से परामर्श करने के बाद प्रादेशिक आयुक्तों की नियुक्ति की जाए। मुख्य निर्वाचन आयुक्त को उसके पद से उसी रीति तथा उन्हीं आधारों पर हटाया जा सकता है जिनका निर्देश उच्चतम न्यायालय के न्यायाधीशों के लिए किया गया है। उसकी सेवा की शर्तों को उसकी नियुक्ति के पश्चात उसके लिए अलाभकारी रूप में परिवर्तित नहीं किया जा सकता। अन्य निर्वाचन आयुक्तों को यदि कोई हो, मुख्य निर्वाचन आयुक्त की सिफारिश पर उनके पद से हटाया जा सकता है।

अनुच्छेद-325 का उपबंध है कि संसद के प्रत्येक सदन या किसी राज्य विधानमंडल के सदन या प्रत्येक सदन के निर्वाचन के लिए, प्रत्येक प्रादेशिक निर्वाचन क्षेत्र की एक साधारण निर्वाचक-नामावली होगी। न तो कोई व्यक्ति धर्म, मूलवंश, जाति या लिंग के आधारों पर ऐसी नामावली में शामिल किए जाने के लिए अपात्र होगा और न ही कोई व्यक्ति किसी ऐसे आधार पर किसी ऐसे निर्वाचन क्षेत्र के लिए किसी विशेष निर्वाचक-नामावली में शामिल किए जाने का दावा कर सकेगा।

अनुच्छेद-327 संसद को विधायी शक्ति प्रदान करता है। उसके अनुसार वह संसद के प्रत्येक सदन या किसी राज्य विधानमंडल के सदन या उसके प्रत्येक

सदन के निर्वाचनों से सम्बन्धित सभी मामलों के बारे में कानून बना सकेगी। इनमें निर्वाचक-नामावलियों की तैयारी, निर्वाचन क्षेत्रों का परिसीमन तथा ऐसे सदन या सदनों का सम्यक गठन सुनिश्चित करने के लिए आवश्यक सभी अन्य मामले भी शामिल हैं।

अनुच्छेद-328 राज्य विधानमंडलों को इस बारे में शक्तियाँ प्रदान करता है कि वे राज्यों के किसी विधानमंडल के सदन या प्रत्येक सदन के निर्वाचनों के बारे में कानून बना सकते हैं।

अनुच्छेद-329 निर्वाचन सम्बन्धी मामलों में न्यायालयों के हस्तक्षेप की वर्जना करता है। इनमें (1) अनुच्छेद-327 या 328 के अधीन निर्वाचन क्षेत्रों के परिसीमन या स्थानों के आवंटन से सम्बद्ध कोई विधि और (2) संसद या राज्य विधानमंडल के प्रत्येक सदन के निर्वाचन की वैधता भी शामिल है। किसी निर्वाचन की वैधता के बारे में आपत्ति केवल निर्वाचन-याचिका द्वारा की जा सकती है। यह याचिका ऐसे प्राधिकारी को ऐसी रीति से प्रस्तुत की जाएगी जिसका प्रावधान सम्बद्ध विधानमंडल विधि द्वारा करे। लोक प्रतिनिधित्व अधिनियम के अधीन निर्वाचन-विवादों के निपटारे की शक्ति उच्च न्यायालयों में निहित है। तत्सम्बन्धी अपील उच्चतम न्यायालय में की जा सकती है। लेकिन राष्ट्रपति अथवा उप राष्ट्रपति के निर्वाचन सम्बन्धी विवादों का निपटारा उच्चतम न्यायालय ही करेगा।

संविधान के अनुच्छेद-51 के अनुसार राष्ट्रपति का निर्वाचन संसद के दोनों सदनों तथा राज्यों की विधानसभाओं के निर्वाचित सदस्यों से बने निर्वाचक मंडल के सदस्य करते हैं। लोकसभा के दो और राज्यसभा के 12 मनोनीत सदस्य तथा राज्यों की विधानसभाओं के मनोनीत सदस्य राष्ट्रपति के निर्वाचन में मत देने के अधिकारी नहीं होते। पहले संघ राज्य क्षेत्रों की विधानसभाओं के किन्हीं भी सदस्यों को निर्वाचक मंडल की सदस्यता प्राप्त नहीं थी। किन्तु 1992 के बजट सत्र में पारित एक संविधान संशोधन विधेयक में दिल्ली और पुदुचेरी संघ राज्य क्षेत्रों की विधानसभाओं के निर्वाचित सदस्यों को भी निर्वाचक गण में शामिल करने का प्रावधान किया गया।

संविधान के अनुच्छेद-54 के अनुसार राष्ट्रपति का निर्वाचन संसद के दोनों सदनों तथा राज्यों की विधानसभाओं के निर्वाचित सदस्यों के बने निर्वाचक मंडल के सदस्य करते हैं। लोकसभा के दो मनोनीत सदस्य, राज्यसभा के 12 मनोनीत सदस्य तथा राज्यों की विधानसभाओं के मनोनीत सदस्य राष्ट्रपति के निर्वाचन में मत देने के अधिकारी नहीं होते। पहले संघ राज्य क्षेत्रों की विधानसभाओं के किन्हीं भी सदस्यों को निर्वाचक मंडल की सदस्यता प्राप्त नहीं थी। किन्तु 1992 के बजट सत्र में पारित एक संविधान संशोधन विधेयक में दिल्ली और पांडिचेरी संघ राज्य

क्षेत्रों की विधानसभाओं के निर्वासित सदस्यों को भी निर्वाचक गण में शामिल करने का प्रावधान किया गया।

संविधान के अनुच्छेद-55 में कहा गया है कि राष्ट्रपति के निर्वाचन में भिन्न-भिन्न राज्यों के प्रतिनिधित्व में यथासम्भव एकरूपता होगी। राज्यों में आपस में ऐसी एकरूपता और समस्त राज्यों और संघ में समतुल्यता प्राप्त कराने के लिए संसद और प्रत्येक राज्य की विधानसभा का प्रत्येक निर्वाचित सदस्य ऐसे निर्वाचन में कितने मत देने का हकदार होगा, इसका निर्णय निम्नलिखित रीति से किया जाएगा—

(क) प्रत्येक राज्य की विधानसभा के हरेक निर्वाचित सदस्य के उतने मत होंगे जितने एक हज़ार के गुणित उस भागफल में हों जो राज्य की जनसंख्या को उस विधानसभा के निर्वाचित सदस्यों की कुल संख्या से भाग देने पर आए।

(ख) यदि एक हज़ार के उक्त गणित हो लेने के बाद शेष पाँच सौ से कम नहीं है तो प्रत्येक सदस्य के मतों की संख्या में एक और जोड़ दिया जाएगा।

(ग) राज्यों की विधानसभाओं के सदस्यों के लिए नियत सम्पूर्ण मत-संख्या को, संसद के दोनों सदनों के निर्वाचित सदस्यों के कुलसंख्या से भाग देने पर आई संख्या संसद के प्रत्येक सदन के प्रत्येक निर्वाचित सदस्य के मतों की संख्या होगी।

उद्देश्य संक्षेप में यह था कि समस्त राज्यों की विधानसभाओं के सदस्यों के मतों का मूल्य कुल मिलाकर संसद के दोनों सदनों के कुल मत-मूल्य से अधिक न हो तथा विधानसभाओं के सदस्यों के मत का मूल्य राज्य-विशेष की जनसंख्या के ऊपर निर्भर रहे, ताकि कोई किसी भी राज्य की विधानसभा का सदस्य क्यों न हो, राष्ट्रपति के चुनाव में उसके मत का मूल्य इस पर निर्भर करे कि वह अथवा उसके राज्य का कोई भी सदस्य कितनी जनसंख्या का प्रतिनिधित्व करता है।

संविधान के अनुच्छेद-58 के अनुसार भारत का कोई भी नागरिक जो 35 वर्ष की आयु पूरी कर चुका हो और लोकसभा का सदस्य बनने की अर्हता रखता हो, राष्ट्रपति पद के लिए उम्मीदवार हो सकता है। सरकार के नियंत्रण या लाभ के पद पर आसीन कोई व्यक्ति राष्ट्रपति पद के लिए उम्मीदवार नहीं हो सकता। किन्तु मंत्री, उप-राष्ट्रपति, राष्ट्रपति अथवा राज्यपाल जैसे पदों पर यह पाबन्दी लागू नहीं होती। डॉ. राधाकृष्णन, डॉ. ज़ाकिर हुसैन और श्री वेंकटरामन ने उप-राष्ट्रपति पद पर रहते हुए राष्ट्रपति पद के लिए चुनाव लड़ा, किन्तु श्री वी.वी. गिरि और डॉ. संजीव रेड्डी ने सर्वोच्च पद के लिए उम्मीदवार बनने से पहले उप-राष्ट्रपति और लोकसभा अध्यक्ष के पदों से त्यागपत्र दे दिया था।

संसद (राज्य सभा तथा लोक सभा दोनों) के प्रत्येक सदस्य के मूल्य निकालने के लिए, सारी विधानसभाओं के निर्वाचित सदस्यों के कुल मतों के मूल्य को संसद के दोनों सदनों के निर्वाचित सदस्यों की कुल संख्या से विभाजित किया जाए। इस प्रकार प्रत्येक सांसद के मत का मूल्य निकलेगा। राज्य विधानसभा के हर सदस्य के वोट का मूल्य प्रत्येक राज्य में अलग-अलग होगा। उसका आधार होगा विधानसभा की सदस्य संख्या तथा 1971 की जनगणना के अनुसार राज्य की आबादी। एक ओर राज्यों में आपस में तथा दूसरी ओर समस्त राज्यों तथा संघ के बीच एकरूपता प्रदान करने के तरीके का आशय यह था कि समूची प्रक्रिया का पलड़ा राज्यों के प्रतिनिधियों के पक्ष में हो। उन्हें दोहरा प्रतिनिधित्व मिला, पहले विधान सभाओं के सदस्यों के रूप में और फिर राज्य सभा के सदस्यों के रूप में। ऐसा जानबूझकर किया गया उद्देश्य था, राष्ट्रपति पद को समूचे देश तथा संघटक राज्यों का निर्विवाद समर्थन मिले। विभिन्न राज्यों के बीच आपस में प्रतिनिधित्व के मापदंड में एकरूपता प्रदान करने के विचार का मोटे तौर पर उद्देश्य यह था कि आबादी के आधार पर प्रतिनिधित्व दिया जाए, एक व्यक्ति-एक वोट के सिद्धान्त का पालन किया जाए और इकहरी भारतीय नागरिकता एवं सभी नागरिकों के बीच समता की संकल्पनाओं का समाधान किया जाए। अनुच्छेद-55 के स्पष्टीकरण के अनुसार जनसंख्या पद से आशय उस जनसंख्या से है जो अन्तिम पूर्ववर्ती जनगणना में अभिनिश्चित की गई हो और जिसके आँकड़े प्रकाशित हो चुके हों, किन्तु, जब तक सन् 2026 के बाद की जानेवाली जनगणना के आँकड़े उपलब्ध नहीं हो जाते तब तक 1971 की जनगणना के आँकड़े ही मान्य होंगे (अनुच्छेद-55 के स्पष्टीकरण में 2026 का अंक 84वें संविधान संशोधन के द्वारा सन् 2002 में रखा गया, इससे पहले यह 2000 था)। राष्ट्रपतीय निर्वाचन के लिए एकल संक्रमणीय मत द्वारा आनुपातिक प्रतिनिधित्व पद्धति को अपनाने का सम्भवतया सहज कारण यह विचार था कि वह अल्पसंख्यकों को प्रतिनिधित्व प्रदान कर सकेगा। संविधानसभा में इस मुद्दे पर कोई चर्चा नहीं हुई। प्रस्ताव को केवल स्वीकार कर लिया गया। एक सदस्य वाले निर्वाचन क्षेत्र की स्थिति में इस पद्धति की कोई अधिक सार्थकता नहीं है। यह पद्धति तभी सार्थक होती है जब एक से अधिक सीटें हों और उन्हें एक ही मतदान के द्वारा वही मतदाता भरें। वस्तुतया वर्तमान पद्धति को एकल संक्रमणीय मत द्वारा आनुपातिक प्रतिनिधित्व पद्धति कहना उचित नहीं होगा। बेहतर होगा कि उसे अनुकल्पी मत पद्धति कहा जाए क्योंकि व्यवहार में उसका रूप वैसा ही है।

सन् 1997 से पहले राष्ट्रपति पद के लिए नामांकन में केवल 10 प्रस्तावकों और 10 ही अनुमोदकों की आवश्यकता पड़ती थी और जमानत की राशि भी केवल 2500 होती थी। 1997 के राष्ट्रपतीय चुनाव से पहले ऐसे उम्मीदवारों की, जो गम्भीर

नहीं होते और राष्ट्रपति पद के चुनाव की गरिमा को आघात पहुँचाते हैं, संख्या कम करने के लिए ही अधिनियम में संशोधन करके प्रस्तावकों और अनुमोदकों की संख्या बढ़ाकर 50-50 की गई तथा जमानत की राशि 15,000 रुपए की गई।

संविधान के अनुच्छेद-71 में उपबंध है कि राष्ट्रपति या उप राष्ट्रपति के निर्वाचन से उत्पन्न या संसक्त सभी शंकाओं और विवादों की जाँच तथा निपटारा उच्चतम न्यायालय करेगा और उसका निर्णय अन्तिम होगा। राष्ट्रपति अथवा उप-राष्ट्रपति के निर्वाचन के बारे में केवल इस आधार पर आपत्ति नहीं की जा सकती कि निर्वाचन नामावली के सदस्यों में कोई रिक्ति हो गई है। जो व्यक्ति न तो उम्मीदवार है और न ही निर्वाचक है वह राष्ट्रपति निर्वाचन की वैधता को चुनौती देने के लिए याचिका दायर नहीं कर सकता। (एन. बी. खरे बनाम भारतीय निर्वाचन आयोग, ए आई आर 1958 एस सी 139)।

राष्ट्रपतीय निर्वाचन के मामले में (ए आई आर 1974 एस सी 1682 में) उच्चतम न्यायालय ने निर्णय दिया कि राष्ट्रपति पद के लिए निर्वाचन को इस आधार पर न तो स्थगित किया जा सकता है और न ही अवैध ठहराया जा सकता है कि किसी राज्य विधानसभा को भंग कर दिए जाने के कारण निर्वाचक नामावली अधूरी थी या पूरी तरह गठित नहीं हुई थी। पदासीन राष्ट्रपति का कार्यकाल पूरा होने से पहले, नए राष्ट्रपति का चुनाव कराना ही होगा।

संविधान के अनुच्छेद-58 में व्यवस्था है कि कोई व्यक्ति राष्ट्रपति के रूप में चुने जाने का पात्र तभी होगा जब वह (क) भारत का नागरिक हो, (ख) पैंतीस वर्ष की आयु पूरी कर चुका हो, और (ग) लोक सभा का सदस्य चुने जाने की योग्यता रखता हो। कोई व्यक्ति राष्ट्रपति के रूप में चुने जाने का पात्र नहीं होगा यदि वह भारत सरकार के या किसी राज्य की सरकार के अधीन अथवा उक्त सरकारों में से किसी के नियंत्रण में किसी राज्य की सरकार के अधीन अथवा उक्त सरकारों में से किसी के नियंत्रण में किसी स्थानीय या अन्य प्राधिकारी के अधीन कोई लाभ का पद धारण करता है। लेकिन कोई व्यक्ति केवल इसलिए कोई लाभ का पद धारण करनेवाला नहीं समझा जाएगा कि वह संघ का राष्ट्रपति, उप-राष्ट्रपति या किसी राज्य का राज्यपाल है।

राष्ट्रपतीय और उप-राष्ट्रपतीय निर्वाचन अधिनियम 1952 तथा उसके अधीन बनाए गए नियम भारत के राष्ट्रपति एवं उप राष्ट्रपति पद के निर्वाचन से सम्बन्धित सभी मामलों का विनियमन करते हैं। 1952 के अधिनियम में 1974 और 1997 में संशोधन किए गए। इन संशोधनों द्वारा पूर्ववर्ती चुनावों में प्राप्त अनुभव के आधार पर निर्वाचन प्रक्रिया में कुछ परिवर्तन किए गए। उसी प्रकार राष्ट्रपतीय तथा उप-राष्ट्रपतीय निर्वाचन-नियम 1952 में भी संशोधन किए गए। अधिनियम की मुख्य अपेक्षाएँ इस प्रकार हैं—

(1) भारत के राष्ट्रपति के निर्वाचन के लिए नामांकन-पत्र विहित रूप में पूरा किया जाए। उम्मीदवार हस्ताक्षर करके नामांकन के प्रति सहमति प्रकट करे। साथ ही, कम-से-कम 50 निर्वाचक नाम का प्रस्ताव और कम-से-कम 50 निर्वाचक प्रस्ताव का अनुमोदन करें। इस अपेक्षा को उचित ठहराया गया है क्योंकि अनुच्छेद-58 केवल पात्रता के लिए अर्हताओं का प्रावधान करता है न कि वैध नामांकन की अपेक्षाओं के लिए (चरनलाल साहू बनाम नीलम संजीव रेड्डी, ए आई आर 1978 एस सी 499)।

(2) हर नामंकन-पत्र के साथ ऐसी प्रविष्टि की एक सत्यापित प्रति नत्थी की जानी चाहिए, जो बताती हो कि उम्मीदवार का नाम उस संसदीय निर्वाचन-क्षेत्र की निर्वाचन-नामावली में है जिसमें उम्मीदवार को निर्वाचक के रूप में दर्ज किया गया है।

अनुच्छेद-55 का उपबंध है कि जहाँ तक साध्य हो, राष्ट्रपति के निर्वाचन में विभिन्न राज्यों के प्रतिनिधित्व के मापदंड में एकरूपता होगी। निर्वाचन आनुपातिक प्रतिनिधित्व पद्धति के अनुसार एकल संक्रमणीय मत द्वारा होगा और ऐसे निर्वाचन में मतदान गुप्त होगा। अनुच्छेद यह प्रावधान भी करता है कि राज्यों में आपस में ऐसी एकरूपता तथा समस्त राज्यों और संघ में समतुल्यता लाने के लिए संसद और प्रत्येक राज्य की विधानसभा का प्रत्येक निर्वाचित सदस्य ऐसे निर्वाचन में जितने मत देने का अधिकारी है उनकी संख्या निम्न रीति से निर्धारित की जाएगी—

(क) किसी राज्य की विधानसभा के प्रत्येक निर्वाचित सदस्य के उतने मत होंगे जितने कि एक हज़ार के गुणित उस भागफल में हों, जो राज्य की जनसंख्या को उस विधानसभा के निर्वाचित सदस्यों की कुल संख्या से भाग देने पर आए।

(ख) यदि एक हज़ार के उक्त गुणितों को लेने के बाद शेष पाँच सौ से कम नहीं हैं तो उपखंड (क) में निर्दिष्ट प्रत्येक सदस्य के मतों की संख्या में एक और जोड़ दिया जाएगा।

उदाहरण—

राज्य की कुल जनसंख्या	43,502,708
विधानसभा में निर्वाचित	204
सदस्यों की कुल संख्या प्रत्येक के लिए वोटों की संख्या	43,502,708
	1000 × 294
	= 147.96 या 148

(ग) संसद के प्रत्येक सदन के प्रत्येक निर्वाचित सदस्य के मतों की संख्या वह होगी जो उपखंड (क) और उपखंड (ख) के अधीन राज्यों की विधान सभाओं के सदस्यों के लिए नियत कुल मतों की संख्या को संसद के दोनों सदनों के निर्वाचित सदस्यों की कुल संख्या से भाग देने पर आए, जिसमें आधे से अधिक भिन्न को एक गिना जाएगा तथा अन्य भिन्नों की उपेक्षा की जाएगी।

उदाहरण के लिए, यदि राष्ट्रपतीय निर्वाचन के वास्ते निर्वाचक-नामावली सदस्यों की कुल संख्या 4848 हो और उनका ब्योरा इस प्रकार हो—

1. राज्य सभा	233
2. लोक सभा	543
3. राज्य विधान सभाएँ :	4,072
कुल	4,848

राष्ट्रपति और उप-राष्ट्रपति के चुनाव के सम्बन्ध में उपजे सभी विवादों और सन्देहों की जाँच की जाएगी और उनके सम्बन्ध में सर्वोच्च न्यायालय निर्णय करेगा। उसका निर्णय अन्तिम माना जाएगा।

चुनावों की अधिसूचना पदासीन राष्ट्रपति का कार्यकाल समाप्त होने की तारीख से 60 दिन पूर्व में कभी भी जारी की जा सकती है। राष्ट्रपति पद के लिए निर्वाचन कानून संविधान के अनुच्छेद-51 से 62 के अतिरिक्त, राष्ट्रपतीय एवं उप-राष्ट्रपतीय निर्वाचन अधिनियम 1952 के अतिरिक्त और उसके अन्तर्गत बनाए गए नियमों-उपनियमों में निरूपित है।

12

संविधान में संशोधन

हमारा मानना रहा है कि संविधान कोई जड़ दस्तावेज़ मात्र नहीं, अपितु एक सतत गतिशील प्रक्रिया है। वह निरन्तर बनता, पनपता, पल्लवित होता रहता है—उसके कार्यकरण से। उसमें आवश्यकतानुसार परिवर्तन भी होते रहते हैं—संवैधानिक संशोधनों के द्वारा।*

हमारा संविधान लिखित होते हुए भी लचीला है। संविधान के केवल कुछ उपबंध ऐसे हैं जिनका संशोधन करने के लिए आधे राज्यों के विधानमंडलों की स्वीकृति आवश्यक है। वे विषय हैं—संघ तथा राज्यों के बीच कार्यकारी तथा विधायी शक्तियों का वितरण, संसद में राज्यों का प्रतिनिधित्व, राष्ट्रपति का निर्वाचन, उच्चतम न्यायालय तथा उच्च न्यायालय, स्वयं संविधान के संशोधन से सम्बद्ध अनुच्छेद-368। शेष संविधान संघ-संसद के विशेष बहुमत द्वारा संशोधित किया जा सकता है।

ध्यान देने की सबसे महत्त्वपूर्ण बात यह है कि संविधान के अनुच्छेद-368 के अनुसार संविधान में, संशोधन केवल और केवल संसद के दोनों सदनों में से किसी में विधेयक का पुन:स्थापन करके ही किया जा सकता है। अत: संविधान-संशोधन के मामले में पहला कदम केवल संसद ही उठा सकती है। अधिकांशतया संविधान के उपबंधों का संशोधन संसद एक विशेष बहुमत से ही कर सकती है। वह है प्रत्येक सदन के उपस्थित तथा मतदान करनेवाले कम-से-कम दो तिहाई सदस्यों का बहुमत। केवल सीमित श्रेणी के संविधान उपबंधों के बारे में (यानी, सातवीं अनुसूची की सूचियों से, संसद में राज्यों के प्रतिनिधित्व से, अनुच्छेद-368 आदि से सम्बन्धित संविधान-उपबंधों के बारे में यह व्यवस्था है कि जब संसद का प्रत्येक सदन विहित विशेष बहुमत से संशोधन-विधेयक को पारित कर दे तो ज़रूरी है कि कम-से-कम आधे राज्यों के विधानमंडल उसका अनुसमर्थन करें। जब विधिवत पारित/अनुसमर्थित रूप में संविधान संशोधन विधेयक को अनुमति के लिए राष्ट्रपति

---

* देखें Subhash C Kashyap, Constitution Making Since 1950, Universal, New Delhi.

के समक्ष प्रस्तुत किया जाता है तो राष्ट्रपति को अनुमति देनी ही होगी और विधान सम्बन्धी साधारण विधेयकों के विपरीत उसके पास कोई विकल्प नहीं होता कि वह अपनी अनुमति रोक ले या विधेयक को पुनर्विचार के लिए लोक सभा को लौटा दे। अन्ततः यह महत्त्वपूर्ण है कि संविधान में ऐसा कोई उपबंध नहीं है जिसका संशोधन नहीं किया जा सकता क्योंकि संसद हर प्रकार से संविधान के किसी भी उपबंध का परिवर्धन, परिवर्तन या निरसन कर सकती है और ऐसे संशोधन पर किसी भी न्यायालय में किसी भी आधार पर आपत्ति नहीं उठाई जा सकती, जब तक कि उनका उद्देश्य ऐसा परिवर्तन अथवा उल्लंघन न हो जिसे संविधान के मूलाधार का उल्लंघन समझा जाए।

1973 में केशवानन्द भारती बनाम केरल राज्य में उच्चतम न्यायालय के सात न्यायाधीशों ने बहुमत से निर्णय दिया कि अनुच्छेद-368 के अधीन संशोधन की शक्ति निहित अर्थ वाली सीमा के अधीन है। वह एक ऐसी सीमा है जो इस आवश्यक निहितार्थ से उत्पन्न हुई है कि वह 'संविधान-संशोधन' की शक्ति है।

7 : 6 के बहुमत से न्यायालय ने निर्णय दिया कि 'अनुच्छेद-368 संसद को संविधान की मूल संरचना या साँचे-ढाँचे में परिवर्तन की शक्ति प्रदान नहीं करता।' लेकिन मूल संरचना क्या है, इसे बहुमत ने स्पष्ट नहीं किया और प्रश्न विवादास्पद बना रहा।

मूल लक्षणों के सिद्धान्त की वर्तमान स्थिति यह है कि जब तक केशवानन्द के मामले में दिए गए निर्णय को उच्चतम न्यायालय की कोई पूर्ण पीठ उलट नहीं देती, तब तक संविधान के किसी भी संशोधन के बारे में न्यायालय इस आधार पर हस्तक्षेप कर सकता है कि वह संविधान के किसी एक या दूसरे मूल लक्षण पर प्रभाव डालता है।

इस सम्बन्ध में अभी तक न्यायाधीशों के बीच न तो कोई मतैक्य हुआ है और न ही बहुमत का कोई निर्णय उपलब्ध है जिसके द्वारा, संविधान के उन लक्षणों का निर्धारण किया गया हो जिन्हें 'मूल' माना जाए। न्यायालय ने अभी मूल लक्षणों की सूची पर पूर्ण विराम नहीं लगाया है जैसा कि विभिन्न मामलों में विभिन्न न्यायाधीशों के निर्णयों से पता चलता है। इंदिरा, नेहरू गांधी के मामले में न्यायमूर्ति चन्द्रचूड़ ने कहा था, "हर विशिष्ट मामले में, अमूर्त रूप में नहीं बल्कि ठोस समस्या के सन्दर्भ में, मूल संरचना के सिद्धान्त पर विचार किया जाना है।"

1950 में संविधान के प्रारम्भ से लेकर 2020 तक संविधान में 101 संशोधन किए जा चुके हैं। यह सब संसद की संविधायी शक्ति का प्रयोग करके किया गया है। इस बारे में काफी मतभेद है कि संविधान संशोधन शक्ति का बार-बार दुरुपयोग या सदुपयोग किया गया है। जैसा कि नेहरू ने कहा था, "संविधान कितना भी बढ़िया हो, वह हर नज़रिए से पूरा नहीं हो सकता और इस बात की ज़रूरत पड़

सकती है कि उसे अमल में लाने में जो खामियाँ दीख पड़ें, उन्हें दूर करने के लिए उसमें फेरबदल किया जाए।"

औपचारिक तौर पर संविधान के अनुच्छेद-368 के अन्तर्गत जो 104 संशोधन अब तक हुए उन सबको बराबर का महत्त्वपूर्ण अथवा ठोस नहीं कहा जा सकता। अधिक व्यापक प्रभाव वाले तथा अनेक अनुच्छेदों में बदलाव लानेवाले संशोधन तो अब तक 7वाँ, 42वाँ, 44वाँ, 52वाँ, 73वाँ, 74वाँ, 86वाँ, 91वाँ 101वाँ और 103वाँ ही रहे हैं।

एक प्रकार से संशोधनों को चार मोटी श्रेणियों में बाँटा जा सकता है—

1. **गौण, स्पष्ट करनेवाले अथवा अनुवर्ती :** जैसे दूसरे संशोधन ने संसदीय निर्वाचन क्षेत्र के लिए अनुच्छेद-81(1)(6) में दी गई जनसंख्या की ऊपरी सीमा समाप्त कर दी; पाँचवें संशोधन ने राष्ट्रपति को यह अधिकार दे दिया कि वह किसी राज्य को अनुच्छेद-34 के अन्तर्गत भेजे गए विधेयक पर राय देने के लिए समय सीमा निर्धारित कर दे; 11वें संशोधन ने उप-राष्ट्रपति के निर्वाचन के लिए संसद की संयुक्त बैठक का अनावश्यक प्रावधान हटा दिया और यह स्पष्ट कर दिया कि निर्वाचक मंडल में कोई स्थान रिक्त होने के आधार पर निर्वाचन की वैधता को चुनौती नहीं दी जा सकेगी (अनुच्छेद-66 और 71); और 13वें संशोधन ने नए नागालैंड राज्य की रचना सम्बन्धित समझौते को मूर्तरूप देने के लिए संविधान में एक नया अनुच्छेद-371 क जोड़ दिया।
2. **सम्पत्ति सम्बन्धी अनुच्छेद में संशोधन तथा मूल अधिकारों को सीमित करना अथवा निदेशक तत्त्वों को प्राथमिकता देना :** प्रथम संशोधन ने अनुच्छेद-19 के खंड (2) में वाक् स्वातंत्र्य पर निर्बन्ध के आधारों में विदेशी राज्यों के साथ मैत्रीपूर्ण सम्बन्ध, लोक व्यवस्था और अपराध उद्दीपन के नए आधार जोड़ दिए। ज़मींदारों के सम्पत्ति सम्बन्धी मूल अधिकारों का अतिक्रमण करने के आधार पर अदालतों द्वारा अवैध घोषित किए जानेवाले भूमि सुधार सम्बन्धी, अधिनियमों को इस संशोधन ने सुरक्षा प्रदान करने का प्रयास किया। एक नई नवीं अनुसूची संविधान में जोड़ी गई और कहा गया कि इस अनुसूची में शामिल किए गए अधिनियमों को न्यायालयों में चुनौती नहीं दी जा सकेगी। जनहित में राष्ट्रीयकरण करने के राज्य के अधिकार का स्पष्टीकरण किया गया (अनुच्छेद-15, 19 और 31)। अनुच्छेद-85, 87, 174 और 176 में संशोधन करके संसद और राज्यों की विधान पालिकाओं के सत्र बुलाने, राष्ट्रपति और राज्यपालों द्वारा सम्बोधन करने आदि प्रक्रियाओं का सरलीकरण किया गया और उन्हें अधिक युक्तिसंगत बनाया गया।

राज्य द्वारा सम्पत्ति के अधिग्रहण को लेकर उच्चतम न्यायालय के निर्णयों और मुआवज़े देने की आवश्यकताओं के सन्दर्भ में चौथे संशोधन ने निजी सम्पत्ति का अनिवार्य अर्जन और अधिग्रहण करने की राज्य की शक्ति को अधिक स्पष्ट करने का काम किया। यह भी स्पष्ट किया गया कि किसी व्यापार या कारोबार विशेष में किसी राज्य के एकाधिकार का उपबंध करनेवाला अधिनियम व्यापार और वाणिज्य की स्वतंत्रता के विरुद्ध नहीं माना जा सकता (अनुच्छेद-31, 31क और 305 तथा नवीं अनुसूची)।

17वें संशोधन ने संविधान की धारा 31क में प्रयुक्त 'एस्टेट' शब्द की परिभाषा सुधारने का प्रयास किया गया तथा कुछ और अधिनियम नवीं सूची में शामिल कर दिए गए।

चालीसवें संशोधन ने नवीं अनुसूची में राज्यों के 64 नए अधिनियम जोड़ दिए तथा अनुच्छेद-297 के स्थान पर एक नया अनुच्छेद रखा जिसके द्वारा समुद्र तल में स्थित सभी भूमि, खनिज तथा अन्य मूल्यवान वस्तुओं पर संघ का अधिकार स्थापित किया गया।

आपातकाल में अधिनियमित 42वाँ संशोधन सबसे अधिक विवादास्पद अधिनियम रहा है। यह अत्यन्त व्यापक था और इसके परिणाम दूरगामी रहे। इसके द्वारा संविधान की उद्देशिका में समाजवाद, पंथनिरपेक्षता और राष्ट्र की अखंडता जैसे शब्द जोड़े गए। नागरिकों के मूल कर्तव्यों पर एक नया भाग जोड़ना तथा निर्देशक तत्त्वों को मूल अधिकारों के ऊपर प्राथमिकता देना भी इस संशोधन का काम था। किन्तु संशोधन के जिन अंशों पर गम्भीर आपत्ति होनी स्वाभाविक थी वह थे—उच्च न्यायालयों के अधिकार क्षेत्रों में कमी और कार्यांग को अधिक निरंकुश शक्ति, संघ सरकार की शक्तियों में बढ़ोतरी और राज्य सरकारों की शक्तियों में कमी।

परिसंघात्मक अवस्था की जड़ों पर आघात, प्रधानमंत्री और मंत्रिपरिषद् की शक्तियों का अधिक स्पष्ट विवेचन और राष्ट्रपति को केवल उनकी सहायता और सलाह पर काम करने का निर्देश। अनुच्छेद-368 के अन्तर्गत संसद के संविधान में कोई भी संशोधन करने के अधिकार पर बल और संविधान संशोधनों के न्यायिक पुनरीक्षण अथवा अन्य किसी बाहरी नियंत्रण पर पाबन्दी।

44वें संशोधन का उद्देश्य था मूल अधिकारों की श्रेणी से सम्पत्ति के अधिकार को समाप्त करना जिसके कारण संविधान में अनेक संशोधन हुए थे। आपातकाल सम्बन्धी उपबंधों का दुरुपयोग रोकना, जन संचार साधनों के संसद और राज्य विधान-मंडलों की कार्यवाहियों को बिना

सेंसर रिपोर्ट करने के अधिकार को सुनिश्चित करना, न्यायिक निर्णयों के विलम्ब को कम करना और आन्तरिक आपातकाल की अवधि के दौरान किए गए संशोधनों से संविधान में उत्पन्न विकारों को दूर करना। इस संशोधन ने आपातकाल की उद्घोषणा करना अपेक्षाकृत कठिन बना दिया। (बगैर संसद के अनुमोदन के यह एक माह से अधिक लागू नहीं रह सकती थी। 44वें संशोधन ने 42वें संशोधन में किए गए बहुत से प्रावधानों को उलट दिया।

कई संविधान संशोधन अधिनियमों ने नवीं अनुसूची में तरह-तरह के बहुत से अधिनियमों की ताज़ा सूचियाँ केवल इस उद्देश्य से जोड़ीं कि उन पर न्यायालय में आपत्ति न की जा सके। और न्यायालय उन्हें मूल अधिकारों के विरुद्ध होने के आधार पर अवैध करार न कर सके। पहले संशोधन में तो नवीं सूची में केवल 13 भूमि सुधार सम्बन्धी अधिनियम रखे थे किन्तु अब यह सूची 284 तक पहुँच गई है।

3. **अनुसूचित जातियों, अनुसूचित जनजातियों तथा अल्पसंख्यकों को अधिक सुरक्षा प्रदान करना :** 1वाँ, 7वाँ, 8वाँ, 21वाँ, 22वाँ, 33वाँ, 51वाँ, 53वाँ, 57वाँ, 62वाँ, 65वाँ, 76वाँ, 77वाँ, 79वाँ, 82वाँ और 83वाँ संशोधन सभी अनुसूचित जातियों, अनुसूचित जनजातियों और अल्पसंख्यकों के हितों की रक्षा के लिए तथा उन्हें और अधिक सुरक्षा-सुविधाएँ प्रदान करने के लिए पारित किए गए। इनमें से कुछ तो केवल आरक्षणों की अवधि अगले दस साल के लिए और बढ़ाने मात्र के लिए लाने पड़े।

   इसका सबसे ताज़ा उदाहरण है 2019 का 104वाँ संशोधन जिसमें अनुच्छेद-334 को संशोधित कर लोक सभा और राज्यों की विधान सभाओं में अनुसूचित जातियों और अनुसूचित जनजातियों के लिए आरक्षण दस वर्षों के लिए अर्थात 2030 तक और बढ़ा दिया गया। आंग्ल-भारतीयों के लिए भी समय सीमा दस वर्ष के लिए बढ़ाई गई।

4. **भारत संघ में नए राज्य क्षेत्रों का प्रवेश :** 10वाँ, 12वाँ और 14वाँ संशोधन पुर्तगाली और फ्रांसीसी आधिपत्य से मुक्त हुए भू-क्षेत्रों के भारत संघ में शामिल किए जाने के लिए आवश्यक हुए।

उपरोक्त प्रकार के संशोधनों के अतिरिक्त, कई संशोधन जिन कारणों से अनिवार्य हो गए वे थे राज्य पुनर्गठन की योजनाओं का कार्यान्वयन, सभी राज्यों को बराबरी के स्तर पर लाना और भाषाई आधार पर गठन (उदाहरणत: सातवाँ संशोधन) आदि तथा उत्तर-पूर्व में जो नागा आदि जनसमुदायों से हुए समझौतों को लागू करना। दो संशोधन सिक्किम राज्य के भारत संघ में प्रवेश से ही सम्बन्धित थे।

1985 में पारित 52वाँ संशोधन संसद और राज्य विधान-मंडलों के सदस्यों द्वारा दल-बदल की कुप्रथा पर रोक लगाने के उद्देश्य से किया गया। 61वाँ संशोधन अनुच्छेद-326 में मतदान की आयु 21 से घटाकर 18 वर्ष करने के लिए लाया गया। 73वें और 74वें संशोधन सत्ता और शक्ति को आम आदमी तक पहुँचाने का प्रयास किया तथा पंचायतों और नगरपालिकाओं को अधिक सार्थक स्थिरता, निरन्तरता और संवैधानिक प्रतिष्ठा प्रदान की। जून 2000 में अधिनियमित 80वें और 81वें संशोधनों ने संघ द्वारा लगाए गए तथा राज्यों को आवंटित अथवा उनके साथ बाँटे गए करों से सम्बन्धित अनुच्छेद-269-272 को संशोधित किया तथा अनुच्छेद-16 में एक नया उपबंध जोड़कर यह सुनिश्चित किया कि आरक्षित स्थानों में किसी वर्ष में रिक्त रहे स्थानों को उस वर्ष की 50 प्रतिशत आरक्षण की सीमा से अलग रखा जाए। 82वें संशोधन के द्वारा अनुच्छेद-335 में एक परन्तुक जोड़कर यह स्पष्ट किया गया कि संघ और राज्यों की सेवाओं में अनुसूचित जातियों और अनुसूचित जनजातियों के सदस्यों के लिए पदोन्नति के द्वारा आरक्षित स्थानों को भरने के लिए न्यूनतम अंकों की आवश्यकता कम करने अथवा मूल्यांकन का स्तर गिराने के प्रावधान किए जा सकते हैं। 83वें संशोधन ने स्पष्ट किया कि अनुच्छेद-243ग में अनुसूचित जातियों के लिए आरक्षण सम्बन्धी उपबंध अरुणाचल प्रदेश पर लागू नहीं होंगे। 82वें और 83वें दोनों संशोधन सितम्बर 2000 में अधिनियमित हुए।

संविधान (82वाँ संशोधन) अधिनियम 2000 : अनुच्छेद-335 में एक परन्तुक जोड़कर यह अधिनियम स्पष्ट करता है कि अनुसूचित जातियों और अनुसूचित जनजातियों के लिए संघ और राज्यों की सेवाओं में आरक्षित स्थानों में किन्हीं रिक्तताओं को पदोन्नति द्वारा भरते समय मूल्यांकन के मानक और न्यूनतम अंकों में कमी की जा सकती है।

राज्य सभा में 17 अगस्त और लोक सभा में 22 अगस्त, 2000 को यह अधिनियम पारित हुआ, 8 सितम्बर को इसे राष्ट्रपति की अनुमति मिली और उसी दिन यह लागू हो गया।

संविधान (83वाँ संशोधन) अधिनियम 2000 : इस अधिनियम द्वारा अनुच्छेद-243ङ में एक नया खंड जोड़कर ऐसा प्रावधान किया गया कि अनुच्छेद-243घ के अन्तर्गत होनेवाले आरक्षण अरुणाचल प्रदेश पर लागू न हों क्योंकि वहाँ कोई अनुसूचित जाति है ही नहीं।

यह संशोधन राज्य सभा में 17 अगस्त, 2000 को पारित हुआ और लोक सभा में 22 अगस्त को। राष्ट्रपति की स्वीकृति मिली 8 सितम्बर, 2000 को और उसी दिन यह लागू हो गया।

2000 और 2020 के बीच 21 संविधान संशोधन हुए जिनका सारांश इस प्रकार है—

संविधान (84वाँ संशोधन) अधिनियम 2001 : संविधान के अनुच्छेद-55, 81, 82, 170, 330, और 332 में विभिन्न निर्वाचनों और निर्वाचन क्षेत्रों के समायोजन के सम्बन्ध में प्रावधान था कि जनसंख्या सन् 2000 तक 1971 की जनणना के आधार पर मानी जाएगी। इस संशोधन ने सभी जगह सन् 2000 के स्थान पर सन् 2006 रख दिया है।

संशोधन लोक सभा में 21 अगस्त, 2001 को तथा राज्य सभा में 23 अगस्त, 2001 को पारित हुआ, राष्ट्रपति की अनुमति 21 फरवरी, 2002 को मिली। इस बीच आधे से अधिक राज्यों की स्वीकृति मिल गई थी।

संविधान (85वाँ संशोधन) अधिनियम 2001 : इस अधिनियम के द्वारा अनुच्छेद-16 में संशोधन करके यह स्पष्ट किया गया कि अनुसूचित जातियों और अनुसूचित जनजातियों के सदस्यों की सरकारी सेवाओं में प्रोन्नति करते समय यह ध्यान रखना होगा कि प्रोन्नत पदाधिकारियों को परिणामिक वरिष्ठता भी मिले। लोक सभा में यह संशोधन 28 नवम्बर, 2001 को पारित हुआ तथा राज्य सभा में 5 दिसम्बर, 2001 को। राष्ट्रपति की अनुमति आई 4 जनवरी, 2002 को किन्तु इसे 17 जून, 1995 से लागू हुआ माना गया।

संविधान (86वाँ संशोधन) अधिनियम 2003 : इस अधिनियम के द्वारा एक नया अनुच्छेद-21क संविधान में जोड़कर 6 से 14 वर्ष की आयु के सभी बच्चों के लिए नि:शुल्क और अनिवार्य शिक्षा का प्रावधान किया गया। इस अधिनियम को राष्ट्रपति की अनुमति 12 दिसम्बर, 2002 को मिली और इसे केन्द्र सरकार द्वारा गजट में अधिसूचित तिथि से प्रभावी माना जाएगा।

संविधान (87वाँ संशोधन) अधिनियम 2003 : इस अधिनियम के द्वारा संविधान के अनुच्छेद-81, 82 और 170 में संशोधन करके प्रत्येक राज्य में निर्वाचित क्षेत्रों के परिसीमन के लिए 1991 की जनगणना के स्थान पर 2001 की जनगणना को आधार बनाने का प्रावधान किया गया। इसी प्रकार, अनुच्छेद-330 में 1991 के स्थान पर 2001 रखकर अनुसूचित जातियों और अनुसूचित जनजातियों के लिए आरक्षित स्थानों की संख्या का निर्णय 2001की जनसंख्या के आधार पर ही किए जाने का प्रावधान किया गया।

यह अधिनियम लोक सभा में 6 मई, 2003 को तथा राज्य सभा में 8 मई, 2003 को पारित हुआ। इसे राष्ट्रपति की अनुमति 22 जून, 2003 को मिली।

संविधान (88वाँ संशोधन) अधिनियम 2003 : इस संशोधन के द्वारा संविधान में एक नया अनुच्छेद-268क और सातवीं अनुसूची की संघ सूची में एक नई प्रविष्टि 92ग जोड़कर सेवाओं पर कर लगाने का प्रावधान किया गया। इस अधिनियम को राष्ट्रपति की स्वीकृति 15 जनवरी, 2004 को मिली।

संविधान (89वाँ संशोधन) अधिनियम 2003 : इस अधिनियम के द्वारा

अनुच्छेद-338 में संशोधन करके तथा एक नया अनुच्छेद-338क जोड़कर अनुसूचित जातियों और अनुसूचित जनजातियों के लिए दो अलग-अलग आयोगों की व्यवस्था की गई।

दोनों सदनों के द्वारा पारित होने के बाद 28 सितम्बर, 2003 को इस अधिनियम को राष्ट्रपति की स्वीकृति मिली।

संविधान (90वाँ संशोधन) अधिनियम, 2003 : इस अधिनियम के द्वारा संविधान के अनुच्छेद-332(6) में एक परन्तुक जोड़कर यह स्पष्ट किया गया कि असम की विधानसभा के निर्वाचन के लिए बोडोलैंड प्रादेशिक क्षेत्र जनपद से अनुसूचित जातियों और अनुसूचित जनजातियों का यही प्रतिनिधित्व बना रहेगा जो बोडोलैंड प्रादेशिक क्षेत्र के जनपद बनने से पहले था।

अधिनियम लोक सभा में 8 अगस्त, 2003 को और राज्य सभा में 19 अगस्त, 2003 को पारित हुआ और इसे 28 सितम्बर, 2003 को राष्ट्रपति की स्वीकृति मिल गई।

संविधान (91वाँ संशोधन) अधिनियम 2003 : इस अधिनियम के द्वारा संविधान के अनुच्छेद-75, 164, 361 तथा दसवीं अनुसूची में संशोधन किए गए। मंत्रियों की संख्या पर रोक लगाई गई ताकि लोक सभा अथवा राज्य में विधानसभा की सदस्य संख्या के 15 प्रतिशत से अधिक न हो। यह संशोधन लोक सभा में 16 दिसम्बर, 2003 को तथा राज्य सभा में 18 दिसम्बर, 2003 को पारित हुआ तथा 1 जनवरी, 2004 को इसे राष्ट्रपति की स्वीकृति मिली।

संविधान (92वाँ संशोधन) अधिनियम 2003 : इस संशोधन के द्वारा संविधान की आठवीं अनुसूची में दी गई 18 भारतीय भाषाओं की सूची में बोडो, डोगरी, सन्थाली और मैथिली को और जोड़ दिया गया।

अधिनियम लोक सभा और राज्य सभा में 22 दिसम्बर, 2003 को पारित हो गया तथा 7 जनवरी, 2004 को इसे राष्ट्रपति की स्वीकृति मिली।

संविधान (93वाँ संशोधन) अधिनियम 2005 : इस अधिनियम के द्वारा संविधान के अनुच्छेद-15 में संशोधन करके यह प्रावधान किया गया कि सामाजिक और शैक्षणिक पिछड़े वर्गों के लिए शैक्षणिक संस्थानों में दाखिले के लिए विधि द्वारा विशेष उपबंध किए जा सकें। अधिनियम को राष्ट्रपति की स्वीकृति 20 जनवरी, 2006 को मिली।

संविधान (94वाँ संशोधन) अधिनियम 2006 : इस अधिनियम ने संविधान के अनुच्छेद-164 में संशोधन करके बिहार के स्थान पर छतीसगढ़, झारखंड रखा क्योंकि झारखंड के अलग राज्य बन जाने पर बिहार में कोई अनुसूचित क्षेत्र रह ही नहीं गए थे। इस अधिनियम को राष्ट्रपति की स्वीकृति 12 जून, 2008 को मिली।

संविधान (95वाँ संशोधन) अधिनियम 2009 : इस अधिनियम ने अनुच्छेद-334 के अन्तर्गत आरक्षण 2020 तक बढ़ाया गया।

संविधान (96वाँ संशोधन) अधिनियम 2011 : इस अधिनियम ने आठवीं अनुसूची में 'उडिया' की जगह 'ओडिसा' रखा।

संविधान (97वाँ संशोधन) अधिनियम 2011 : इस अधिनियम ने सहकारी समिति बनाने के अधिकार को अनुच्छेद-19 में शामिल कर मूल अधिकार का दर्जा दिया। सहकारी समितियों के उन्नयन के लिए एक नया नीति निदेशक तत्त्व 43ख जोड़ा गया और संविधान में एक नया भाग 9ख—अनुच्छेद-243यज से 243यन तक जोड़कर सहकारी समितियों की परिभाषाओं, सम्मेलन, बोर्ड के गठन, सदस्यों के निर्वाचन आदि के बारे में विस्तृत चर्चा की गई।

संविधान (98वाँ संशोधन) अधिनियम 2013 ने कर्नाटक के राज्यपाल को हैदराबाद-कर्नाटक क्षेत्र का विकास के लिए आवश्यक कार्यवाही करने का अधिकार दिया।

संविधान (99वाँ संशोधन) अधिनियम, 2014 एक राष्ट्रीय न्यायिक नियुक्ति आयोग (NJAC) के बारे में था। बाद में उच्चतम न्यायालय ने इसे अवैध घोषित कर दिया।

संविधान (100वाँ संशोधन) अधिनियम, 2015 ने भारत और बांग्लादेश के बीच भूमि सीमा समझौते को संवैधानिक मंजूरी दी।

संविधान (101वाँ संशोधन) अधिनियम, 2016 इन दशकों में सबसे अधिक महत्त्वपूर्ण माना जाएगा क्योंकि इसने सारे देश में एक कर व्यवस्था के सपने को साकार करने का प्रयास किया। देश भर में माल और सेवा कर (GST) 8 सितम्बर, 2016 से लागू हो गया। इसके लिए संविधान में नए अनुच्छेद-246क, 269क और 279क जोड़े गए तथा सातवीं सूची में आवश्यक संशोधन किए गए।

संविधान (102वाँ संशोधन) अधिनियम 2018 : इस अधिनियम ने पिछड़े वर्गों के लिए गठित राष्ट्रीय आयोग को संवैधानिक मान्यता प्रदान की। ऐसा करने के लिए नए अनुच्छेद-338ख और 342 के जोड़े गए।

संविधान (103वाँ संशोधन) अधिनियम 2019 : इसने अनुच्छेद-15 और 16 में बदलाव कर 10 प्रतिशत सरकारी नौकरियाँ और कॉलेजों में स्थान आर्थिक रूप से पिछड़े वर्ग के लोगों के लिए आरक्षित किया।

संविधान (104वाँ संशोधन) अधिनियम 2020 संविधान के अनुच्छेद-334 के अन्तर्गत आरक्षण दस वर्षों के लिए यानी 2030 तक बढ़ाता है।

इतनी जल्दी-जल्दी इतने सारे—71 वर्ष में 104 संशोधन होने का एक मुख्य कारण हमारे संविधान का बहुत लम्बा होना है। बहुत से मामले जो प्राय: साधारण विधियों द्वारा नियंत्रित होने चाहिए ऐतिहासिक अथवा कुछ अन्य कारणों से संविधान

का अंग हैं और उनमें कोई भी परिवर्तन संविधान संशोधन के बिना सम्भव नहीं। दूसरी ओर, हमें यह भी समझने की जरूरत है कि संविधान के अनुच्छेद-368 अन्तर्गत पारित इन 104 संशोधनों के अतिरिक्त कितने ही संवैधानिक बदलाव बिना ऐसे संशोधनों के लाये जा सकते हैं जैसे अनुच्छेद-1 से 4 और 168-169 के अन्तर्गत परिवर्तन। इनके अलावा ऐसे भी बहुत से अनुच्छेद हैं जिनमें स्वयं में ही अन्तर्निहित बदलाव का प्रावधान है अथवा जिन्हें संविधान-निर्माताओं ने ही अस्थायी घोषित कर दिया हो या कह दिया हो कि 'जब तक संसद विधि द्वारा अन्यथा अवधारित न करे' आदि।

13

भारत के संविधान की विशेषताएँ

भारतीय संविधान ने विभिन्न समूहों की पहचानों और विचारधाराओं की आवश्यकता के मुताबिक प्रावधानों का समावेश करके और विभिन्न अधिकारों के अनुपात और प्राथमिकताओं में सन्तुलन स्थापित करते हुए विवादों के समाधान का एक एकीकृत मार्ग विकसित किया। सरकार के लोकतंत्रात्मक स्वरूप को अपनाए जाने की राजनीति ने स्वेच्छानुसार चयन का मार्ग प्रशस्त किया और विभिन्न बहुलतावादी समाजों को एक साथ मिलाया। व्यक्तिगत अधिकारों और सामाजिक ज़रूरतों के बीच या एक तरफ राजनीतिक और नागरिक अधिकारों और दूसरी तरफ सामाजिक और आर्थिक अधिकारों के बीच सन्तुलन बनाए रखते हुए विवादों का समाधान तथा संविधान में मानवाधिकारों का सशक्त समायोजन महत्त्वपूर्ण था। व्यक्तिवाद और सामाजिक नियंत्रण के बीच का दर्शन और यह मान्यता थी कि नागरिक, राजनीतिक, आर्थिक और सामाजिक अधिकार समान रूप से महत्त्वपूर्ण हैं और इनमें कोई विरोधाभास नहीं है। भारत के विभाजन की रूपरेखा साम्प्रदायिक थी। फिर भी संविधान के निर्माताओं को इसका बड़ा श्रेय जाता है कि स्वतंत्रता की कीमत के रूप में विभाजन पर सहमत होने के बाद भी उन्होंने इस सिद्धान्त को अस्वीकार किया कि हिन्दू और मुसलमान दो अलग राष्ट्र थे।

एक कदम आगे जाकर उन्होंने धार्मिक, जातीय और अन्य अल्पसंख्यकों को कुछ निश्चित विशेष अधिकार दिए जो बहुसंख्यकों को प्राप्त नहीं थे। उन्हें आशा थी कि यह संविधान एक सामाजिक क्रान्ति का वाहक बनेगा। सबसे बड़ी बात यह कि संविधान उनके लिए राष्ट्र निर्माण का एक साधन था। वे चाहते थे कि देश की एकता अक्षुण्ण रहे और उसकी समृद्ध विविधता भी सुरक्षित रहे। अत: संविधान द्वारा कुछ राज्यों, अधिसूचित क्षेत्रों, धार्मिक और सामाजिक क्रियाकलापों, जन-जातीय पारम्परिक कानूनों एवं प्रक्रियाओं, जमीन के स्वामित्व और हस्तान्तरण के अधिकार से सम्बन्धित विशेष प्रावधानों को

सुरक्षा प्रदान की गई। अनुसूचित जातियों, अनुसूचित जनजातियों और सामाजिक और शैक्षिक दृष्टि से पिछड़े वर्गों के लिए विशेष व्यवस्था की गई। संविधान द्वारा प्रोत्साहन एवं सुरक्षा हेतु विभिन्न समूहों की भाषायी और सांस्कृतिक पहचानों को चिह्नित किया गया।

संविधानसभा में नेताओं की बराबर कोशिश यही रही कि समझौता और समन्वय की भावना से काम हो तथा निर्णय बहुमत के आधार पर नहीं, बल्कि आम राय के आधार पर लिए जाएँ। इसी का परिणाम था कि जो संविधान बना उसे संविधानसभा की ही नहीं, अपितु विस्तृत जनमत की भी भारी सहमति और स्वीकृति प्राप्त थी।

भारतीय संविधान परस्पर भाईचारे, समझौते और व्यापक आम सहमति का प्रतिफल था। संविधान निर्माताओं ने महसूस किया कि विभिन्न अन्तर्विरोधी विषमताओं पर काबू करना, विवादों को दूर करना या उन्हें सम्पूर्ण भारतीय राष्ट्रीय अस्मिता के अन्तर्गत ले आना आवश्यक था। जहाँ वे एक स्वीकार्य आम सहमति की प्राप्ति में असफल रहे वहाँ वे समस्या के स्थगन पर सहमत हो गए जैसा कि भाषा के मुद्दे पर।

हमारे संविधान में ऐसी अनेक विशेषताएँ हैं, जो विश्व के अन्य संविधानों से अलग उसकी एक अपनी पहचान बनाती हैं। द्वितीय महायुद्ध के बाद स्वाधीन हुए नवोदित राष्ट्रों के संविधानों में हमारा संविधान सबसे अधिक चिरजीवी और समय की कसौटी पर सशक्त सिद्ध हुआ है। साथ ही इसके बाद विश्व के विभिन्न देशों के जो नए संविधान बने, उन पर हमारे संविधान का प्रचुर प्रभाव पड़ा है।

सबसे लम्बा

भौतिक दृष्टि से देखा जाए तो यह अब तक किसी भी देश में बना सबसे लम्बा संविधान है। यह एक बहुत ही व्यापक दस्तावेज़ है तथा इसमें अनेक ऐसे विषय सम्मिलित हैं जो औचित्य के विचार से साधारण विधान या प्रशासनिक कार्यवाही की विषयवस्तु हो सकते थे। ऐसा इसलिए हुआ कि भारत शासन अधिनियम 1935 मूलतया एक कानून था और उसका उपयोग एक मॉडल तथा एक प्रारम्भिक कार्यकारी प्रारूप के रूप में किया गया। साथ ही, इसके काफी बड़े हिस्से संविधान में ज्यों-के-त्यों समाविष्ट कर लिए गए। इसके अलावा, संविधान निर्माता नहीं चाहते थे कि कोई ऐसा संशय, कठिनाई या विवाद रह जाए जिसके निराकरण के लिए भविष्य में विधान बनाना पड़े। संयुक्त राज्य अमरीका में संघीय संविधान के अलावा, प्रत्येक राज्य का अलग-अलग संविधान है।

इसके विपरीत, भारत के संविधान में न केवल संघ का बल्कि राज्यों का संविधान भी सम्मिलित है। भारत के आकार, इसकी जटिलताओं तथा विविधताओं के कारण भी देश के कतिपय क्षेत्रों अथवा जनता के वर्गों के लिए अनेक विशेष, अस्थायी, संक्रमणकालीन और विविध उपबंध करना आवश्यक हो गया। संविधान में प्रवर्तनीय अथवा न्यायालयों द्वारा लागू कराए जा सकनेवाले मूल अधिकारों का एक व्यापक चार्टर ही समाविष्ट नहीं किया गया बल्कि इसमें उन सीमाओं का वर्णन भी किया गया जिनके अन्तर्गत इनका संचालन होना चाहिए। इसके विपरीत, संयुक्त राज्य अमरीका में अधिकारों की सीमाएँ न्यायालय के निर्णयों के लिए छोड़ दी गई थीं। साथ ही, हमारे संविधान में राज्य नीति के अनेक निदेशक तत्त्वों और नागरिकों के मूल कर्तव्यों का विवरण शामिल किया गया है। भले ही उन्हें न्यायालयों के द्वारा लागू नहीं कराया जा सकता पर आशा की जाती है कि उससे सभी को—राज्य, न्यायालय तथा नागरिकों को—मार्गदर्शन मिलेगा।

लिखित अथवा अलिखित

संविधान अमरीकी संविधान की तरह लिखित या ब्रिटेन की तरह अलिखित परम्पराओं और प्रथाओं पर आधारित हो सकते हैं। हमारा संविधान एक लिखित संविधान है, हालाँकि परम्पराओं और प्रथाओं की विशेष भूमिका को भी नकारा नहीं जा सकता, बशर्ते वे संविधान के उपबंधों के अनुरूप हों।

अनम्य अथवा नम्य

संशोधन की कठिन या सरल प्रक्रिया के आधार पर संविधानों को अनम्य अथवा नम्य कहा जा सकता है। संघीय संविधानों की संशोधन प्रक्रिया कठिन होती है, इसलिए उन्हें सामान्यतया अनम्य के रूप में वर्गीकृत किया जा सकता है क्योंकि संविधान को अनम्य तथा नम्य का मिश्रण कहा जा सकता है क्योंकि संविधान के कतिपय उपबंधों यथा अनुच्छेद-2, 3 तथा 4 और 169 के अन्तर्गत संशोधन साधारण विधान की तरह संसद के दोनों सदनों में साधारण बहुमत द्वारा किया जा सकता है। अन्य उपबंधों का संशोधन अनुच्छेद-368 के अधीन संसद के दोनों सदनों द्वारा प्रत्येक सदन में उपस्थित तथा मतदान करनेवाले सदस्यों के दो तिहाई विशेष बहुमत और कुल सदस्यों के बहुमत द्वारा किया जा सकता है। केवल कुछ उपबंधों के मामले में, संशोधन के लिए संसद के दोनों सदनों के विशेष बहुमत के अतिरिक्त, आधे से अधिक राज्यों के अनुसमर्थन

की आवश्यकता होती है। पिछले 71 वर्षों के दौरान हमारे संविधान में 104 बार संशोधन किए गए हैं इसलिए यह तथ्य इस आरोप को झुठला देता है कि हमारा संविधान अनम्य है।

परिसंघीय अथवा एकात्मक

संविधानों को परिसंघीय तथा एकात्मक में भी विभाजित किया जाता है। अमरीकी संविधान पहली श्रेणी का और ब्रिटेन का संविधान दूसरी श्रेणी का एक अत्युत्तम उदाहरण है। एकात्मक संविधान में सभी शक्तियाँ केन्द्रीय सरकार में निहित होती हैं और इकाइयों के प्राधिकारी उसके अधीन होते हैं। वे केन्द्रीय सरकार के एजेंटों के रूप में कार्य करते हैं और केन्द्र द्वारा प्रत्यायोजित प्राधिकार का प्रयोग करते हैं। परिसंघीय राज्य व्यवस्था में सामान्यतया अनिवार्य है कि एक अनम्य, लिखित संविधान हो, संविधान सर्वोच्च हो और इसके अन्तर्गत परिसंघीय सरकार तथा इकाइयों की सरकारों के बीच शक्तियों का विशिष्ट रूप से विभाजन हो। और दोनों अपने-अपने क्षेत्रों में अपने निजी ढंग से तथा स्वतंत्र रूप से शक्तियों का प्रयोग करें। वास्तव में, उत्तम श्रेणी के परिसंघ में, परिसंघीय सरकार को केवल वही शक्तियाँ प्राप्त होती हैं जो उसे इकाइयों द्वारा समझौते के माध्यम से दी जाती हैं। इसके अलावा, अनिवार्य है कि यदि परिसंघ तथा राज्यों के बीच कोई विवाद हो तो उसके विवाचन के लिए एक स्वतंत्र उच्चतम न्यायालय हो।

भारत के संविधान का वर्णन विभिन्न प्रकार से किया गया है। इसे अर्द्धपरिसंघीय कहा गया है। इसे परिसंघीय किन्तु प्रबल एकात्मक अथवा केन्द्र-समर्थक भी कहा गया है। इसे संरचना में परिसंघीय किन्तु भावना में एकात्मक अथवा सामान्य स्थिति में परिसंघीय किन्तु आपात स्थिति आदि के दौरान पूर्णतया एकात्मक रूप में परिवर्तित किया जा सकनेवाला कहा गया है। असल में, हमारे संविधान को परिसंघीय या एकात्मक के किसी कठोर ढाँचे में बाँधना कठिन है। इसमें दोनों की विशेषताएँ हैं। इसे एकात्मक नहीं माना जा सकता क्योंकि, मिसाल के लिए, इसमें संघ तथा राज्यों के बीच कार्यपालक तथा विधायी शक्तियों के वितरण की व्यवस्था की गई है और राज्यों की शक्तियों अथवा संघ तथा राज्य के सम्बन्धों को प्रभावित करनेवाले प्रावधानों में राज्यों के अनुसमर्थन के बिना संशोधन नहीं किया जा सकता। इसे पूरी तरह से परिसंघीय भी नहीं माना जा सकता क्योंकि अवशिष्ट शक्तियाँ संघ में निहित हैं। जैसा कि डॉ. आंबेडकर ने कहा था, अनम्यता तथा विधिवाद परिसंघवाद की दो गम्भीर कमज़ोरियाँ हैं। भारतीय प्रणाली इस दृष्टि से अनूठी है कि इसमें इकहरी भारतीय नागरिकता वाली

दोहरी राज्य व्यवस्था रखी गई है, और वह समय और हालात की ज़रूरतों के अनुसार दोनों ही हो सकती है। अनुच्छेद-249 के अधीन, संघ की संसद राज्य सूची का अतिक्रमण कर सकती है। अनुच्छेद-356 और 357 के अधीन किसी राज्य में संवैधानिक तंत्र की विफलता के आधार पर, उनकी सभी कार्यपालक तथा विधायी शक्तियों को संघ अपने हाथ ने ले सकता है और अनुच्छेद-352 से 354 के अधीन, संविधान को पूर्णरूपेण एकात्मक रूप दिया जा सकता है क्योंकि आपात नेति की उद्घोषणा के दौरान, संघ की कार्यपालक तथा विधायी राज्य सूची में सम्मिलित विषयों पर भी लागू हो जाती है। अत: अनुच्छेद-2, 3 और 4 के अधीन, संघ की संसद साधारण बहुमत से पारित साधारण कानून द्वारा नए राज्य बना सकती है। वर्तमान राज्यों के क्षेत्रों, उनकी सीमाओं या उनके नामों में परिवर्तन कर सकती है।

यह अनूठा एकात्मक परिसंधीय मिश्रण किसलिए हुआ? इसका उत्तर भारत के संवैधानिक इतिहास में, देश के विशाल आकार में और धर्म, भाषा, क्षेत्र, संस्कृति आदि पर आधारित उसकी मिश्रित विविधताओं के स्वरूप में खोजा जा सकता है। संविधान के प्रारूप को संविधानसभा की स्वीकृति के लिए पेश करते समय, प्रारूपण समिति के अध्यक्ष डॉ. आंबेडकर ने 'फेडरेशन ऑफ स्टेट्स' (राज्य परिसंघ) के बजाय 'यूनियन ऑफ स्टेट्स' (राज्य संघ) पद का प्रयोग करने की सार्थकता को निम्नलिखित शब्दों में स्पष्ट करने का प्रयास किया था—

> "प्रारूपण समिति इस बात को स्पष्ट कर देना चाहती थी कि हालाँकि भारत को एक फेडरेशन (परिसंघ) का रूप लेना था किन्तु फेडरेशन राज्यों द्वारा फेडरेशन में शामिल होने के समझौते का परिणाम नहीं था। चूँकि फेडरेशन किसी समझौते का परिणाम नहीं था, अत: किसी भी राज्य को उससे अलग होने का अधिकार नहीं। फेडरेशन एक संघ है क्योंकि वह अनश्वर है। हालाँकि देश तथा जनता को प्रशासन की सुविधा के लिए विभिन्न राज्यों में विभाजित किया जा सकता है, किन्तु देश पूर्णतया एक अखंड इकाई है, इसकी जनता एक अखंड जनसमूह है, जो एक ही स्रोत से प्राप्त परमसत्ता के अधीन रहती है।"

संविधान के मूलपाठ में कहीं भी फेडरल (परिसंघात्मक) या फेडरेशन (परिसंघ) शब्द का प्रयोग नहीं किया गया। उच्चतम न्यायालय ने भारतीय संघ (यूनियन) का उल्लेख फेडरल (परिसंघीय), क्वासी-फेडरल (अर्द्धपरिसंघीय) या द्विस्वभावी के रूप में किया है जिसका अर्थ यह है कि यह कभी तो परिसंघीय होता है और कभी एकात्मक (राजस्थान राज्य बनाम भारत संघ, ए आई आर 1977 एस सी 1361)। (अध्याय 6 और 8 भी देखिए।)

संसदीय तथा अध्यक्षीय प्रणाली

भारत एक गणराज्य है। उसका अध्यक्ष राष्ट्रपति होता है। उसी में सभी कार्यपालक शक्तियाँ निहित होती हैं तथा उसी के नाम से इनका प्रयोग किया जाता है। वह सशस्त्र बलों का सर्वोच्च कमांडर भी होता है। किन्तु यह मान्यता है कि अमरीकी राष्ट्रपति के विपरीत हमारा राष्ट्रपति कार्यपालिका का केवल नाममात्र का या संवैधानिक अध्यक्ष होता है। वह यथार्थ राजनीतिक कार्यपालिका यानी मंत्रिपरिषद् की सहायता तथा उसके परामर्श से ही कार्य करता है। मंत्री सामूहिक रूप से संसद के सीधे जननिर्वाचित सदन अर्थात लोक सभा के प्रति उत्तरदायी होते हैं। इस प्रकार, ब्रिटिश प्रतिरूप का अनुसरण करते हुए, भारत के संविधान में बुनियादी तौर पर संघ तथा राज्य, दोनों स्तरों पर संसदीय शासन प्रणाली को अपनाया गया है जिसमें मंत्रिगण सीधे जननिर्वाचित सदन के प्रति उत्तरदायी होते हैं। इसके विपरीत अमरीकी राष्ट्रपतीय प्रणाली में शक्तियों का पृथककरण होता है तथा राष्ट्रपति एक निश्चित कार्यकाल के लिए मुख्य कार्यपालक होता है और उसे प्रायः पदच्युत नहीं किया जा सकता। अमरीकी प्रणाली में, राष्ट्रपति आम नागरिकों में से अपने मंत्री चुनता है और मंत्री विधानमंडल के सदस्य नहीं होते, जबकि संसदीय प्रणाली में मंत्री संसद से लिये जाते हैं तथा वे इसका अंग बने रहते हैं और लोक सभा के प्रति उत्तरदायी होते हैं। कहा जा सकता है कि संसदीय प्रणाली में कार्यपालिका के उत्तरदायित्व की संकल्पना पर अधिक बल दिया जाता है जबकि राष्ट्रपतीय प्रणाली में स्पष्टतया कार्यपालिका के स्थायित्व को अधिक महत्त्व दिया जाता है।

किन्तु यह कहना गलत होगा कि हमने ब्रिटिश संसदीय प्रणाली को पूर्णरूपेण अपना लिया है। दोनों में अनेक मूलभूत भिन्नताएँ हैं। उदाहरण के लिए, ब्रिटेन का संविधान एकात्मक है, जबकि हमारा अधिकांशतया संघीय है। वहाँ वंशानुगत राजा वाला राजतंत्र है जबकि हमारा देश निर्वाचित राष्ट्रपति वाला गणराज्य है। ब्रिटेन के विपरीत, हमारा संविधान लिखित संविधान है। इसलिए हमारी संसद सम्प्रभुत्व-सम्पन्न है तथा इसके द्वारा पारित विधान का न्यायिक पुनरीक्षण हो सकता है। हमारे संविधान में वाद-योग्य ऐसे मूल अधिकारों का एक घोषणा-पत्र सम्मिलित है, जो न्यायालयों द्वारा न केवल मान्य है बल्कि विधायिका के खिलाफ भी लागू किया जा सकता है। ब्रिटेन की स्थिति इसके विपरीत है।

हमारे देश में संसदीय प्रणाली के स्थान पर राष्ट्रपतीय प्रणाली को अपनाने की वांछनीयता अथवा अवांछनीयता के सम्बन्ध में कुछ बहस चलती रही है। किन्तु संविधान निर्माताओं ने संसदीय प्रणाली को तरजीह दी क्योंकि उन्हें इसके संचालन का कुछ अनुभव था और सुस्थापित संस्थाओं को जारी रखने

के अनेक लाभ थे। ज़िम्मेदार सरकार के लिए तथा निरंकुश कार्यपालक प्राधिकार के खिलाफ एक लम्बे संघर्ष के अनुभव के बाद, स्वभावतया उन्हें ऐसी नियतकालिक कार्यपालिका पसन्द नहीं थी जिसे हटाया न जा सके। उनका विश्वास था कि अत्यधिक बहुवादी समाज वाले भारत जैसे विशाल तथा विविधता से भरपूर देश के लिए, जहाँ विभिन्न प्रकार के प्रभाव काम करते हैं, सभी हितों को सँजोने तथा संयुक्त भारत के निर्माण के लिए संसदीय प्रणाली सर्वाधिक अनुकूल होगी।

अमरीकी राष्ट्रपतीय प्रणाली और ब्रिटिश संसदीय प्रणाली के बीच चुनाव करने की समस्या का उल्लेख करते हुए, डॉ. आंबेडकर ने संविधानसभा में कहा था कि दोनों ही लोकतंत्रात्मक हैं—

> "एक लोकतांत्रिक कार्यपालिका में दो गुण होने चाहिए—स्थिरता और उत्तरदायित्व। दुर्भाग्यवश अभी तक ऐसी कोई व्यवस्था निर्मित नहीं हो सकी है जिसमें यह दोनों गुण बराबर मात्रा में हों...अमरीकी और स्विस व्यवस्थाएँ अधिक स्थिरता प्रदान करती हैं किन्तु उनमें उत्तरदायित्व का गुण कम है। दूसरी ओर ब्रिटिश संसदीय व्यवस्था में उत्तरदायित्व अधिक है किन्तु स्थिरता की कमी है।...प्रारूप संविधान ने संसदीय कार्यपालिका का सुझाव देते समय अधिक स्थिरता के स्थान पर अधिक उत्तरदायित्व को ही चुना है।"

के.एम. मुंशी ने यही तर्क और भी स्पष्ट शब्दों में रखते हुए कहा था—

> "हमें यह महत्त्वपूर्ण तथ्य नहीं भूलना चाहिए कि गत 100 वर्षों में भारतीय जन जीवन ने मुख्यत: ब्रिटिश संवैधानिक विधि से ही स्फूर्ति ग्रहण की है। हममें से अधिकांश ने ब्रिटिश मॉडल को आदर्श माना है। पिछले 30-40 सालों में इस देश की शासन व्यवस्था में एक प्रकार के उत्तरदायित्व का समावेश हुआ है। हमारी संवैधानिक परम्पराएँ संसदीय हो गई हैं। इस सारे अनुभव के बाद, हम क्यों सौ वर्षों में बनी परम्परा को त्यागकर एक नए अनुभव का प्रारम्भ करें?"

संसदीय प्रभुत्व बनाम न्यायिक सर्वोच्चता

ब्रिटिश संसदीय प्रणाली में संसद सर्वोच्च तथा प्रभुत्व संपन्न है। इसकी शक्तियों पर, कम-से-कम सिद्धान्त रूप में, कोई नहीं है, क्योंकि वहाँ पर कोई लिखित संविधान नहीं है और न्यायपालिका को विधान का न्यायिक पुनरीक्षण करने का कोई अधिकार नहीं है। अमरीकी प्रणाली में, उच्चतम न्यायालय सर्वोच्च है क्योंकि उसे न्यायिक पुनरीक्षण तथा संविधान के निर्वचन की शक्ति प्राप्त है।

भारत में, संविधान ने मध्य मार्ग अपनाया है। उसने ब्रिटिश संसद की प्रभुता और अमरीकी न्यायिक सर्वोच्चता के बीच समझौता किया है। चूँकि हमारा संविधान एक लिखित संविधान है और उसमें प्रत्येक अंग की शक्तियों तथा उसके कार्यों को परिभाषित किया गया है तथा सीमा निर्धारित की गई है इसलिए किसी भी अंग के—यहाँ तक कि संसद के भी—प्रभुत्व संपन्न होने का कोई प्रश्न नहीं है। संसद तथा उच्चतम न्यायालय, दोनों अपने क्षेत्रों में सर्वोच्च हैं। जहाँ उच्चतम न्यायालय संसद द्वारा पारित किसी कानून को संविधान का उल्लंघन करनेवाला बताकर संसद के अधिकार से बाहर, अवैध और अमान्य घोषित कर सकता है, वहीं ससंद कतिपय प्रतिबंधों के अधीन रहते हुए संविधान के अधिकांश भागों में संशोधन कर सकती है।

वयस्क मताधिकार

डॉ. आंबेडकर ने संविधानसभा में कहा था कि 'संसदीय प्रणाली से हमारा अभिप्राय', 'एक व्यक्ति, एक वोट' से है। संविधान निर्माताओं ने निष्ठापूर्वक कार्य करते हुए सार्वत्रिक वयस्क मताधिकार की पद्धति को अपनाने का निर्णय किया, जिसमें प्रत्येक वयस्क भारतीय को बिना किसी भेदभाव के मतदान के समान अधिकार तुरन्त प्राप्त हो। अधिकांश भारतीय जनता गरीब तथा अनपढ़ थी। इस संदर्भ में यह निर्णय विशेष रूप से उल्लेखनीय था। पश्चिम के समुन्नत लोकतंत्रों में भी मताधिकार धीरे-धीरे ही दिया गया था।

मूल अधिकारों का घोषणा-पत्र

हमारे राष्ट्रीय स्वाधीनता संग्राम के नेताओं की सबसे बड़ी बुनियादी माँग यह थी कि लोगों को स्वतंत्रता, समानता आदि के कुछ मूलभूत मानव अधिकार मिलें। अल्पसंख्यकों की समस्याओं ने संविधान के मूलपाठ में ही कतिपय वाद-योग्य अथवा न्यायालयों द्वारा लागू कराए जा सकनेवाले मूल अधिकारों की औपचारिक घोषणा किए जाने की ज़रूरत पर बल दिया। मोटे तौर पर, संविधान के भाग-III में जो मूल अधिकार शामिल किए गए हैं, वे राज्य के विरुद्ध व्यक्ति के ऐसे अधिकार हैं जिनका अतिक्रमण नहीं हो सकता। उदाहरण के लिए, किसी व्यक्ति को उसकी स्वतंत्रता से वंचित करनेवाले कानून या कार्यपालक कार्य को उच्चतम न्यायालय या उच्च न्यायालयों में चुनौती दी जा सकती है। यदि ये कानून अथवा कार्यपालक कार्य संविधान में ही बताए गए किन्हीं प्रतिबन्धों के अन्तर्गत न आते हों तो इन्हें असंवैधानिक तथा अमान्य ठहराया जा सकता है। इस प्रकार, मूल

अधिकारों के प्रवर्तन का तंत्र तथा उसकी क्रियाविधि भी संविधान में निर्धारित है। अमरीकी संविधान में, मूल अधिकारों को निरपेक्ष शब्दों में अभिव्यक्त किया गया था। किन्तु किसी व्यक्ति के कोई निरपेक्ष अधिकार नहीं हो सकते क्योंकि प्रत्येक व्यक्ति के अधिकार कम-से-कम अन्य व्यक्तियों के उसी प्रकार के अधिकारों द्वारा सीमित होते हैं। अमरीकी उच्चतम न्यायालय को मूल अधिकारों पर वैध प्रतिबन्धों का पता लगाना पड़ा तथा उनकी पहचान करनी पड़ी। किन्तु हमारे संविधान निर्माताओं ने प्रतिबन्धों को सम्बन्धित उपबंधों में ही शामिल करने का निर्णय किया। इस प्रकार, हमारा संविधान एक ओर व्यक्ति के अधिकारों और दूसरी ओर समाज के हितों तथा राज्य की सुरक्षा की ज़रूरतों के बीच एक सन्तुलन प्रस्तुत करता है।

निदेशक तत्त्व

आयरलैंड के दृष्टांत से प्रेरित होकर तैयार किए गए राज्य नीति के निदेशक तत्त्व हमारे संविधान की एक अनूठी विशेषता है। लोगों के अधिकांश सामाजिक-आर्थिक अधिकार इस शीर्ष के अन्तर्गत सम्मिलित किए गए हैं। हालाँकि कहा जाता है कि इन्हें न्यायालय में लागू नहीं किया जा सकता, फिर भी इन तत्त्वों से देश के शासन के लिए मार्गदर्शन की आशा की जाती है। ये संविधान निर्माताओं द्वारा राज्यों के समक्ष रखे गए आदर्शों के रूप में हैं और राज्य के सभी अंगों को उनकी प्राप्ति के लिए प्रयास करना चाहिए। न केवल विधानमंडलों की बल्कि न्यायालयों की नज़र में भी निदेशक तत्त्वों की प्रासंगिकता तथा महत्ता बराबर बढ़ती गई है।

नागरिकता

संविधान निर्माताओं ने एक एकीकृत भारतीय बंधुत्व तथा एक अखंड राष्ट्र का निर्माण करने के अपने लक्ष्य को ध्यान में रखते हुए, संघीय संरचना होने के बावजूद केवल इकहरी नागरिकता का उपबंध रखा। अमरीका के विपरीत, भारत में संघ तथा राज्यों के लिए कोई पृथक नागरिकता नहीं रखी गई है और समूचे देश में सभी नागरिकों को बिना किसी भेदभाव के एक-से अधिकार प्राप्त कराए गए हैं, केवल जनजातीय क्षेत्रों आदि को छोड़कर जहाँ कुछ विशेष संरक्षण प्रदान किए गए हैं।

मूल कर्तव्य

संविधान के 42वें संशोधन के द्वारा, अन्य बातों के साथ-साथ, मूल कर्तव्य शीर्षक के अन्तर्गत संविधान में एक नया भाग जोड़ा गया। इसमें भारत के सभी नागरिकों के लिए कर्तव्यों की एक रूपरेखा निर्धारित की गई है। वस्तुतया कोई भी अधिकार तदनुरूप त्याज्य के बिना व्यवहार्य नहीं हो सकता तथा राज्य की ओर नागरिकों के राजनीतिक दायित्वों के प्रति सम्मान के बिना नागरिकों के अधिकारों का कोई अर्थ नहीं है। यह दुर्भाग्य ही है कि नागरिकों के मूल कर्तव्यों की संहिता को हमने अभी वह महत्त्व नहीं दिया है जो उसे मिलना चाहिए।

स्वतंत्र न्यायपालिका

भारत के संविधान में एक स्वतंत्र न्यायपालिका की व्यवस्था की गई है। उसे न्यायिक पुनरीक्षण की शक्तियाँ प्रदान की गई हैं। उच्च न्यायालय तथा उच्चतम न्यायालय एक ही एकीकृत न्यायिक संरचना के अंग हैं और उसका अधिकार क्षेत्र सभी विधियों यानी संघ, राज्य, सिविल, दांडिक या संवैधानिक विधियों पर होता है। अमरीका की तरह, हमारे देश में पृथक परिसंघीय (फेडरल) तथा राज्य न्यायालय प्रणालियाँ नहीं हैं। सम्पूर्ण न्यायपालिका न्यायालयों का श्रेणीबद्ध संगठन है। वह न केवल व्यक्तिगत अधिकारों तथा स्वतंत्रताओं के अभिरक्षक के रूप में विवादों तथा कृत्यों का न्यायनिर्णयन करता है, बल्कि उससे अपेक्षा की जा सकती है कि वह समय-समय पर संविधान का निर्वचन करे तथा संविधान के सन्दर्भ में किसी विधान की वैधता का निर्धारण करने के लिए, उसका पुनरीक्षण करे। उच्चतम न्यायालय का निर्णय देश के सभी न्यायालयों के लिए सर्वोपरि विधि होता है। उच्चतम न्यायालय राज्यों के बीच अथवा संघ तथा राज्यों के बीच अधिकार क्षेत्र तथा शक्तियों के वितरण के सम्बन्ध में उत्पन्न विवादों के निपटारे का कार्य भी करता है।

निष्कर्ष

भारत का संविधान एक सर्वाधिक व्यापक दस्तावेज है। यह अनेक दृष्टियों से अनूठा है। इसे किसी खास साँचे-ढाँचे या मॉडल में फिट नहीं किया जा सकता। यह अनम्य तथा नम्य, परिसंघीय तथा एकात्मक, और अध्यक्षीय तथा संसदीय रूपों का सम्मिश्रण है। इसमें प्रयास किया गया है कि एक ओर व्यक्तियों के मूल अधिकारों और दूसरी ओर जनता के सामाजिक-आर्थिक हितों तथा राज्य

की सुरक्षा के बीच सन्तुलन बना रहे। इसके अलावा, यह संसदीय प्रभुत्व तथा न्यायिक सर्वोच्चता के सिद्धान्तों के बीच एक मध्य मार्ग प्रस्तुत करता है।

जहाँ द्वितीय विश्वयुद्ध के बाद बनाए गए अनेक देशों के संविधान लुढ़क गए तथा लुप्त हो गए, यहाँ हमारे संविधान ने अनेक संकटों का सफलतापूर्वक सामना किया है और यह जीवित रहा है। यह बात स्वयमेव उसकी सुनम्यता, सक्रियता और संवृद्धि की संभाव्यता का प्रमाण है।

सबसे बड़ी विशेषता हमारे संविधान की यह है कि यह राष्ट्रीय एकीकरण का सशक्त स्रोत सिद्ध हुआ है। यह सर्वमान्य है यहाँ तक कि समाज विरोधी तत्त्व भी इसकी दुहाई देते हैं और इसका संरक्षण खोजते हैं।